SAĞLIĞINA
FORMAT AT

Bu kitabın içeriği genel bilgi verme amacıyla hazırlanmıştır. Hastalıkların kesin tanı ve tedavisi, hiçbir şekilde ayrıntılı klinik muayene gerçekleşmeden yapılamaz. Her bireyin rahatsızlığının tedavisinin özgün olduğu unutulmamalıdır.

SAĞLIĞINA FORMAT AT

Yazan: M. Barış Muslu

Yayın hakları: © Doğan Egmont Yayıncılık ve Yapımcılık Tic. A.Ş.

1. baskı / Nisan 2014
29. baskı / Kasım 2017 / ISBN 978-605-09-1955-4
Her 2000 adet bir baskı olarak kabul edilmektedir.
Sertifika no: 11940

Kapak uygulama: Yavuz Korkut
Kapak fotoğrafı: Fethi Karaduman
Kitap tasarımı: Hülya Aktaş
İllüstrasyonlar: Duygu Tozduman
Baskı: Mega Basım Yayın San. ve Tic. A.Ş.
Cihangir Mah. Güvercin Cad. No: 3/1
Baha İş Merkezi. A Blok Kat: 2
34310 Haramidere-İstanbul
Tel. (212) 412 17 00
Sertifika no: 12026

Doğan Egmont Yayıncılık ve Yapımcılık Tic. A.Ş.
19 Mayıs Cad. Golden Plaza No. 3 Kat 10, 34360 Şişli - İSTANBUL
Tel. (212) 373 77 00 / Faks (212) 355 83 16

SAĞLIĞINA FORMAT AT

M. BARIŞ MUSLU

Doğan novus

İçindekiler

Kitabıma hoş geldiniz!

Sözlerime önce bir dilekle başlamak istiyorum...

Umarım bu kitabı sadece meraktan aldınız.

Umarım sizin ya da sevdiklerinizden birinin çözülemeyen bir sağlık sorunu yoktur!

Ama böyle bir sağlık sorunu varsa bile şu kadarını söyleyeyim: İyi ki aldınız kitabımı!

İyileşmek adına çok önemli şeyler öğreneceksiniz bu kitapla...

Sayfaları çevirdikçe hastalıklarda yaşanan mucizevi iyileşmelerin aslında mucize olmadığını, sadece hayatın ve doğanın olağan sonuçları olduğunu anlayacaksınız!

Ve bu farkındalık da iyileşmenin ilk adımı olacak.

Hani hep söylerler ya, "Her şey insanlar için" diye. Ben bu sözü küçükken, iyi anlamıyla düşünürdüm. "Ne güzel, dünyada her şey insanlar içinse, demek ki istediğimiz her şeyi yapmakta serbestiz" şeklinde çocukça bir bakış açısıyla yorumlardım bu sözü...

Bu sözün iyiyle beraber kötüyü de içinde barındırdığını birçokları gibi ben de büyüdükçe anladım. Bizimle uzaktan yakından alakası olmayacağını düşündüğümüz şeylerin başımıza gelebileceğini anlatıyormuş meğer! Evet, ne yazık ki bu doğru. Başımıza her şey gelebiliyor. Bunlardan en kötüsü de, bizim ya da bir yakınımızın, çözülemeyen bir sağlık problemi yaşaması. Zaten, gençler ve bir sağlık sorunu yaşamamış olanlar her ne kadar sağlıklı bir hayatı "cepte" görseler de, bunun herkes için bir sonu olduğunu aslında hepimiz içten içe biliyoruz. Er ya da geç, hepimiz bu sorunları yaşıyoruz. Bu açıdan bizim ya da sevdiklerimizin sağlığının, bu hayattaki en değerli ve önemli "varlığımız" olduğunu hepimiz biliyoruz. Eğer bu satırları okuyorsanız, zaten siz de sağlığı cepte görmeyenlerdensiniz demektir.

Yine de dilerim ki sizi kitabıma ulaştıran asıl neden sadece meraktır!

Açıkçası benim ilerleyen sayfalarda size aktaracağım bilgileri öğrenmem pek de merakla olmadı. Aslında ben de sağlığı cepte görenlerdendim! Hatta yirmili yaşlarda, şu an yurtdışında doktorluk yapan ağabeyimin Türkiye'deki tıp eğitiminde yaşadığı zorlukları, çalıştığı ortamların "huzur" ve "temizliğini" gördükçe, mühendis olmakla hayatımın en rahatlatıcı kararlarından birini verdiğimi düşünerek, uzun süre "şükrettim" halime. Bununla beraber, kendi halime şükrederken bu hayatın zorluklarını çekebilen tüm doktorlara olan saygım da gün geçtikçe arttı.

30 yaşımda sağlığımı hâlâ cepte görüyordum! Ne de olsa hastalıklara olan ilgimiz, çok sıradışı bir durum yoksa, daha ileri yaşlarda başlıyor. Bir gün sol bileğimde önce hissizlik, sonra sinirsel ağrılar ortaya çıktı. Deli gibi gitar çaldığım için başlamıştı bu ağrılar. Zamanla bu ağrılar kolumdan tüm vücuduma yayıldı, derken vücudumun dört bir yanındaki kaslar zamanlı zamansız seğirmeye başladı. Bedenimde hayatımı çok zorlaştıran bir şeyler oluyordu. Dikkatimi dağıtan, normal bir insan gibi yaşamamı engelleyen bir şeyler. İşte tam da bu aşamada artık sağlığımın "cepte" olmadığını anlamıştım!

Tahmin edeceğiniz gibi doktorlarda aldım soluğu!

Hem de bir ikisinde değil, onlarcasında. Her branştan doktorla, sorunumun ne olduğunu anlamaya ve çözmeye çalıştık. Ancak her seferinde, "Bunlar psikolojik, fiziksel bir şey görünmüyor" benzeri cevapları duydum. Belirtiler daha da kötüleşince, tabii ki alternatifleri denemek istedim. Tam anlamıyla "denize düşen yılana sarılır" misali, bildiğim en mantıklı metotlardan daha az inandıklarıma doğru giden uzun bir iyileşme yolculuğuna çıktım, bir dolu şey denedim.

Başlarda benim de uzmanı olduğum NLP'yi denedim. Hem kendi kendime, hem de farklı uzmanlarla. Ama nafile! Ağrılarımda hiçbir değişiklik yoktu. Daha sonra birçok farklı uzmanla hipnoz, biyoenerji, radyestezi, homeopati, reiki, akupunktur, yoga, meditasyon vb. birçok yöntem denedim. Sonuç yine nafileydi!.. Bu arada bu yazdıklarımdan tıbbın ya da bu metotların hiçbir işe yaramadığını iddia ediyormuşum gibi bir çıkarım yapılmasını istemem. Tabii ki işe yarıyorlar, ama o dönemde benim üzerimde hiçbir deneme hiçbir olumlu etki yaratmadı. Zaten yaratmış olsaydı ne bu kitabı yazabilirdim ne de sizinle paylaşacağım konuları fark edebilirdim.

Sonuçta hayatıma ağrısız ve mutlu bir şekilde devam edebilmek için bir şeyler yapmam gerekiyordu. Bu dönemde onlarca farklı metodolojiyi hem bizzat denedim, hem de eğitimlerini aldım. Daha sonra bazı konuları çok hızlı çözebildiğimi fark ettim. Metotları sentezleyerek, neden çalıştıklarını görüp, analiz edip gereksiz uygulamaları da atmak suretiyle farklı bir sistem geliştirip bu sisteme NeuroFormat® adını verdim. NeuroFormat® sistemini önce *Yıka Beynini* kitabımda, daha sonra daha gelişmiş haliyle ve şu an benim de kullandığıma yakın bir şekilde *Beynine Format At* kitabımda paylaştım.

Önceki iki kitabımda fobilerden korku ve endişelere, öfke ve utançtan sigara bağımlılığına ve kiloya, panik ataktan depresyona, aşk acısına ve ilişkilere kadar çok kısa sürede etki eden bu sistemi sizlere anlatmıştım. Bu sistemi öğrenen, kitaplarımı okuyan ve sebat ederek uygulayanlar hayatlarındaki birçok sorunu çözdüler ve yaşanabilecek potansiyel problemleri çözmeyi öğrendiler. Biz de doktorlardan kurulu ekibimizle beraber çalışmalarımıza devam ettik. Sorunlarının çözümünde daha fazla tecrübe ve hıza ihtiyaç duyanlarla ekibimiz gerçekten çok başarılı, çoğu zaman kesin sonuç veren çalışmalar yaptı ve de yapmaya devam ediyor.

Basına verdiğim röportajları ya da katıldığım televizyon programlarını takip ettiyseniz, birçok defa bazı sağlık sorunlarının aslında beyin üzerinden kolayca temizlenebildiğini söylediğime şahit olmuşsunuzdur. Şimdiye kadar hiç detaylarını anlatmadım, ama en başından beri paylaşmak istediğim bu konuyu bu kitapta size anlatacağım.

Bu kitapta size ayrıca, Avrupa'da hastalıklar konusunda çalışan ve iyileşme konusunda çok önemli sonuçlara ulaşan doktorlardan öğrendiğim bir sistem anlatacağım. Aslında tüm sağlık sorunlarımızı daha iyi anlamak adına; sahip olduğumuz sağlık problemlerinin aslında yaşadıklarımızla, travmalarımızla, beynimizle ne kadar ilgili olduğunu sistematik bir şekilde paylaşmaya çalışacağım.

Yıllar önce ben de elimde BT çekimlerimle (bilgisayarlı beyin tomografisi) Alp Dağları'nın eteğinde bir eğitime gitmiş ve kendi yaşadıklarımın nedenini birkaç dakika içerisinde öğrenmiştim. BT çekimlerini inceleyen eğitmen, ben henüz kendimle ilgili hiçbir bilgi vermeden yaşadığım sorunun nedenlerini birer birer anlattığında öylece kalakaldığımı hatırlıyorum... Sözünü ettiğim doktor BT çekimlerini konvansiyonel bir teknikle değil, klasik radyoloji uzmanlarından çok farklı bir şekilde inceliyordu.

Daha önce bir dolu yöntem denemiş, bir sonuca ulaşamamıştım. Şimdi sözünü ettiğim eğitmen bana temel sorunun, "çok şiddetli ayrılık travması" olduğunu söylüyordu. Kemik zarımdaki genleşme ve sıkışmaydı fiziksel neden. Bunu, yaşadığım duygusal travma yaratmıştı. Ciddi ağrılar bu durumun sonucuydu. Sadece bunları değil, bütün belirtileri, bunları neden yaşadığımı ben ona tek kelime bile etmeden o bana teker teker saymıştı. Evet, yanlış okumadınız, kemiklerimdeki sorunu bilgisayarlı beyin tomografi görüntüleri üzerinden söylemişti. Sizinle birazdan paylaşacağım sistemin oluşmasında BT çekimlerinin önemi büyük. On binlerce kişinin beyin tomografi görüntüleri ile yaşadıkları hastalıkların karşılaştırılması sonucu, yaklaşık otuz senedir gelişmekte olan yepyeni bir paradigmayı sizlerin bilgisine sunacağım.

Bu kitabı daha önce değil de şimdi yazma nedenim, yıllar içinde öğrendiklerimi doğrulamak için kendime yeterli zaman vermek istememdi. Ekibimle birlikte çalışmalarımızda, farklı farklı konularla ilgili uygulamalar yaparken, ben de bir yandan teoride emin olduğum çıkarımların sağlamasını yapıyordum.

Kitabımın ilerleyen sayfalarında detaylarını okuyacağınız gibi, çoğu sağlık sorunu yaşadıklarımızla, travmalarımızla ve beynimizle ilgili. Özellikle sağlık sorunlarını, hiç beklemediğimiz ve çaresiz kaldığımız zamanlarda yaşanan travmalar tetikliyor. Bu travmalar anlık, geçici, şu an hatırladığımızda önemsiz gibi gözüken şeyler bile olsa, beynimiz bunları ciddiye alarak normal işleyişi bozup, sağlık sorunlarına doğru giden işleyişi başlatıyor. Özellikle belirli bir başlangıcı olan sağlık sorunlarında, kişilerin tam da tahmin ettiğimiz zamanda, aradığımıza benzer nitelikte travmalar yaşadıklarına şahit olduk. Bu da yaşadıklarımızın sağlığımızın üzerindeki etkisini anlatan bu sistemi defalarca doğrulamamızı sağladı ve bu yönteme olan inancımızı fazlasıyla pekiştirdi.

Bu sistemi daha detaylı anlatmadan önce bazı uyarılar yapmak isterim. Hiçbir sistemin, "tüm" sağlık sorunlarının nedenini eksiksiz bir şekilde bulup çözeceğini iddia etmesi söz konusu olamaz. Biz bilinmeyeni çözme yönünde adımlar atmaya çalışıyoruz sadece.

İkinci uyarımsa şu: Sizinle paylaşacağım sistem bazı noktalarda bilinen tıp paradigmasıyla çelişiyor gibi görünebilir. Sağlığımızda beynimizin ne kadar etkisi olduğunu neredeyse tüm tıp adamları kabul eder. Ancak detaylarda çok yeni bir şey söylediğimi okudukça siz de fark edeceksiniz.

Söylediklerimin yüzde yüzünün eksiksiz şekilde "tek hakikat" olduğunu iddia etmek isteyebilirim. Bu, egoma oldukça iyi gelecektir. Ama ne yazık ki bunu söylemek asla mümkün değildir. Kuantum fiziğinin ortaya çıkmasıyla, Newton'ın bile yüzyıllarca hakikat olarak bilinen fizik kuramlarının (hâlâ iş görseler de) özünde yanlış oldukları görüldü. Bilimin nasıl işlediğini hepimiz biliyoruz. Belki kuantum fiziğinin de bazı yanlışları bulunarak, kuramda düzeltmeler yapılacak. Ve bu durum sonsuza kadar böyle gidecek. Bu nedenle, "Genel geçer tüm yeni gerçekler bunlardır" gibi bir söylem içerisinde olmayacağım. Ancak sizinle paylaştığım bilgilerin hakikate ulaşmada çok önemli bir adım olduğunu düşünüyorum.

Anlattığım sisteme güveniyorum. Size birazdan bildiklerinizden çok farklı bir bakış açısını detaylarıyla anlatacağım. 1980'li yıllardan beri gelişmekte olan bu bakış açısı her geçen gün kendi içinde yenileniyor ve yeniden düzenleniyor.

Bu arada sizden birkaç özel ricam olacak.

İlk olarak, burada yazdıklarımı sorununuzun beyinden nasıl tetiklendiğiyle ilgili yepyeni bir bakış açısı olarak alın ve mevcut sağlık sistemine paralel olarak değerlendirin. Eğer belli sağlık sorunlarınız varsa, mevcut tedavilerinizi kesinlikle aksatmayın. Buna ek olarak sorununuzu ayrıca beyin açısından anlayacak ve sorunu asıl kaynağında, yani beyinde temizleyeceksiniz.

Diğer ricamsa şu: Okuduklarınızı algılamak, değerlendirmek ve teyit etmek için kendinize zaman tanıyın. Oldukça teknik ve bilgi yüklü bir kitapla karşı karşıyasınız. Bu kitaptan çıkaracağınız sonuç, "Abi ya, evet, pozitif olunca sağlığın da iyi oluyormuş" benzeri bir fikirden öte olacaktır. İşte bu yüzden, kitabımı bir kez okumanız yetmeyebilir, eğer konuyla gerçekten de ilgileniyorsanız üç dört kez okuma ihtiyacı duyacaksınız.

En son ricamsa, doktorlara... Evet, ben doktor değilim. Hiçbir zaman da böyle bir iddiam olamaz. Ben sadece konuya beyin tarafından bakan, beyni öğrenerek hayatta birçok konuyu kalıcı olarak çözebileceğimizi düşünen, bunu gören ve yaşayan, bunu ekibiyle uygulayan bir uzmanım. Büyük resimde beynin ne yapmaya çalıştığını inceliyorum. İşte bu yüzden yazdıklarım nedeniyle beni lütfen sizin konunuza giren, "tereciye sezar salatası servis etmeye çalışan" biri olarak algılamayın. Umarım okuduklarınızı yeni bir bakış açısı, mesleğinizde yeni bir heyecan olarak alırsınız.

Sizler zaten beynimizin ve stresin sağlığımızdaki öneminin farkındasınız. Ama bunu daha çok "stres" olarak tanımlıyor; sistemden, size verilen eğitimden dolayı bununla ilgili detaylı biçimde çalışmamayı seçiyorsunuz. Ben bu kitapta, aslında o "stres" denen, bilinmeyen faktörün sadece stres olmadığını; aslında yaşadıklarımızın, travmalarımızın sağlık sorunlarını tetikleyebildiğini ve soruna neden olan doğru travmaları keşfedip temizlediğimizde Batı tıbbı için mümkün olmayan iyileşmelerin sağlanabileceğini aktarmaya çalışacağım.

Hazırsak başlayalım!

M. Barış Muslu
Nisan 2014, İstanbul

Tıbbın
"Batı Yakasının Hikâyesi"

"Ortalama insan ömrü 150 yıla çıkıyormuş!"

Bu sözleri ilk duyduğumuzda hepimiz ne de güzel ümitlenmiştik değil mi? Hastalıklar birer birer tarihe karışacak, insanlar çok ama çok uzun yıllar boyunca yaşayacaktı. Ülkemizde bile ortalama insan ömrü gittikçe uzamıştı!

Benim jenerasyonum, 1970'li yılların ortasında doğan çocuklar olarak, biz çocukluğumuzda sürekli 2000 yılı sonrasında kaç yaşında olacağımızı, nasıl bir hayat süreceğimizi ve dünyanın ne kadar farklı olacağını konuşurduk. O günlere göre dünya epey değişse de, hayallerini kurduğumuz kadar köklü değişiklikler olmadı. Hâlâ uçan arabanın mucidi aranıyor örneğin...

Günümüzü havada uçan araçlarda değil, halen yerde giden arabalarda ve hatta o yıllara kıyasla muhtemelen çok daha sıkışık bir trafikte geçiriyoruz. Hayatı yaşama şeklimiz, vaktimizi nasıl harcadığımız ve yaşadığımız kentler oldukça farklılaştı. İyi ya da kötü birçok şey değişti. Özellikle de bilgisayar dünyası bu yeni değişikliklerin temel direği oldu. Kişisel bilgisayarlar, internet, akıllı dokunmatik telefonlar hayatı yaşayış şeklimizi gerçekten yeniden yapılandırdı.

Zaten bizi sağlık konusunda da "gaza getiren" de bu yenilikler değil miydi? İnsanoğlu böyle araçlar yapabiliyorsa, muhteşem makineler, mucize ilaçlar sayesinde hayat süresinin uzamasının da artık "eli kulağında" olmalıydı.

Peki sizce insanoğlu, bu muhteşem yenilikler sayesinde hastalıkların hakkından gelebildi mi? Bırakın 150'yi, hangimiz, "Ben 90 yaşını kesin deviririm. Hasta olmam mümkün değil, olsam da tıptaki gelişmeler zaten beni korur" diyerek, bundan gerçekten emin olabiliyoruz? Bırakın uzun yaşamayı, yaşanan yılları sağlıklı geçirmeyi bile büyük bir şans addediyoruz.

Ama muhtemelen siz zaten sağlığınızı bu kadar "cepte" görmediğiniz için bu kitabı okuyorsunuz...

Hastalıklar neden arttı?

Çevrenizdeki insanlara bir bakın! Sizce gittikçe daha sağlıklı mı oluyoruz, yoksa genci yaşlısı demeden herkesin birçok hastalığa yakalanabildiği bir hayatı mı yaşıyoruz?

Ne yazık ki, herkesin sürekli sağlıktan bahsettiği ama bir türlü tam anlamıyla sağlığı yakalayamadığı bir döneme girdik! Tıpkı köpeklerin kendilerinden korkanları hissettiği gibi, sağlık sorunları da onlardan korktuğumuzu hissediyor sanki ve üstümüze üstümüze geliyor.

Gün geçmiyor ki, çevremizden ya da medyadan, erken yaşta kalp krizi geçiren ya da genç yaşlarda kansere yakalanan birilerinin haberlerini duymayalım.

Kalp krizi her yaşta insanın en büyük korkularından biri. Hepimiz ansızın gelebilecek, birkaç dakika içinde dahi hayatımızı sonlandırabilecek bu tehlikeden korunabilmek adına önlem almaya çalışıyoruz.

Trajikomik bir şekilde, erken teşhis etmeye çalıştığımız kanserin 20 sene öncesine göre çok daha büyük bir yaşam tehdidi ve hepimizin en büyük korkusu olduğu aşikâr. Gün geçmiyor ki, çevremizden ya da medyadan yeni bir kanser haberi çıkmasın. Yaştan bağımsız bin bir türlü vaka, aslında ortalama hayat süresini bile yaşayacağımızın garanti olmadığını bize hatırlatıp duruyor. Toplumumuz büyük bir kanser fobisi içinde yaşamını sürdürüyor.

Birçok kronik hastalığa kesin ve kalıcı çözüm bulunamadı. Diyabet, yüksek tansiyon, ülser, hassas bağırsak sendromu, vitiligo, egzama, ağrılar ve nice birçok rahatsızlık çeşitli diyet ve ilaç reçeteleriyle bastırılmaya çalışılıyor. Kesin çözüm bir türlü bulunamadığı için, çeşitli kimyasallarla ve onların vücudumuzdaki yan etkileriyle yaşamak zorunda kalıyoruz. Bunun yanı sıra, hastalık belirtilerinin yarattığı mutsuzluktan ya da sağlığımızla ilgili dikkat etmemiz gerekenlerden dolayı özgürlüğümüzün elimizden gitmesiyle yaşam kalitemiz düşüyor.

Sadece ciddi hastalıklardan değil, en basit gripten bahsedelim. Kışlık rutinlerimizden nezle ve grip konusunda bir değişiklik olmadı. Böyle basit ve rutin gözüken bir rahatsızlık bile, mevsim falan dinlemeden bazı günlerimizi "nahoşlaştırması" bir yana, dünyada yılda 300 bin insanın canını almaya devam ediyor.

Çelişkiler

Peki ya tıp dünyasındaki çelişkili beyanatlar ve haberlerin farkında mısınız?

Olmamanız mümkün değil! Gün geçmiyor ki yıllardır bilinen doğrular, önce yanlış, sonra doğru, sonra tekrar yanlış, sonra bir kez daha doğru ilan edilmesin. Zaten karışık olan kafamız daha da karışıyor!

Bir doktorun söylediğinin tam tersini başka bir doktor araştırmalara dayanarak sunabiliyor. Yıllardan beri sırtımızı yasladığımız bazı bilgilerin bir anda gerçek olmadığını anlıyoruz. X besini vitamin deposu olarak bilinirken yeni bir araştırma geliyor ve "X besini aslında kanserojen" diyor. Güvendiğimiz dağlara hiç durmadan karlar yağıyor ve ne yapacağımızı şaşırıyoruz.

Gazetelerde sürekli birbirleriyle çelişen yeni bilgi ve araştırmaları okuyoruz. Hangi bilimsel araştırmaya inanacağımızı şaşırmış durumdayız.

Kolesterol birine göre kalp krizine sebep olurken, bir başkası kolesterolü zararsız, hatta iyi olarak nitelendirebiliyor. Yıllardır keyifle yediklerimiz, mesela tereyağı ya da yumurta, önce "tu kaka" oluyor, "aman evlerden ırak" kontenjanına giriyor, sonra bir bakıyorsunuz, aslında "baş tacı" etmemiz gereken besinlermiş.

Kargaşanın farkında mısınız? Peki bu kargaşadan ne kadar yorulduğunuzun?

Kısaca Batı tıbbı

Hastalığa ve sağlığa bakışınızı büsbütün değiştirecek şeyler söylemeden önce şu anki mevcut paradigmayı kısaca inceleyelim. Klasik Batı tıbbına göre gerçekten neden hasta oluruz? Öne çıkan nedenleri kısaca sıralayalım.

Yanlış ve yetersiz beslenme
Egzersiz yapmama
Toksinler
Bulaşıcılık
Genetik nedenler
Stres

Evet, oldukça mantıklı nedenler bunlar. Ancak beslenmelerine dikkat eden, yeterli derecede spor yapan, toksinlerden temizlenmek, kendilerini ve yaşadıkları ortamı sterilize etmek adına gereğinden fazla uğraşan, anne babası, dedeleri en az 80 yıl yaşamış, genetik mirası şahane görünen kişilerde de birçok hastalık çıkabiliyor. Buna ne diyeceğiz şimdi?

Çevrenizde, hastalık ihtimalini sıfırlamak adına sağlığına azami dikkat eden insanlara rastlamışsınızdır. Aslında trajikomik bir şekilde, yaptıkları pek işe yaramaz. Hatta çoğu zaman sakınılan göze çöp batma olasılığı daha yüksektir. Onların sağlığı da hiçbir zaman garanti altında değildir. Tıpkı hepimiz gibi onlar da risk altındadır.

Bağışıklık sistemi

Bağışıklık sistemi deyince aklınıza ne geliyor?

Şahsen benim aklıma hava sıcaklığı ya da borsa endeksi gibi

sürekli yükselip alçalan bir değer geliyor. Tavsiye edildiği şekilde beslendikçe, bol bol vitamin alıp zararlı besinlerden uzak durdukça, spor yapıp dirençli olmaya çalıştıkça bu değer sanki yukarı çıkıyor. Tersine davrandığımızdaysa aşağı iniyor.

Kafamızda sürekli mikropların, bakterilerin, virüslerin saldırdığı bir vücut resmi var. Bize doğduğumuzdan beri sürekli söylenen, doğanın ve vücudun sürekli bir savaş içerisinde olduğu. Peki bu aslında ne kadar doğru?

Gerçekten de, bağışıklık dediğimiz şey hava durumu ve borsa benzeri sürekli değişen genel bir endeks değeri gibi bir şey mi?

O zaman neden, hayatlarını sağlıklı olmak üzerine yaşayan insanlar bile hiç beklenmedik ve "nedensiz görünen" bir şekilde hastalanabiliyorlar?

Ya da sağlığına hiçbir şekilde dikkat etmeyen biri, nasıl oluyor da "turp gibi" sağlıklı olabiliyor.

Bir okula ya da bir eve hastalık mikrobu girdiğinde, neden bazıları hastalanırken, bu mikrop bazılarını hiç etkilemiyor? Hastalanmayanların bağışıklık sistemi "endeksi" bir borsa endeksi gibi sürekli "tavan" yaptığı için mi onlar daha sağlıklılar?

Mikroplar, sadece bağışıklık sistemi zayıfladığı için mi hasta ederler? O zaman neden tüm tavsiye edilenlere uyup, bağışıklık sistemimizi güçlü tuttuğumuz halde hâlâ hastalanabiliyoruz?

Aslında beyin, mikrobik hastalıklarda bile hastalanmaya kendi karar verebiliyor olabilir mi?

Hatta daha da ileri gidelim, bizim hastalanma dediğimiz şey, aslında bir "iyileşme" süreci olabilir mi?

İşte bu kitabın en can alıcı konularından biri! Biraz sabredin. Detayları öğreneceksiniz. Ve sizi temin ederim okudukça çok şaşıracaksınız.

İlerleyen sayfalarda sizinle paylaşacağım bazı rahatsızlıklar tüm sağlık sistemi tarafından mikrobik olarak değerlendiriliyor olabilir. Ancak mikrobik hastalıklarda bile, belli oranda hastalık kararını beynin verdiğiyle ilgili ciddi kanıtlar mevcut. Aynı şekilde mikroba maruz kalan insanlar arasında hasta olanla olmayan arasındaki tek fark da o an bağışıklık sisteminin güçlü ya da güçsüz olması değil! Zaten öyle olsaydı, inanın bana hastalıkları engellemek çok kolay olurdu. Hepimiz bağışık sisteminin hisselerini alıp, endeksi "tavan" yaptırıp çok sağlıklı hayatlar sürerdik. Ama durum öyle değil.

Ortada beslenmeyle, sporla ya da ilaçlarla kontrol edilemeyen çok önemli bir bilinmezlik var. İşte o bilinmezliğin adı da BEYİN!

Benim bu kitaptaki tek amacım da aslında o bilinmezliği, çok daha fazla bilinebilir kılabilmek...

Mekanik bakış açısı

Batı tıbbı insan sağlığına "mekanik" açıdan bakıyor. Bir başka deyişle, bütünü oluşturmak ya da yönetmek için parçalarla uğraşmak gerekliliği üzerinde duruyor. Haksız da değiller...

Her karışık mekanizma, küçük parçalardan oluşur, o parçaları kontrol edebildiğin sürece bütünü kontrol etme şansın vardır. Mekanik dünyada bu gerçekten çok mantıklı... Parçalardan biri bozulursa, garantisi varsa, yollarsın şirkete, istersin ki yenisini versinler. Garantisi yoksa, yetkili servisle uğraşırsın, içindeki bozuk parçayı değiştirirler. Eğer uğraşmaya değmezse, atar yenisini alırsın.

Böle böle atomu da böldük

Zaten maddeleri anlayabilmek, detaylı bakabilmek yani, mikroskobun bulunmasıyla başlamadı mı? Sonunda detaya indikçe atomları böldük, çıkan enerjiyle İkinci Dünya Savaşı sonunda ne yapıldığı malumunuz...

Can taşımayan her türlü nesnenin ele alındığı fizik bilimi ve onun yarattığı teknoloji konularında bu yaklaşım oldukça mantıklı. Zira, teknolojinin geldiği nokta su götürmez.

Peki ya insanoğlu olarak sağlığımızla ilgili aynı şeyi yapabiliyor muyuz?

Bire bir çalışmalarımda arada bir aldığım bir soru beni içten içe gülümsetir... "Garantisi var mı?" Biz cep telefonu muyuz ki garantimiz olsun! Her birimizin, beyni, bedeni, yaşadıkları, hayatı birbirinden farklı. Çok kısa sürede temizleneceğini bildiğim, sonucundan çok emin olduğum fobi çalışmalarında bile garanti vermek bilime aykırıdır. Sağlık konusunda garanti istemekse, teknolojinin geldiği noktada hâlâ kifayetsiz kalan insan sağlığının trajikomik bir haykırışı gibi gelir bana.

Böldükçe bütünü unuttuk

"Şeytan detaylarda gizlidir" derler. Gerçekten de bazen detaya girdikçe bütünü öyle bir kaçırıyoruz ki toparlamak mümkün olmuyor. Aslında, bu hayatımızda sürekli yinelediğimiz bir alışkanlık. Amacımız sağlıklı, mutlu, iyi birer insan olmakken, günlük detaylarda kaybolarak mutlu olmayı ve hayatımızın amacını unuturuz. Sağlığımız da elden gider. İyi, sağlıklı, mutlu birer insan olmak, hayatın gereksiz detaylarında kayboldukça yaşadığımız dünyada ütopik kalır.

Amacım tıbbı eleştirmek değil. Zaten tıp bizzat tıp doktorları tarafından ziyadesiyle eleştiriliyor. Burada söylemek istediğim, mekanik bakış açısının canlı organizmalarda ne yazık ki pek işlemediği! İnsan sağlığını gerçek anlamda kontrol etmek, sadece organlar üzerinden mümkün değildir. Biz makine değil, yaşayan, bağımsız kararlar verebilen, duyguları olan, sevip nefret edebilen, üreyen çok karmaşık canlılarız. İnsanoğlu şu an geldiğimiz noktada, bırakın bize benzer canlılar yaratmayı, henüz cansız bir hücreye "yaşam" verebilmeyi başaramamıştır.

Özellikle akut ve acilde başarılı

Doğruya doğru... Batı tıbbının, yeri doldurulamayacak kadar başarılı olduğu alanlar da tabii ki yok değil. Zaten dünyada ve ülkemizde, henüz istenilen seviyede olmasa da ortalama hayat süresinin arttığı bir gerçek.

Akut ve acil vakalarda Batı tıbbı çok başarılı. Artık kazalarda, yoğun bakım hizmetlerinde, cerrahi müdahalelerde yıllar öncesinden çok daha parlak bir noktaya geldik. Sağlık sisteminin artık daha kolay erişilebilir olmasıyla, artık birçok kişi kaliteli sağlık hizmetlerine ulaşabiliyor. Hastanelerde eskiden olduğundan çok daha iyi şartlarda bakım alabiliyoruz, yaşamlarımız korunuyor.

Ve tabii ki eklemek gerekir ki, doktorlarımız büyük bir fedakârlıkla çalışmaya ve bizim sağlığımızı korumaya devam ediyorlar. Yıllar öncesine göre, nitelikli doktor sayısı ve imkânlar açısından çok daha iyi durumdayız.

Ancak ne yazık ki, biraz önce de bahsettiğim gibi, birçok konuda pek kayda değer bir mesafe kat edemedik. Ne yazık ki birçok soruna hâlâ çözüm bulamıyoruz...

Bir sağlık sorunuyla karşı karşıya kalırsak, önce bildiğimiz klasik tıbbı deniyoruz. Sonuç alıyorsak, zaten uygulamaya devam ediyoruz. Peki ya sonuç alamazsak, umduğumuzu bulamazsak ne yapıyoruz?

Alternatife yönelmek

Sağlık konusunda derin bilgisi olan, tüm dünyayı araştıran, bu konuda vizyon sahibi olan birçok birey, dünyada alternatif bakış açılarıyla muhteşem sonuç alınan birçok yöntemin olduğunun farkında. Zaten tıp sistemi de bunun farkında olacak ki, yıllar önce alternatif olarak değerlendirilen yöntemler, artık "tamamlayıcı" olarak görülmeye başlanmış.

Klasik Batı tıbbından tatmin edici bir sonuç alamadığımız zaman, en mantıklı görünenden, daha uzak ihtimallere doğru uzun bir yolculuğa çıkmamız gerekebiliyor. Akupunkturdan hipnoza, Çin tıbbından biyoenerjiye, refleksolojiden homeopatiye birçok uzmanla çalışıp bu sistemleri deniyoruz. Eğer sorunumuz önemli ve çözümsüzse, sistemin bilimsel olup olmamasına bakmadan denemeye karar veriyoruz.

Bir yandan okuduğumuz birçok kitap, seyrettiğimiz belgeseller beyin gücünden, olumlu düşünmenin etkisinden, duanın etkisinden bahsedip duruyor. Benzer öğretileri farklı şekillerde söyleyen ve uygulayan birçok sistemle karşı karşıya kalıyoruz.

Ne mutlu ki, bazılarımızın sorunu bu yolculukta umduğumuz gibi bir "mucizeyle" çözülebiliyor.

Pozitif düşüncenin iyileşme üzerindeki etkisi

Hepiniz çevrenizde, pozitif düşüncenin etkisiyle mucize olarak nitelendirilebilecek iyileşmeleri yaşayan birilerinin hikâyesini duymuşsunuzdur.

Size çok daha farklı bir açıdan bir soru sormak istiyorum...

Peki siz hiç akıl hastalarında, bunama (demans), Alzheimer yaşayan insanlarda kanser ve kalp krizi oranlarının normal nüfusun geri kalanına göre çok daha az olduğunu duydunuz mu?

Ya da kanser teşhisi koyulan kişi Alzheimer olduktan sonra tümörlerin yok olduğu birçok vakayı?

İnternetten yapacağınız kısa bir aramayla, bu durumu yaşayan insanlarda kanser ve kalp krizi riskinin toplumun diğer bölümünden çok daha düşük olduğunu gösteren araştırmaları bulabilirsiniz.

Size pozitif düşüncenin gücünden değil, beyin işlevleri eksik olarak çalıştığı zaman, bir başka deyişle beyin belli bir ölçüde devreden çıktığı zaman hastalıkların oluşma risklerindeki ciddi düşüşlerden bahsediyorum. İşte beynin hastalanma sürecinde ne kadar önemli olduğunun önemli göstergelerinden bir tanesi.

Peki ya beyni sağlıklı şekilde çalışan insanlar?

Siz de birçok kaynaktan, bazı vakalarda kanserlerin hiçbir tedavi olmadan yok olduğunu, çok önemli hastalıkların kişinin moralini bozmadığı, güçlü durduğu sürece kendiliğinden geçtiğini duymuşsunuzdur.

Bu kitabı okuyan herkesin birbirinden farklı inançları olabilir. Ama şu kesin ki hepimiz, hatta inanca ihtiyacı olmadığını düşünenler bile kötü günlerinde, böyle günlerin sona ereceğine inanmak, bunun için birisinden yardım almak ister. Hepimiz hayatımızda bir şekilde çaresizlik yaşarız. Mesela, çok sevdiğimiz birini kaybettiğimiz zaman (ne yazık ki hepimizin böyle bir şey yaşaması garanti), onlarla başka bir şekilde yeniden beraber olacağımızı bilmek isteriz. Ölümün son olmadığına inanıp, “Hiçbir şey ölmez, her şey yaşar” diye düşünmek isteriz. Zaten çoğumuz da buna tüm kalbimizle inanırız.

Bu kitabın konusu dinler ve inanç değil! Ama her şeyin iyi gideceğine inandığımız zaman, sağlığımızda gerçekten büyük mucizeler olabilir. İster dua edelim, adak adayalım, kurban keselim ya da meleklerden yardım isteyelim... İster reiki ile hastalığı temizlemeye uğraşalım, ister sağlıklı olmayı evrene havale edelim. İster Müslüman, Hıristiyan, Musevi... İster Budist, Taoist, Hindu ya da Paganist olalım. Aslında gezegenimizin tüm toplumları bu mucizeleri yaşar. Hatta bu mucizelerin etkisiyle, inandıklarına daha da sıkı sarılırlar.

Gerçekten de pozitif düşüncenin iyileşme üzerindeki etkisi su götürmez bir gerçek. Bunu tartışmaya bile gerek yok. Artık doktorlar bile, iyileşmenin daha önemli kısmının stresi azaltarak, pozitif düşünmekte olduğunu üzerine basa basa belirtiyorlar.

Peki ya stres? Stres sıfırlandığı zaman hastalıklar bitiyor mu?

Hastalıkların nedeni stres mi?

Doktorlar da özellikle son yıllarda birçok hastalığın temelinde stres olduğunu artık kabul ediyorlar. Hatta şeker hastalığı, kalp krizi, kanser gibi en sevimsiz hastalıkların gelişmesinde en büyük faktörün stres olduğu neredeyse fikir birliği halinde birçok bilimadamı tarafından söyleniyor.

Ama aslında hastalıkların nedenini genelleme yaparak strese bağlamak ne demek biliyor musunuz?

"Ya işte... Endişeler, kötü düşünceler, bir şekilde vücudu yıpratıyor. İşte rahat olmaya çalışın, kendinizi hayatta pek sıkmayın. Ama biz stresin nasıl olup da bu hastalıkları yarattığını pek anlamıyoruz, aslında ne yalan söyleyelim, pek de ilgilenmiyoruz."

Tıp gerçekten de hastalıkların sebebini strese bağlayarak süreçten pek bir şey anlamadığı ve detaylarla da ilgilenmediği mesajını veriyor. Sonuçta neden stres vücudu bozuyor? Neden mutlu olmayan insanlarda hastalıklar ortaya çıkıyor? Neden belirli organlar hastalıkları ortaya çıkarıyorlar?

Bu konuda ne yazık ki yıllardır kapsamlı çalışmalar yapılmıyor.

"Stresten uzak duracaksınız!"

İlk olarak stresten uzak durmak tabii pek kolay değil. Zaten çoğumuz bunu çok istesek de başaramıyoruz. Ayrıca ne yazık ki hastalanan bir kişi, tamamen stressiz bir şekilde hayatına devam etse de genelde rahatsızlığı sıfırlanmıyor. Sadece nüksetme periyotları ve şiddetleri azalabiliyor.

Asıl çözüm: nedeni beyinde temizlemek

Tüm kitaplarımda söylediğim gibi, pozitif düşünce çok ama çok güzel! Ama sadece bir başlangıç noktası, çoğu zaman sorunu kökten temizlemek adına etkisi yetersiz kalıyor. Temizleyemediğimiz bir rahatsızlık ortaya çıktığı zaman, "iyi olacağımıza inanmak" bizi olduğumuzdan çok daha iyi bir noktaya getirse de, asıl çözüm sorunun başlangıç nedenini temizlemekte.

Birazdan sizinle detaylarını paylaşacağım sistemin özü de burada yatıyor. Sorunların büyük resimde neden kaynaklandığını tespit ederek onları temizlemeye çalışmak! Göreceksiniz ki, zaten sorunun başladığı yer beynimiz. Ve temizlenmesi gereken yer de orası...

Peki artık, mevcut tıp anlayışını analiz etmeyi bırakalım ve biz farklı bir bakış açısı geliştirelim. Ve aslında sorunların gerçek merkezine inelim...

Beynimize...

Ben doktor değilim

Hayır, ben doktor değilim. Zaten ilgilendiğim ve sizinle bu kitapta paylaşacağım konuların da klasik tıp anlayışıyla pek ilgisi yok.

Yaklaşık 20 senedir, araştırmalarımı, eğitimlerimi, çalışmalarımı "beynimizi nasıl daha etkin kullanabiliriz" sorusunun cevabını alabilmek adına yapıyorum. Fobilerden depresyona, panik ataktan sigara bağımlılığına, değersizlik duygusundan utangaçlığa kadar birçok sorunu beyinde nasıl daha kolay temizleyebileceğim üzerine yıllardır çalışıyorum. Ve sonunda normal süreçte gelinmesi "engellenemeyecek" bir noktada buldum kendimi. Nedeni çok basit...

Bize ilkokuldan itibaren, bedenimizi beynimizin yönettiği öğretilmedi mi? O zaman, sağlığımızı da araya herhangi bir "aracı" sokmadan, direkt olarak "makine dairesinden", yani beyinden yönetmek istemekten daha doğal ne olabilir?

Beynini kontrol edebilen biri sağlığını da kontrol edebilmeli. Peki gerçekten de pratikte mümkün mü bu? Hastalıkları, rahatsızlıkları beyin gücüyle yenebilir miyiz?

Yıllardır bu sorulara zaten cevap aranıyor. Ama bir noktada konu hep ya "stres" ya da "pozitif düşünce" eksenine geri dönüyor.

Bu kitabı neden yazdım?

Bu kitapta amacım, bildiğiniz bazı "doğru olduğu iddia edilen" bilgileri basitleştirerek tekrar etmek değil. Beyine ve insan bedenine çok farklı bir bakış açısıyla bakarak, aslında "neden hasta olduğumuzu" sorgulayacak, çok korktuğumuz sağlık problemlerinin "doğa ananın ta kendisi" olduğunu görecek, süreci çok daha iyi anlayacağız.

Sizinle paylaşacağım bilgiler yıllardan beri araştırdığım, özellikle Avrupa'da iyileşme süreçleri alanında inanılmaz gelişmelerin yaşanmasını sağlayan doktorlar arasında filizlenmiş, tüm baskılara rağmen kullanılmaya ve geliştirilmeye devam edilen yepyeni bir paradigmayı oluşturuyor. Bilinenlerin aksine hastalıkların beyinden tetiklendiğini, beynimizin sanki bize ihanet eder gibi hastalıkları "kapasite artırımı" için başlattığını göreceğiz.

Şimdiden kafanızın karıştığını hissedebiliyorum... "Asıl amacı bizi yaşatmak olan beynimiz neden hastalıkları yaratsın ki" diye düşündüğünüze eminim. Size ben de tüm kalbimle katılıyorum. Ancak ilerleyen sayfalarda göreceğiniz gibi beynimizin kontrolümüzde olmayan bölümü, yani "bilinçaltımız" aslında pek de zeki ya da bilge değil! Bilinçaltımız, binlerce, hatta milyonlarca yıl öncesinin problemlerine cevap vermek adına programlanmış.

Kabul ediyorum. Önceki iki kitabım gibi yine çok iddialı başladık. Ama bu sefer işimiz çok daha zor. Zira, bu zor ve karmaşık konuyu sizi sıkmadan ve detaylarda boğmadan paylaşmak istiyorum ama uyarayım, inanç sistemlerinizi ciddi şekilde zorlayacağım!

Beni bu kitabı yazmaya ve bildiklerimi sizinle paylaşmaya iten, bire bir danışmanlık çalışmalarımda ve kendi hayatımda defalarca teyit etme şansını yakaladığım bu sistemin kendisi. Zira size ilerleyen bölümlerde aktaracağım bilgileri önümüzdeki yıllar boyunca sizin de teyit etme şansınız olacak.

Umuyorum sizler de yeni bir bakış açısıyla aslında hastalık denilen birçok semptomun belli nedenlerle beynin kendisi tarafından tetiklendiğini görecek ve birçok sorunun temel nedenini bularak, bu yaklaşımla onları temizleme şansına erişeceksiniz.

Amacım sadece "hakikat" olarak gördüğümü aktarmak da değil. Evet, bu kitapta aslında neden ve ne zaman hastalandığımızı daha iyi anlayacağız. Ama bununla kalmadan, bazı hastalıkları tersine temizleme ve çözüme ulaştırma şansımızın da olduğunu göreceğiz. Size söz verebilirim ki, bakış açımız son derece bilimsel ve tutarlı olacak.

Ve umarım ki başaracağız...

Gerçekten geçmez denilen hastalıklar geçebilir mi?

Sözlerim tüm hastalıkların bu şekilde geçeceği anlamına gelmemeli. Ancak gerçekten asla geçmez denilen hastalıklar bile temizlenebilir. Bunun iki temel nedeni var.

Birincisi yepyeni bir bakış açısı. Klasik tıp şu ana kadar, hastalıklara hep "organ bazında" bakarak, beyinle ilişkisini kurmadığı ve beyinden çözüme gitmeye çalışmadığı için bazı hastalıkların geçmeyeceği konusunda fikir birliği sağlamış durumda. Tüm Batı tıp sistemi konuya aynı şekilde baktığı için onlardan farklı bir sonuç çıkmasını beklememiz zaten mümkün değil. Ama bu kitapta çok farklı bir paradigma değişikliğini konuşacağız. Aslında birçok hastalığın beyinden tetiklendiğini ve sürecin yine beynin kontrolünde olduğunu vurgulayıp, konuyu bu açıdan ele alacağız.

İkinci nedense, son 30 yılda dünyada çok daha etkili terapi yöntemlerinin ortaya çıkması. Artık beyinde yaşanan olayların, büyük travmaların duygusal etkisini kısa sürede ve çok etkili bir şekilde temizlemek mümkün. Bu uygulamalar sonrasında, yaşanan kötü olaylar tabii ki beyinden tamamen silinmese de, o olaylara ait duygular hızlı şekilde temizlenebiliyor. Bunu gerçekleştirdiğimizde beyin kötü olaylar ve dönemler sonrasında, vücutta yarattığı bazı negatif değişiklikleri geri alabiliyor.

Bu kitabı nasıl okumalısınız?

Önceki iki kitabımı okuduysanız, okurumdan fazlasıyla "katılımcılık" beklediğimi zaten biliyorsunuzdur. Kitaplarım "çok satan pop kitaplar" rafında yer alsa da aslında içeriklerinin gayet "kazık" olduğu konusunda sürekli esprili geri dönüşler alırım. Bu kitabı okuyup bitirdiğinizde hastalıklar ve sağlık konusunda ezber bozan bilgiler öğreneceksiniz. Size önerim "İşte O Hastalıklar" bölümüne kadar dikkatli bir okuma yapın. Daha sonraysa birçok hastalığın detaylı olarak ele alındığı bölümlere geleceksiniz. Satır satır okumak zorunda olmadığınız bölümler bunlar. Hastalıkları birer birer anlattığım bölümlerde ilgi duyduğunuz, özellikle merak ettiğiniz hastalıkları da okuyarak ilerleyebilirsiniz.

Çözüm bölümünde ise hastalıklara karşı neler yapabileceğimizi anlatıyor olacağım.

KISACA
BEYNİMİZ

“Ben bilmem beyin bilir”

Burada sizinle paylaşacağım sisteme *Beynine Format At* kitabımda giriş yapmıştım. Eğer beynin yapısı ve bilinçaltı gibi konulara daha aşinaysanız, bu bilgileri nispeten sorun yaşamadan anlayacağınızı düşünüyorum. Ancak ilk kez bu tarz bir kitap okuyorsanız, size *Beynine Format At* kitabımın ilk 55. sayfasına da bir göz atmanızı tavsiye ederim.

Bilinç ve bilinçaltı

Kitabımın anlaşılır olması açısından sadece çok basit birkaç kavramı açıklamak istiyorum. Bilinç, kullandığımız, kontrol ettiğimiz, aynı anda gerçekten farkında olarak tek bir konuyu düşünebilen, değerlendirebilen beynimiz. Ona çok aşinayız, zaten sadece onun farkındayız...

Bilinçaltı ise geriye kalan her şey. Duygularımızı oluşturan, vücudumuzda farkında olmadan kalbimizi çarptıran, kontrol etmediğimiz ama yaşamımız için tüm temel işlemleri gerçekleştiren beynimiz.

Sistemi size anlatırken, bilinçaltı ve bilinç gibi kavramlara pek fazla değinmeyeceğim. Ancak başlamadan size sadece şunu hatırlatmak isterim. Beynimiz bizim farkında olduğumuzdan çok daha fazlasıdır. Biz kaba bir tabirle bilincimizle beynimizin yüzde 5’ine hâkimken, yüzde 95’i bilinçaltı üzerinden otomatik olarak işlemeye devam eder.

Beynimizin asıl amacı mutlu bir hayat sağlamaktan ziyade bizi HAYATTA TUTMAKTIR! Ancak hayatta kalmanın öneminden olacak ki, bu görevi yaparken pek sınır tanımaz. Bütün organların çalışmalarını düzenleyen, gerektiği zaman bazılarını fazla kapasiteyle çalıştıran, vücudumuzda oluşan bir yarayı iyileştiren, kısacası tüm vücut fonksiyonlarını yöneten bilinçaltımızdır. Bilinçaltımızı kontrol edemiyoruz. Ama en azından çok kısaca da olsa onu tanıyalım...

Önce onu bilinçle karşılaştıralım.

BİLİNÇ	BİLİNÇALTI
İradeye dayalıdır.	Alışkanlıklara dayalıdır.
Mantıklıdır.	Duygusaldır.
Soyut kavramları değerlendirebilir.	Sadece duyusal girdilerle çalışır (resim, ses, his, tat, koku).
Bilgileri sırayla işler. Saniyede 2.000 bit bilgi işleyebilir.	Çoklu işlem yapabilir. Tüm vücut işlemlerini aynı anda yürütür. Saniyede 4 milyar bit bilgi işler.
Olumsuzluk kavramını anlar.	Olumsuzluk kavramını anlamaz, işleyemez. Bir bilgi bilinçaltının dikkatindeyse o sadece vardır.
Zaman kavramı vardır. Dün, bugün ve yarın arasındaki farkı bilir.	Zaman kavramı yoktur. İşlediği her şeyin o an olduğunu varsayar.
Kısa süreli bellektir.	Uzun süreli bellektir.
Yeni tecrübeleri yaşamaya, öğrenmeye istekli ve heveslidir.	Yeni tecrübelere kapalıdır. Güveni ön planda tutar.
Farkındadır.	Farkında değildir.
Mizah anlayışına sahiptir.	Mizah anlayışına sahip değildir. Ciddiye alınmaması gereken bilgileri de ciddiye alır.

Daha iyi anlamak için birkaç önemli noktayı vurgulayalım:

- Bilinçaltımız her şeyi fiziksel olarak görüyor. Mesela işimiz, okulumuz, tuttuğumuz futbol takımı, yaklaşan bir sınav gibi daha soyut konuları anlayamıyor. O sadece fiziksel cisimlerden, tehlikelerden, gerçekten elle tutulur nesnelerden anlıyor. Kavramsal, soyut tehditlere çok ilgisiz fiziksel cevaplar veriyor.

- Yine bilinçaltımızın zaman kavramı yok. Her şey onun için o an oluyor. Mesela geçmişteki bir olayı düşündüğünüzde, o olayın çoktan bittiğinin farkında değil. Başımızdan kötü bir olay geçtiği ve bittiği zaman bu olay bilinçaltımızda çözülmüş olmuyor. Kötü olayları her hatırlayışımızda bilinçaltımızda bu olay yeniden yaşanıyor, ki bazen bu hatırlamalar biz farkında olmadan dahi olabiliyor.
- Bilinçaltımız negatifleri işleyemiyor. Bir başka deyişle, aklımıza her ne geliyorsa o bilinçaltımız tarafından "istediğimiz" ya da karşı karşıya kaldığımız bir durum olarak algılanıyor.
- Beynimizin ve biliçaltımızın ne kadar güçlü olduğu sürekli söylenir. Ancak bilinçaltı çok güçlü olsa da, ne yazık ki çok da akıllı değildir. Yaptığımız en büyük düşünce yanlışı da buradadır. Onun mükemmel bir bilge olduğunu düşünürüz. O aslında çok güçlü, mükemmele yakın çalışan bilgisayar gibidir. Ne yapması gerekiyorsa sadece onu yapar.
- Diğer bir yanlışsa, onun bir anda son haline geldiğini düşünmek. Bu doğru değil. Beynimiz yenilenmeden, şu anki ihtiyaçları planlanmadan bu hale gelmiş. Ek yazılımlar, yamalar daha eski programlara eklenmiş. Milyonlarca yıl önceki ihtiyaçlara cevap veren "yazılımlar" beynimizde hâlâ çalışmaya devam ediyor. Bir başka deyişle, yeni programlar eskilerle beraber çalışıyor.

Bu beş maddeyi idrak etmek, daha sonra sizinle paylaşacaklarımın mantığını çözmeniz açısından çok önemli. Zira, biraz sonra beynimizin ve vücudumuzun işleyiş kurallarını göreceğiz. Zaten bu kuralları anladığımız zaman, neden hastalandığımızı ve hastalıkları yaratan düğümleri nasıl çözmemiz gerektiğini de anlayacağız.

BİYOLOJİK
PROGRAMLAR

Biyolojik programlar

Bilinçaltımızı çok kısaca tanıdıktan sonra şimdi beynimizin başlattığı çok ilkel biyolojik programlardan bahsedelim. Daha önce beynimizin en önemli önceliğinin bizi HAYATTA TUTMAK olduğunu söylemiştik. Aslında yaşadığımız en büyük sorunlar da bu öncelikten dolayı oluşuyor. Beynimiz bizi hayatta tutmaya çalışırken, tehditleri yanlış yorumlayabildiği ve çoğu zaman gereğinden daha fazla ciddiye aldığı için, vücudumuzda bizi rahatsız eden, hayatımıza, sağlığımıza zarar veren tepkiler ortaya koyuyor.

"Beynimiz bize düşman mı ki böyle yapsın?" dediğinizi duyar gibiyim. Şimdi her zaman çok severek verdiğim bir örnekle bu durumu açıklayalım.

Savaş ya da kaç!

Heyecanlandığınızın en bariz belirtisi nedir? Kalbinizin çok hızlı çarpması öyle değil mi? Peki sizce beyniniz heyecanlandığınız zaman neden kalbinizin çok hızlı çarpmasına neden oluyor? Yanıt ne olabilir?

Adrenalin? Güçlü olmak? Tetikte olmak?

Bu cevapları sıkça alırım. Oldukça da doğru cevaplardır. Ama yine de nedeni tam açıklamazlar. Asıl cevap beynimizin savaş ya da kaç tepkisine hazırlanmasıdır. Aslında bu cevap da işin özüne tam olarak inmiyor.

Neden savaş ya da kaç tepkisi? Kime karşı savaşmak ya da kimden kaçmak?

Çoğunuzun bu soruları sorarken doğru cevabı bulduğunuza

eminim. Evet kalbimizin çok hızlı çarpması çok eski bir biyolojik program. Vahşi hayvanlardan kaçtığımız döneme ait. Beynimizin tek yapmaya çalıştığı, kalbi bir pompa olarak ekstra kapasiteyle çalıştırarak, o an sindirim organlarında kullanılan kanı kaçmak ya da savaşmak için ellerimize ve ayaklarımıza göndermek... Ani bir tehlike olduğu zaman, önceliğini haklı olarak savaşmaya ya da kaçmaya veriyor. Daha güçlü şekilde bunu gerçekleştirmemiz için de, ellerimize ve ayaklarımıza çok acil şekilde kan pompalıyor.

Peki kaçımızın çevresinde vahşi hayvanlar var? Pek tekin olmayan sokaklarda hepimizin başına kaçmamız ya da savaşmamız gereken durumlar gelebilir tabii. Ama neden alakasız durumlarda heyecanlandığımızda da aynı tepkiyi yaşıyoruz? Mesela önemli bir iş görüşmesinde ya da karşı cinse ilan-ı aşk ederken veya bir topluluğa konuşma yapmak üzereyken...

Bu örnek beynimizin çalışma mantığını çok iyi anlatıyor. Beynimiz tehlikeli olarak gördüğü daha karmaşık durumları basite indirgeyerek bir genelleme yapıyor ve onlara, ilkel ve ortak bir tepki veriyor. Ama ne yazık ki verdiği tepki yaşadığımız durumla çok alakasız olduğu için, yarar sağlamaktan ziyade hayatımızı mahvediyor.

Bu olayı asla sindiremem!

Beynimizin verdiği ilkel tepkilere bir örnek daha vermek isterim. Peki özellikle hiç beklemediğiniz, sizi şok eden kötü bir haber aldığınızda karnınızda bir ağrı ya da farklı bir his hissettiniz mi?

Bunu hepimiz yaşamışızdır. Hatta sindirim sistemimizin ne kadar psikosomatik çalıştığını herkes bilir. Zaten doktorlara bir sindirim sıkıntısı ile gittiğimiz zaman, onlardan şöyle öğütler alırız: "Kafana takmayacaksın, rahat olacaksın, stresten uzak dur..."

"Tamam kafamıza takmayacağız ama ne yapalım, hayatımıza fotosentez modunda bir sebze olarak mı devam edelim?!"

Psikolojimizin iyi olduğu ya da kendimizi keyifli bir aktiviteye kaptırdığımız zaman sindirim sorunumuz geçici olarak biter ya da azalır. Şimdi başa alalım... Aldığımız kötü haber neden bir anda sindirim sisteminde hissedilmiş olabilir?

Bu yine beynin ilkel bir biyolojik programı. Sindirim sisteminde bu tepkiyi hissetmemiz aslında, bilinçaltımızın aldığımız haberi, sindiremediğimiz bir besin olarak görmesiyle ilgili... Beynimiz milyonlarca yıl öncesinde oluşturulmuş bir biyolojik programı aktif hale getiriyor. Topraktaki bir kurtçuğun tepkisini veriyor.

Sindirim sisteminde hiç beklenmedik bir besin takılmış gibi tepki veriyor. Bir an önce bunu eritmek için asit salgılıyor, yapamıyorsa ağızdan ya da anüs yoluyla dışarı attırıyor.

Beynimiz o hiç beklemediği haberi, besin olarak değerlendirdiyse bunu saliseler içinde gerçekleştiriyor. Ve sindirim sistemini anında daha fazla kapasiteyle çalıştırmaya karar veriyor. Peki ne zamana kadar?

Sindiremediğimiz sorun çözülünceye ya da en azından beynimiz sorunun çözüldüğüne kanaat getirinceye kadar. Peki eğer beynimiz hiçbir zaman bu sorunun çözüldüğüne kanaat getirmezse ne olacak?

Siz hayatı boyunca, sindirim sisteminde rahatsızlıklarla yaşayan insanlar duydunuz mu? Çevrenizde böyle insanlar olduğuna eminim. Ben çok karşılaştım. Ve önemli bölümünün de, beyinlerinin tam olarak hangi anı sindirilemeyecek bir besin olarak değerlendirdiğini bularak, temizleyerek, bu rahatsızlıktan kurtulmasına yardımcı oldum.

Ne yazık ki, çok kısa bir anda beynimiz hiç beklemediği büyük bir şok yaşarsa, özellikle de bu olayda yalnız kaldığına ve de çaresiz olduğuna kanaat getirirse, ilgili gördüğü vücut organında (ya da aynı anda birçok organda) değişiklikler yapabiliyor.

Çok saçma geliyor öyle değil mi?

"Beynimiz muhteşem bir sistem, o çok zeki ve bilge. Asla böyle şeyler yapıyor olamaz" mı diyorsunuz?

Size sadece şunu söyleyeyim. Eğer hepimiz stresin ne kadar zararlı olduğunu ve pozitif düşünerek daha kolay iyileştiğimizi yadsınamaz gerçekler olarak biliyorsak bu şu anlama geliyor: Stres organları bozduysa, demek ki asıl suçlu olan beynimiz. Zira stresimiz aslında düşüncelerimizden, psikolojimizden ve sonuçta beynimizden ortaya çıkan bir durum.

Eğer pozitif düşünceyle bir sağlık sorununu çözebiliyorsak, zaten sorunu beynimizin başlatmış olması çok daha muhtemel değil mi? Bir başka deyişle, pozitif düşünceyle zaten konuyu sorunu başlatan yerden, olayın kaynağından, yani beynimizden çözüyor olamaz mıyız?

Şimdi beynimiz neden böyle davranıyor bunu tüm detaylarıyla anlama zamanı...

Muhteşem olduğu kesin ama mükemmel değil!

Hep dedik ya, bilinçaltımız aslında çok da bilge değil. Soyut kavramlardan anlamıyor. O her şeye fiziksel olarak bakıyor.

Biraz sonra göreceğiniz gibi, aslında çoğu hastalıkları beynimizin bu defosu yüzünden yaşıyoruz. Zira, biz bilincimizle oldukça zeki ve bilge karar alırken, bilinçaltımız yaşadığımız her türlü büyük, küçük tehdidi oldukça "kişisel" algılıyor. Ve tehlikelere onun anladığı dilden, yani "fiziksel" olarak tepki vermek istiyor.

Bu tepkilerin hepsi de, biraz önce bahsettiğimiz savaş/kaç tepkisine benzer şekilde bize pozitif anlamda yardım etmek için programlanmış. Ancak ne yazık ki, şu anki dünyadan ziyade bu tepkilerin geliştiği o zamanın şartları için geçerli. O yüzden aslında bu tepkilerin çoğu, şu an yaşadığımız hayat için bize hiçbir şekilde yardım etmiyor.

Bunun nedeni beynimizin yazılımının bir anda yazılmamış olması. Büyük resimde evrim sürecini düşünürseniz, insanoğlunun bugünkü hale gelmesinin her aşamasında o dönem için geçerli tepkileri içeren yazılımlar yazılmış.

Mesela sindirim sisteminin biyolojik programları milyonlarca yıl öncesinde basit organizmalar döneminde yazılırken, dış derimizin biyolojik programları çok sonra, insanoğlunun sosyal döneminde ortaya çıkmış. Milyonlarca yıl boyunca, evrimin farklı dönemlerinde, beynimiz çeşitli tehditlere çeşitli tepkiler vermeyi öğrenmiş. Ve bu tepkileri unutmamış, yeni ortaya çıkan tepkiler eskileriyle beraber bir "kaotik düzen" içinde çalışmaya devam etmiş.

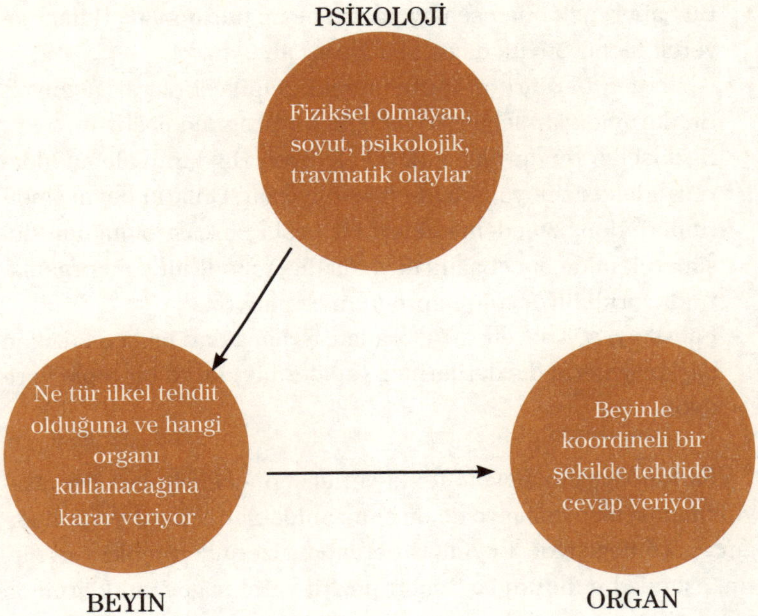

İnsanoğlunun genetik kodunda, beyninin ve vücudunun çalışma mantığında tehditlere nasıl tepki vereceğinin bilgisi bulunuyor. Ani bir tehdit olduğunda kalbin çarpması, sindirim sisteminde zararlı bir madde olursa bunun kusarak ya da anüs yoluyla çıkarılması, susuz bir ortamdaysa böbreğin daha fazla su tutması, bir annenin bebeğinde sorun olursa daha fazla süt üretmesi gibi... Bu bilgilerin tamamı biz doğduğumuz anda beynimizde zaten yüklü. Daha sonra tehditlerle karşı karşıya kaldığımız zaman, beynimiz bu tepkileri otomatik olarak veriyor.

Ancak şu bir gerçek ki, beynimiz gereksiz yere işleri KARIŞTIRIYOR!

Öncelikle beynin hangi tepkiyi, hangi organla vereceğine biz bilinçli olarak karar vermiyoruz. Bu durum bizim hiçbir şekilde kontrolümüzde değil. Beynimiz olayı yaşadığı anda, çok kısa bir sürede anlık olarak hangi organı kullanacağına karar veriyor.

Mesela, bir fabrikanın kapanacağı haberini duyan yüzlerce işçiyi ele alalım.

- Bu haberi pek önemsemeyenlerin beyni durumdan etkilenmeyerek hiçbir büyük değişiklik kararı almıyor.
- İşçilerden bazıları bu durumu açlık tehlikesi olarak algılıyor. Bu durumda karaciğerleriyle ilgili bir program başlıyor.
- Bazı işçiler bu duruma çok öfkeleniyor. Haklarını alamadıklarını, adaletsizlik yapıldığını düşünüyorlar. Onların beyni sindirimlerinde hazmedemedikleri bir besin parçası olduğunu düşünerek mide, incebağırsak ya da diğer sindirim yolu organlarında farklı bir biyolojik program başlatıyor.
- Fabrikayı çok seven, artık oradan ayrılacakları için çok üzülen başka işçilerin dış derilerinde (epidermis) farklı bir tepki veriliyor.

Farkındaysanız beynin tepki vermesi öncelikle olayı önemseyip önemsememesine ve de durumu anlık olarak nasıl yorumladığına göre değişiyor. Beyinleri organları üzerinden tepki verenlerin, aslında bu durumdan hiçbir pozitif yarar sağlamadıklarını da görebilirsiniz.

Anlatmaya çalıştığım, çoğunlukla beynimizin (bilinçaltımızın) soyut kavramları somuta indirgemesinden dolayı, biz zaten bu tepkileri çok gereksiz ve ilgisiz zamanlarda yaşıyoruz.

İlgili bölümde, bilinçaltımızın başka bir özelliğinden daha bahsettik. Bilinçaltımız geçmişte yaşadığımız olayların aslında geçmişte yaşandığının da farkında değil. Keşke bu aksiyonları aynen kalbimizin hızlı çarpması gibi kısa süreli olarak alsaydı. İşte o zaman büyük sağlık sorunları yaşamazdık.

Ancak beynimiz yıllar önce yaşadığımız tehditlere, aynı fiziksel tepkileri yıllar boyunca vermeye devam edebiliyor.

Bir başka deyişle, beynimiz geçmişte takılı kalıyor. Ve yıllar boyunca belirli bir organın kapasitesini artırmak adına vücudun sağlıklı giden işleyişini bozuyor.

Ve çok önemli son bir cümle:

İşte sağlık sorunları yaşamamızın en önemli nedeni bu...

Biyolojik program süreci

Beynimiz özellikle yaşadığımız, önemli gördüğü tehditlerde bize yardımcı olması açısından "biyolojik programlar" oluşturuyor demiştik. Bu biyolojik programların, yani beynimizin tehlikelere verdiği tepkilerin aslında iki ana bölümü var.

A- Stres dönemi (tepki)

B- İyileşme dönemi (normale döndürme)

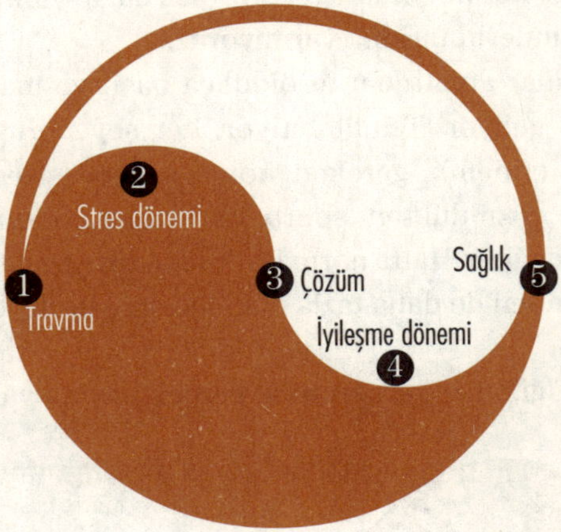

Bu şekli tanıdığınıza eminim. Bizim de aynı şekli kullanıyor olmamız tesadüf eseri midir bilemem, ancak daha iyi hatırlamanız açısından yararlı olacağını düşünüyorum. Şekil kısaca şunu anlatıyor:

Stres dönemi (tepki)

Büyük bir tehdit yaşıyoruz. Beynimiz tepki veriyor. Psikolojimizde, beynimizde, vücudumuzda değişiklikler yaşıyoruz.

İyileşme dönemi (normale döndürme)

Sorun beyinde çözülüyor. Beyin yaptığı değişiklikleri eski haline getirmeye karar veriyor. Bu sefer psikolojimizde, beynimizde ve vücudumuzda farklı belirtiler yaşıyoruz.

Sonra her şey yoluna giriyor ve normale dönüyoruz.

Biyolojik programlar sırasında, biraz önce detaylı olarak bahsettiğimiz üç farklı boyutta değişiklikler yaşıyoruz.

- Psikoloji
- Beyin
- Organ

Tüm bu süreç sırasında, psikoloji ve vücudumuzda (organ) yaşadığımız değişiklikler oldukça bariz olsa da, beynimizde yaşanan fiziksel değişimlerin farkına varmıyoruz.

Şu ana kadar anlattıklarım oldukça basit ve mantıklı. Tehdit oluyor, tepki geliyor. Tehdit bitiyor, her şey normale dönüyor. Ancak idrak etmemiz gereken konu, sadece stres döneminde değil, sorun çözüldükten sonra da vücutta ciddi belirtilerin yaşandığı gerçeğidir. Hatta normale dönme sürecindeki belirtilerin stres döneminden de daha fazla olabileceğini ilerleyen sayfalarda göreceksiniz.

Şimdi grafiği biraz karıştırarak, gerçek hayata yakın hale getirelim.

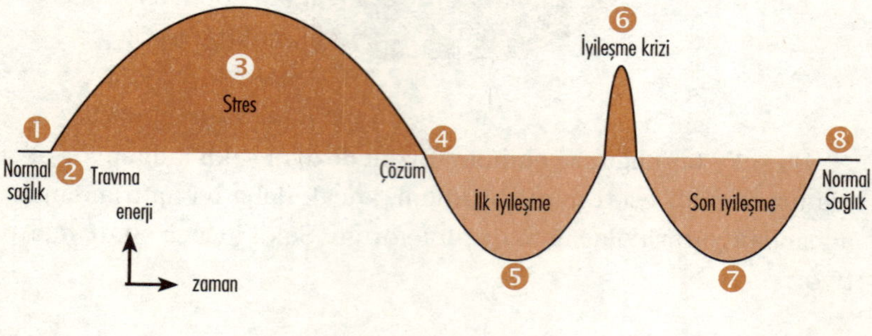

Grafikteki dikey eksen enerji seviyesini temsil ediyor. Yatay eksense zamanı. Şeklin ying-yang'dan tek farkı, iyileşme döneminin tam ortasına bir iyileşme krizi eklenmiş olması. Bu da iyileşme dönemini ikiye bölüyor.

- İlk iyileşme dönemi
- Son iyileşme dönemi

İyileşme döneminin tam ortasında "iyileşme krizi" adı verilen, aslında normal hayata dönmeden önce yeniden çok stresli ama kısa bir dönemin yaşandığını ekledikten sonra yeni sürecimizi oluşturup, tüm dönemleri detaylarıyla inceleyelim.

Şu anda sizinle paylaşmak üzere olduğum süreci iyi anlamanızı isterim. Biraz sonra karşınıza çıkacak satırlar sizlere manasız, sıkıcı detaylar olarak gelebilir. Ancak inanın size aktaracağım süreci anladığınız zaman gerçekten ödülün büyük olacağını söylemeliyim. Vücudumuzda yaşadığımız tüm rahatsızlıklarda -zehirlenme, fiziksel kazalar ya da kötü beslenmenin sebep oldukları dışındakiler- bu süreç gerçekleşiyor. Biraz sonra aslında doğanın nasıl işlediğine dair ÇOK BÜYÜK BİR SIRRI da çözüyor olacağız.

Eğer süreci iyi anlayabilirsek, birçok hastalığın mantığını kavrayabileceğiz. Zira göreceksiniz ki aslında vücudumuzda sürekli aynı sürecin farklı versiyonları işliyor.

Kanserden kalp krizine, şeker hastalığından mide ülserine, egzamadan migrene birçok sağlık sorununun mantığı benzer şekilde. Zaten anladığımız zaman da bu korktuğumuz sağlık sorunlarını kontrol etmek adına çok ama çok büyük bir adım atacağız.

Doğanın büyük sırrı

Biraz sonra detaylarıyla öğreneceğimiz süreç aslında, bir nevi doğanın büyük sırrı ve sadece insana özgü değil. Canlı tüm organizmaların nasıl çalıştığını özetliyor. Ayrıca, sadece şu an için değil, beynimizin ve vücudumuzun evrimi sırasında bu süreç aynı şekilde işlemeye devam etmiş.

Bedeninizde yaşadığınız neredeyse tüm rahatsızlıkları bu süreci takip ederek bulabileceksiniz. Genel süreci anlamak pek zor değil. Ancak, detaylara inip vücudun her organının farklı aşamalarda, o organa özgü olarak nasıl davrandığını öğrenmek tabii çok daha zor. Zaten beynimizin ve vücudumuzun da tamamen çözüldüğünü ya da yakın zamanda çözüleceğini söylemek imkânsız. Biz sadece en azından doğanın nasıl işlediğini çok daha iyi anlamış olacağız.

Şimdi detaylara geçelim.

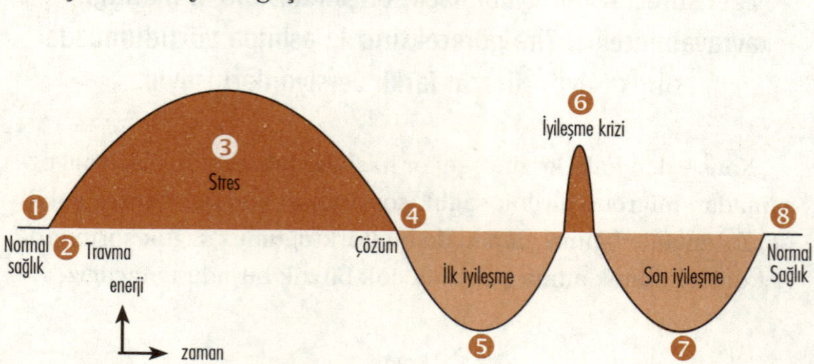

❶ NORMAL SAĞLIK

Sağlıklı bir şekilde yaşamımıza devam ediyoruz. Bedenimiz normal modda geceleri yorgun, dinleniyoruz. Gündüzleri ise daha enerjik bir şekilde hayatımıza devam ediyoruz.

❷ TRAVMA

Hayatımızda hiç beklemediğimiz, dramatik, çözüm stratejisi oluşturamadığımız, özellikle bu sırada kendimizi yalnız hissettiğimiz travmatik bir olay yaşanıyor. Hepimizin başımıza gelebilecek kötü olaylardan bahsediyorum.

Kötü olayı ilk yaşadığımız, bir başka deyişle olayla ilk karşılaştığımız an beynimiz için çok kritik. Özellikle şok olunan durumlarda beyin devreye girmeye karar vererek ve biyolojik programı o anda yaratarak beynimizin ilgili merkezinde bir röle (anahtar) oluşturuyor.

Mesela bir yakınımızın sağlığıyla ilgili ciddi bir sorunu olduğunu düşünelim. İtiraf etmek gerekirse bunları yazarken pek elim varmıyor. Ama hayatta hepimizin eninde sonunda yaşadığı, yaşamak zorunda kaldığı olaylar bunlar. Mesela o haberi ilk kez aldığımızda, belki telefonda, belki yüz yüze... Ya da bir kaza anına gerçekten şahit olduğumuzda. Travmatik olayın en kritik anında, beynimiz hayatımızla ilgili büyük bir sorun olduğunu düşünerek, bizim yerimize bir karar veriyor. Bize yardımcı olması için biyolojik program başlatarak beynimizde bir röle oluşturuyor.

Beynimizin bu biyolojik programları başlatmasının dört kriteri var. Bunlar:

1. **Dramatiklik** – Olayın yeterince dramatik ve kötü olması
2. **Şok** – Aniden, hiç beklemediğimiz şekilde gerçekleşmesi
3. **Yalnızlık** – Gerçekleştiği an kendimizi yalnız hissetmemiz
4. **Çaresizlik** – Hiçbir çözüm stratejimizin olmaması

Bahsi geçen biyolojik programın (rölenin) beyinde oluştuğu bölge aslında beynin ne reaksiyon vereceğini belirliyor. Bir başka deyişle, hangi organın işleyişini değiştireceğine ve bu tehdide karşılık vereceğine o an karar veriyor. Akciğer, mide, bağırsaklar, pankreas, deri vs. Kısacası beynimiz vücudumuzun dilediği organında tepki vermeye karar verebiliyor.

Yeri gelmişken, beynimiz belirli bir olay sırasında sadece bir biyolojik program başlatmak zorunda değil. Beyin, tehdidi yorumlamasına göre dilediği kadar programı aynı anda da başlatabilir. Tabii ne kadar çok biyolojik program başlatırsa, bu sonrasında sağlığımız açısından bizim için o kadar büyük sorun olacağı anlamına geliyor.

Biraz önce beynin ne zaman bu biyolojik programları oluşturduğunu açıkladık. Peki beyin hangi biyolojik programları başlatacağına nasıl karar veriyor?

Bunları ilerleyen bölümde detaylı olarak göreceğiz. Beynimizin tepki oluşturmasının bir mantığı var. Ne yazık ki, şu an yaşadığımız dünyayla oldukça ilgisiz tepkiler olsa da kurallar kendi içinde tutarlı. Bu mantık insanoğlunun evrimi ve beynin gelişimi sırasında karşılaştığımız tehditlere göre oluşmuş.

Bu konuyu örneklerle şenlendirelim... Beynimiz bir hayat korkusunda akciğerde, sosyal bir konuda dışderi yani epidermiste, sindiremediği bir haberde mide ya da bağırsaklarda, terk edilme travmasında böbreklerde bu biyolojik programları başlatabilir. İlerleyen sayfalarda beynin bu kararları neye göre verdiğini daha iyi anlamaya çalışacağız.

Peki, travma sırasında beynimizde yaratılan rölenin nerede olduğunun bir önemi var mı?

Evet zaten rölenin nerede oluştuğu, nasıl bir biyolojik programın başlayacağını, hangi organ ya da organların etkileneceğini belirliyor. İlerleyen sayfalarda detaylı olarak inceleyeceğimiz gibi, beynimizde farklı kontrol merkezleri var. Bu kontrol merkezleri her organın belirli işlevlerini kontrol ediyorlar. Bir başka deyişle, her organımızın beynimizdeki kontrol merkezi ayrı.

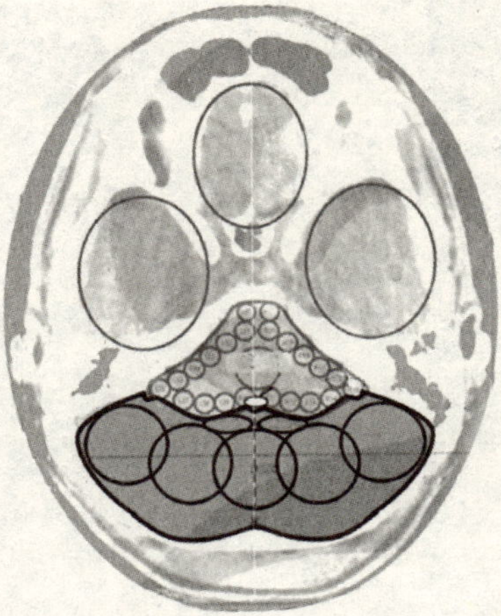

Beyin kontrol merkezleri

Yukarıdaki şekil, kafamızın yatay bir kesiti. Bu kesitte beyin sapı ve beyincikte bulunan kontrol merkezlerinin bazılarını örnek olarak göstermeye çalıştık.

Beynimizin ne kadar karışık bir mekanizma olduğu aşikâr. İşte bu yüzden işimizin pek kolay olmasını beklemeyin. Bir organın kontrol merkezi beynin sadece tek bir yerinde olacak diye bir kaide de bulunmuyor. Bir organın farklı bölümlerinin ya da işlevlerinin de beynin farklı bölümlerinde kontrol merkezleri olabiliyor. Mesela, mide kaslarımızla midemizin iç duvarlarının kontrol merkezleri beyinde çok farklı yerlerde bulunuyor.

Beynimiz travma sırasında uygun gördüğü merkezlere röle atıyor ve bunlar biyolojik programlar başlatıyorlar. Aslında bu röleler bazı teknolojik çekim yöntemleriyle de görülebiliyorlar. Doğru açıyla yapılan bilgisayarlı beyin tomografilerinde (BT) beyindeki biyolojik programları başlatan röleler görülebiliyor ve aşama aşama izlenebiliyorlar. İnanması güç ama, bilgisayarlı tomografi görüntülerinden kişilerin mevcut ve ileride yaşamaları muhtemel olan farklı rahatsızlıklarını okuyabilmek bile mümkün oluyor.

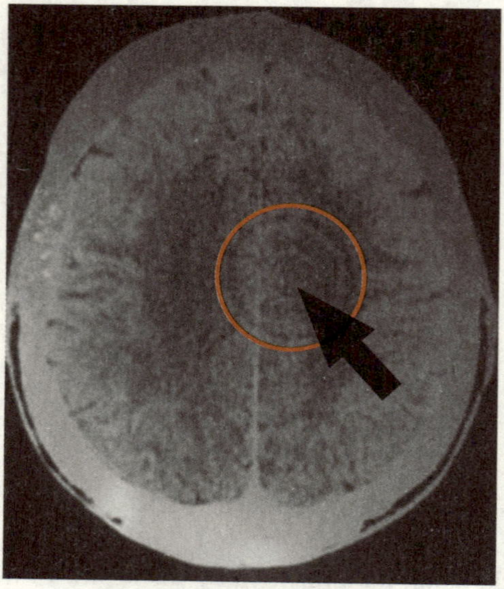

Şekilde merkezlerin etrafında iç içe geçmiş daireler görünüyor. Klasik radyologlar bu daireleri dikkate almayarak, bunların görüntüleme cihazlarının hatalarından kaynaklandığını düşünmekteler. Zaten Avrupa'da 1990'lı yıllarda belirli bir akademik çevre içerisinde bu dairelerin gerçekten bir anlamı olup olmadığı, rasgele mi ortaya çıktığı tartışması uzun süre devam etmiş.

Çekimler iki boyutlu olduğu, beyinden kesitler alındığı için daire olarak görünse de aslında bu şekildekiler gerçekte birer küre. Travma sırasında oluşan duygu ve bilgi birikimini ihtiva ediyorlar.

Bu konuya da ilerleyen sayfalarda detaylı olarak gireceğiz. Şimdilik burada bırakalım ve biyolojik programların işleyişine dönelim...

Ne demiştik?

Beynimiz büyük travmalarda şartlar yerine gelirse, bize yardımcı olacağını zannettiği biyolojik programlar başlatmaya karar vererek ilgili kontrol merkezlerine röleler atıyor. Ve biz kendimizi stres döneminde buluyoruz.

"Hayatım film şeridi gibi gözümün önünden geçti!"

Büyük bir kazadan kıl payı kurtulmuş birisiyle konuştuğunuzda sıkça duyduğunuz bir ifadedir bu. Bu kadar insan aynı şeyi söylüyorsa, kesinlikle bir nedeni olmalı!

Önemli travmalar sırasında, beynin çalışma hızı ve kapasitesi artar. Beyin tehlike esnasında, maksimum seviyede koruma sağlamayı amaçlar çünkü. Gerçekten de böyle anları yaşayan insanlar, beyinlerinin çalışma hızı bir anda maksimuma çıktığı için, zamanın yavaşladığını ve "hayatın film şeridi gibi" gözlerinin önünden geçecek kadar zamanları olduğunu hissediyorlar. Tabii ki aslında beynin yapmaya çalıştığı şey, kısacık bir zaman içerisinde mümkün olduğu kadar bilgi alabilmek. Bu da sanki zamanın yavaşladığı intibasını yaratıyor.

Bir yandan olay yaşanırken bir yandan da beynimiz her şeyi kaydediyor. Aynı olay daha sonra tekrarlanırsa, kendini savunmaya alabilmek için çevrede olan bütün duyusal bilgileri çok kısa bir süre içerisinde kodluyor ve kaydediyor. Görüntüleri, sesleri, hisleri, kokuları ve belki tatları, o an aklımızdan geçen kelimeleri vs... Bunu yaparken kodladığı sinyallere daha sonra tepki verebilmeyi amaçlıyor. Kötü olaylar sonrası bir görüntü, ses veya düşünceyle bir anda korkularımızın tetiklenebilmesinin, olayın geçtiği yerlere uğramamak istemememizin ya da daha endişe ve stres dolu hayatlar yaşıyor olmamızın sebebi işte bu kodlama. Bu kodlama da beynimizin bizi koruma önceliğiyle ilgili.

❸ STRES DÖNEMİ (TEPKİ)

Artık biyolojik program başladı. Tehdit çözülene, uzaklaşana ya da unutulana kadar bu dönemde kalmak zorundayız. Zira beynimiz öncelikli gördüğü meseleyi çözmemizi istiyor.

Psikolojimiz: Beynimiz ekstra enerji ve dikkat sağlayarak sorunu çözmemizi sağlamaya çalışıyor. Zaten çok kötü bir olay sonrası yaşadığımız stres, tetikte olmamız, geceleri uykuya dalamamamız, hepsi bu yüzden.

Daha önce verdiğimiz örnekten devam edelim. Yakınımızın sağlığıyla ilgili ciddi bir sorun varsa, o sorun çözülene, daha iyi bir duruma gelene ya da bir şekilde unutulana kadar beyin bizi "stres döneminde" bırakacaktır. Bu bizim sürekli streste ve tetikte olacağımız, doğru dürüst uyku uyuyamayacağız anlamına geliyor.

Beynimiz: Beynin uygun gördüğü kontrol merkezinde travma anındaki tüm bilgi ve duyguların bulunduğu röleler oluşturuluyor. Beynimizin kontrol merkezlerindeki bu röleler, stres döneminde çıplak gözle görünür bir farklılık göstermiyorlar. Bir başka deyişle, stres döneminde kişinin beyni fiziksel olarak açılsa da, gözle görünür hiçbir farklılık bulunmayacaktır. Bunun yanında, çıplak gözle görülemese de, BT çekimlerinde bu röleler, parlak, sınırları çok net olarak görünüyorlar.

Vücudumuz: Daha önce bahsettiğimiz gibi, beynimizin organ bazında vücudumuzda ne tür tepki verdiği, yaşanan kötü olayı beynin anlık olarak nasıl algıladığına göre değişiyor. Beyin eşzamanlı olarak kendi "mantığı" içerisinde belirli bir ya birkaç organda çözüme yardımcı olduğunu ZANNETTİĞİ değişiklikleri yapıyor.

Beynimiz stres döneminde birçok şey yapabilir.

- Bir organı daha yüksek kapasiteyle çalıştırabilir.
- Kapasiteyi daha da artırmak için ekstra hücre üretebilir.
- Hücre azaltabilir. Mesela, belirli bir kanaldan daha fazla sıvı geçmesini istiyorsa, kanalın iç duvarını inceltmesi gerekir. Bu da hücre azaltılmasıyla mümkündür.

Stres döneminde hangi organlarda hangi değişikliklerin yaşandığı zaten bu kitabın en önemli konularından birini oluşturuyor. Yapılan değişikler tabii ki bunların hangi organda yapıldığına göre değişiyor. Kitabın ilerleyen bölümlerinde bu konuyu detaylı olarak inceleyeceğiz.

Stres döneminin tüm vücutta ortak bir etkisi var. Stres döneminin vücuttaki genel yansıması "soğuktur". Stres dönemi deyince aklınıza "soğukluk" gelmeli. Vücutta üşüme, titreme, hızlı kalp ritmi bu dönemin ortak özellikleridir.

Kronik stres ve uykusuzluk, stres dönemini bitirememekle ilgili

Yaşadıkları kötü olaylar sonrası sürekli stres, korku ve endişe içinde yaşayan kişileri bu durumdan gerçekten kurtarmak için, beyinlerinde travma sonrası oluşan bu biyolojik programların etkisiz hale getirilmesi gerekiyor.Geceleri uykusuzluk çeken, derin uykuya dalamadığı için normal hayatta sorunlar yaşayan kişilerin bu sorunlarını çözmek için, sorun başlamadan önce nasıl bir travma olduğunu bulmak ve bunu beyinde temizlemek, yani formatlamak şart.

❹ ÇÖZÜM

Sonunda bilinçaltımız travmatik durumun çözüldüğüne kanaat getiriyor. Beynimizin durumu çözmesi için birçok olasılık olabilir.

- Korkulan durumun düzelmesi. Mesela, sağlık sorunu yaşayan yakınımızın sağlığına kavuşması.
- Çok etkili bir terapi sistemi yardımıyla.
- Ya da tamamen kötü olayın üzerinden gerektiği kadar zaman geçmesiyle. Genelde sorunların unutularak temizlenmesi daha az rastlanan bir durum. Çoğu biyolojik program, bunlara neden olan travmatik şok ya da olay unutulsa da beyinde tam çözüme kavuşmadığı için kronikleşebiliyor. Hastalıkların da nasıl kronikleştiğini ilerleyen bölümlerde inceleyeceğiz.

❺ İLK İYİLEŞME DÖNEMİ

Genel kural: Vücutta iyileşme sıvı ortamlarında gerçekleşir. Kemiğin kırıldığı bölgenin bir anda şişmesi buna bir örnektir... Belli bir noktanın şişmesi ya da su toplaması genelde o bölgede iyileşme olduğu anlamına geliyor. Bu kuralı hep hatırlayın.

Psikolojimiz: Artık sorun beynimizde çözüldü. Hani rahatladıktan hemen sonra dışarı, "Ohhh be" diye bir nefes veririz ya işte bu duygudan bahsediyorum. Psikolojimiz artık tek kelimeyle rahatlamış durumda...

Beynimiz: İyileşmelerin sıvı ortamında gerçekleştiğini söylemiştik. Tahmin ettiğiniz gibi, iyileşme döneminde beynimizde ödem oluşuyor. Ödem kelimesi sizi korkutmasın, zira bu beynimizin biz farkında dahi olmadan gerçekleştirdiği çok basit bir mekanizma. Ödemin olduğu bölgelerse, biyolojik programlar için aktive ettiği organların beyindeki kontrol merkezleri.

Vücudumuz: Stres döneminde beynimiz organlarımız üzerinden tehdide bir tepki verdi. Şimdi organdaki tepkiyi geriye döndürme zamanı.

Beynimiz iyileşme döneminde yapılanları geri alır.

- Bir organı daha yüksek kapasiteyle çalıştırdıysa, kapasiteyi azaltacaktır.
- Kapasiteyi daha da artırmak için ekstra hücre ürettiyse, o hücrelerden kurtulacaktır.
- Stres döneminde hücre azalttıysa, o hücreleri yerine koymak isteyecektir.

Strese ihtiyaç kalmadı ya, şu an artık tam iyileşme zamanı. Vücudun iyileşmek için en fazla ihtiyaç duyduğu şey sizce ne olabilir?

Enerji... Vücudumuzun iyileşmek için çok ciddi seviyede enerjiye ihtiyacı var. İşte bu yüzden, artık biz çok ciddi bir yorgunluk hissediyoruz. Beynimiz beslenmeden aldığımız enerjiyi normal hayatımıza devam etmemiz için değil, öncelikli gördüğü iyileşme için kullanıyor. Zaten bu dönemde de iştahımız oldukça yerinde. Yiyoruz ve dinleniyoruz.

Size pek dolce vita gibi gelmesin! Çünkü iyileşmenin sıvı ortamında olması, yaşadığımız iyileşme döneminin gerçekten ağrılı geçme ihtimalini ortaya çıkarıyor. Vücut ısımızın yükselmesi, terleme, ateş, ağrılar bu dönemde yaşadığımız belirtilerden bazıları. Tüm bunlar, iyileşmenin sağlanması için gerekli sıcak sıvı ortamının yan etkileri. Beynimizde ve ilgili organımızda eğer sıvı seviyesi çok yükselirse, sıvının yarattığı baskıdan dolayı ağrılarımız çok artabiliyor. Ama iyileşmenin tamamlanması için, bu sıcak, ağrılı dönemi yaşamak zorundayız.

❻ İYİLEŞME KRİZİ

İyileşme döneminin tam ortalarında bir zamanda, genellikle de en rahat olduğumuz bir anda vücudumuzda çok ciddi bir olay gerçekleşiyor. Beynimiz ve vücudumuz için çok önemli bir dönüm noktası yaşıyoruz. Bu bir iyileşme krizi...

Bu iyileşme krizinin iki önemli amacı var:

- Organizmanın normale dönüp dönemeyeceğinin test edilmesi.
- Beyinde ve vücutta bulunan sıvıların basınç ile dışarı atılması.

Psikolojimiz: Psikolojimiz gerçekten stres dönemindeki kadar, belki daha da yüksek bir endişe ve stres içinde. Ancak bu sefer neden endişeli ya da stresli olduğumuzu bilmiyoruz. Sonuçta gayet rahatlamıştık, her şey yolundaydı!

Beynimiz: İyileşme dönemi başladığı andan itibaren, beynimizdeki kontrol merkezlerinde ödem ortaya çıkıyordu. İyileşme krizinin asıl amacı da bu ödemden kurtulmak. O yüzden kafamızda ciddi bir basınç söz konusu.

Vücudumuz: Biyolojik programın vücudun hangi organında yaşandığına göre, iyileşme krizinin organa yansıması değişiyor. Ancak genelde ortak nokta, iyileşme krizinde vücuttan iyileşme sıvıları dışarı atılıyor.

Sağlığımızla ilgili yaşadığımız büyük krizlerin aslında neredeyse hepsi birer iyileşme krizi: kalp krizi, sara krizi, panik atak krizi, astım krizi, migren gibi büyük krizler...

Ya da sıvıların dışarıya atıldığı daha basit durumlar: hapşırmak, öksürmek, bir sivilcenin patlaması çeşitli basit biyolojik programların iyileşme krizleri.

İyileşme krizleri sırasında ağrılar gerçekten de olabilecek en yüksek seviyeye geliyorlar. Bununla beraber, çoğu biyolojik programlardaki hayati tehlikenin en yüksek olduğu zaman da, bu iyileşme krizleri. Bu yüzden özellikle de önemli rahatsızlıklarda, yaşanabilecek iyileşme krizlerine karşı doktor kontrolünde olmak çok önemli. Bu arada, ölümlerin en çok sabaha karşı görülmesi, aslında bu ölümlerin daha çok iyileşme krizlerinde yaşandığı anlamına da geliyor. Beyin, iyileşme krizine girmek için, uyku gibi gerçekten derin bir dinlenmenin yaşandığı, enerjinin düştüğü uyku anını seçebiliyor.

İyileşmenin tamamlanıp, beynimizin eski hale dönebilmesi için biyolojik programlar ne kadar şiddetsiz olursa olsun, doğanın kuralı olarak iyileşme krizlerinin yaşanması gerekiyor.

❼ SON İYİLEŞME DÖNEMİ

Son iyileşme dönemi ilk iyileşme döneminin daha şiddetsiz, daha ılıman geçen bir versiyonudur. İyileşme krizinde beyindeki ödem dışarı atılmıştı. Son iyileşme döneminde vücuttaki ödem de dışarı atılıyor. Bu dönemin en belirgin belirtisi "idrar".

Psikolojimiz: İyileşme krizinde stresimiz tekrar yükselmişti. Kriz sonrası yine sakin ama yorgunuz.

Beynimiz: İyileşme krizinde beynimizdeki ödem basınçla dışarı atıldı, artık beynimizde ödem yok.

Vücudumuz: Organlarımızdaki normale döndürme süreçleri devam ediyor. Vücudumuzdaki ödem de idrar ve terleme yoluyla atıldığı için vücudumuzdaki ağrılar da çok azaldı. Artık normal sağlığımıza çok yakın bir yerdeyiz.

❽ NORMAL SAĞLIK

Her şey normale döndü. "Haydi geçmiş olsun!"

ÖNEMLİ!

Kitabımı iyi anlamak için biyolojik program sürecine hâkim olmanız gerekiyor. Lütfen bu bölümü sadece okumayın. Çalışın... Ayrıca bu kitap boyunca biyolojik programları göstermek için dönüşümlü olarak ying-yang ve daha detaylı bir grafik kullanıyor olacağım. Aslında ikisi arasında herhangi bir fark bulunmuyor. Bazı biyolojik programların iyileşme krizlerinden bahsetmeye gerek olmadığı, ilk iyileşme ve son iyileşme dönemlerinin de birbirinden bariz farkları bulunmadığı için süreci ying-yang grafiğini kullanarak basitleştireceğim. İlk ve son iyileşme dönemlerinin vurgulanması ya da iyileşme krizinin önemli olduğu programlardaysa daha kapsamlı grafiği kullanıyor olacağım.

Kronik biyolojik programlar

Önceki bölümde bahsettiğimiz sürece göre hastalıklar beyinden tetikleniyor ve eninde sonunda bitiyorlar. Ancak gerçek hayatta bunun doğru olmadığı aşikâr. Bazı hastalıklarla hiçbir iyileşme olmadan hayatımız boyunca yaşamaya devam etmek zorunda kalıyoruz. Bir başka deyişle hastalık belirtileri sürekli yaşanmaya devam ediyor.

Bazılarıysa, şükür ki geçiyorlar, ancak bir gün geliyor bir bakıyoruz ki yeniden bizimleler. Ya doğal seyrinde ya da ilaçlarla geçip gitseler de, bazen gayet belirgin aralıklarla nüksediyorlar.

Zaten sırf bu geçmeyen hastalıklar yüzünden hayatımızı ilaç içerek geçirmek zorunda kalabiliyoruz. Demek ki her süreç sağlıklı halimize geri dönmekle sona ermiyor. Peki bu nasıl oluyor?

Farklı senaryolar mümkün olabiliyor. Biyolojik program dediğimiz süreç belirli aşamalarda takılı kalabiliyor.

Stres döneminde takılı kalmak

Bazı biyolojik programlar asla çözüme kavuşmayabiliyor. Yaşadığımız travma, hiçbir yolla beynimizde çözüme ulaşmıyor. İşte bu yüzden, hayatımızın sonuna kadar o biyolojik programların stres aşamasında takılı kalabiliyoruz. Mesela, uykusuzluk çeken bir kişi, yaşadığı travma beyninde çözülmediği için hayatı boyunca bu sorunu yaşamaya devam edebiliyor.

İyileşme döneminde takılı kalmak

Bazı biyolojik programlarsa iyileşme döneminde çeşitli nedenlerden dolayı takılı kalabiliyor. Bunun gerçekleşmesi için, iyileşme sonlanmadan aynı programın yeniden başlayıp, çok kısa süren stres döneminden sonra tekrar iyileşme dönemine dönmesi gerekiyor.

Stres döneminde takılı kalmak aşağıdaki grafikte ❸ noktasında takılı kalmak demektir. İyileşme döneminde takılı kalmak ise ❹-❽ noktaları arasında takılı kalmaktır.

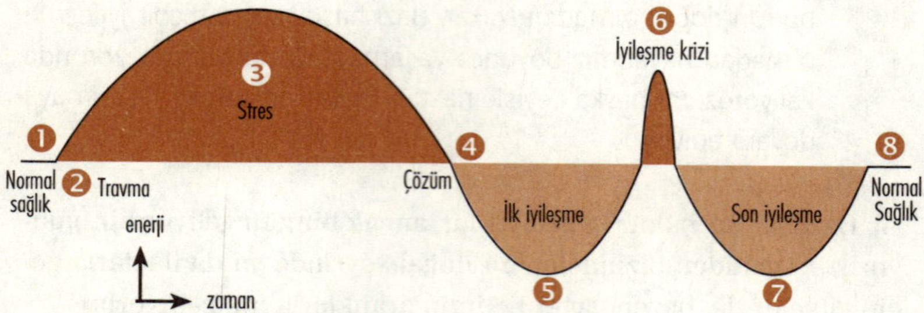

Kronikleşme

Bazı biyolojik programlar, üzerinden zaman geçtiği ve programı başlatan travmalardan uzaklaşıldığı için süreci tamamlasa da, aslında beyinde tam çözülmedikleri için tekrar aktive olabiliyorlar. Mesela, günün ya da haftanın belli bir zamanı, belirli bir mevsimde, bir görüntü, bir ses, bir dokunuşla beynimiz travmayı hatırlayarak bizi sürece yeniden sokabiliyor.

Böyle bir durumda, biyolojik programın tüm süreçlerini yeniden yaşayıp yaşayıp duruyoruz. Evet beynimizin "tehdit" algısı bitmediği için işte tam da bu yüzden kronikleşen rahatsızlıklar yaşıyoruz...

Hayatınızda bir kokunun, bir sesin ya da görüntünün sizi çok güzel hatıralara götürdüğü oldu mu hiç?
Mutlaka olmuştur, yaşamışsınızdır.
Psikolojiyle alakalıysanız İvan Pavlov'u da mutlaka duymuşsunuzdur. Hani şu "köpek, et, zil ve salya" hikâyesini. Hemen hatırlamayanlar için çok kısaca özetleyelim...
Pavlov'un yaptığı deney sırasında, köpeğe ilk olarak birkaç kez zil çalınır. Fakat köpek tepki vermez. Sonradan et verilir. Köpeğin doğal bir şekilde salyaları akar. Sonra verilen et ile birlikte zil çalınır. Daha sonra et verilmediği halde zil çalındığında köpeğin salya salgıladığı görülür. Bir başka deyişle köpek, her zil çalındığında salya salgılamaya şartlanmıştır.
Nasıl mı?
Aslında beynimiz milyonlarca yıldır benzer ama ilgisiz bir şekilde "zil" ve "salyalar" arasında bağlantılar kuruyor. Yani sürekli olarak aynı anda gerçekleşen iki farklı olgu arasında otomatik bir bağ kuruyor ve bu iki olgudan sadece biri olduğunda bile ötekini otomatik olarak hatırlıyor ve ona da tepki veriyor. Beynimiz hissettiğimiz duyguları özellikle de onlar çok yoğun oldukları zaman, çevrede gördüklerimizle, duyduklarımızla, kokladıklarımızla, hatta o an belki vücudumuzda sindirdiğimiz yiyeceklerle dahi koşullayabilir. Bir başka deyişle, biz hiç farkında olmadan bir koku, bir ses, bir tat ya da sindirim sistemimiz üzerinden iyi ya da kötü birçok duygu yaşayabiliriz.
Biyolojik programlara geri dönersek, bu programları başlatan travmaları yaşadığımız anlarda beynimiz çevremizde bulunan birçok "zil" belirleyebilir. Gerçekten de travmalar sırasında beyin normalin çok üstünde bir dikkatle çevreyi süzerek, onları kaydediyor. Burada asıl amaç daha sonra benzer koşullar oluştuğunda, bizi tehlikeden korumak. Bir başka deyişle, beynimiz ilgisiz görüntü, ses, tat ve koku gibi birçok faktörü travmalarla eşleştiriyor.
Ne yazık ki bu eşleşmeler sadece kötü duyguları çağrıştırmıyorlar. Bizzat, bu ilkel programları yeniden başlatabiliyorlar. Mesela, travma sırasında eğer vücudumuzda bir yiyeceğin sindirimi devam ediyorsa ve beynimiz travmada yaşadığımız tehlikeyle o yiyeceği birbiriyle ilişkilendirdiyse, onu yediğimiz anda programlar yeniden baş-

layabiliyorlar. Bu örneği kitabın ilerleyen sayfalarında, alerjileri açıklamak için de kullanacağız.

Yukarıda, kronikleşen sorunların en temel nedenini Pavlov'un zillerinde aradık. Bu konuyla ilgili detaylı bilgileri *Beynine Format At* ve *Yıka Beynini* kitaplarımda da bulabilirsiniz.

Kronikleşme sadece travmaların tetiklenmesiyle yaşanmaz. Vücutta artan genel stres de biyolojik programları tetikleyebilir. İşte zaten bu yüzden doktorlar sorunların stresten kaynaklandığına yönelik eksik bir görüş içindedirler. Bunun nedeni, insanlar daha fazla strese girdiklerinde çok net bir şekilde sağlık sorunlarının da tetikleniyor olmasıdır. Doktorlar da, bu gözlemin sonucu olarak stresin hastalıkların sebebi olduğunu düşünür ve söylerler.

Zaten de bu yüzden, "Stresten uzak duracaksın" derler!

Küçük bir benzetme yapalım. Beynimizde çalışan biyolojik programları birer ateşe benzetelim. O ateşler bizim fark etmeyeceğimiz şekilde kısık olsa da sürekli yanarlar. Aslında sağlık sorunlarımızı yaratanın sadece stres olduğu eksik bir bilgidir. Stres sadece yanan ateşlere ekstra "gazyağı" sağlar ve ateşleri çok daha fark edilir hale getirir.

Hastalıklar

Şu ana kadar ana hatlarıyla biyolojik program döngüsünün farklı aşamalarını anlamaya çalıştık. "Doğanın sırrı" falan dedik ama bütün bu öğrendiklerimizin bize nasıl faydası olacak?

Şöyle faydası olacak: Asıl önemli olan, hastalıkların mantığını çözmek! Eğer hastalıkların mantığını, bu biyolojik programların içinde çözebilirsek onları anlamak ve onlardan kurtulmak adına çok büyük bir adım atmış olacağız!

Yüzlerce farklı biyolojik program var

Kısaca tekrar özetleyelim: Bir travma sonrası beyin belirli bir biyolojik program başlatıyor. Bu programlar birbirinden farklı tehditler için, birbirinden farklı organların farklı dokularını etkileyebiliyorlar. Her organ bu kurala dahil. Gözlerin farklı dokuları, burnun farklı bölümleri, mide ve yemek borusunun, karaciğerin, bağırsakların, dışderinin, içderinin bölümleri. Bir başka deyişle, belirli bir tehdide beyin dilediği organ üzerinden, belirli bir mantık içerisinde yanıt verebilir. Anlayacağınız tepki verilebilecek yüzlerce farklı biyolojik program olasılığından bahsediyorum.

Farklı biyolojik programların farklı evrelerine farklı hastalık isimleri veriliyor.

Oluşabilecek bir biyolojik programın stres dönemindeki belirtilerine bir hastalık ismi, iyileşme dönemindekine başka bir isim, iyileşme krizine çok farklı isimler verilebiliyor.

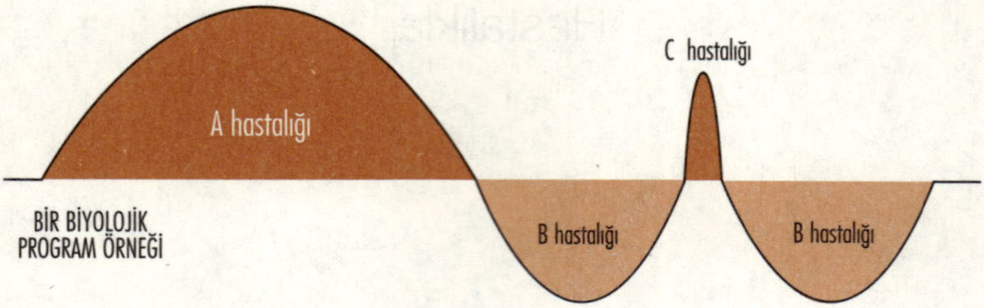

Peki sadece bu kadar mı? Bir başka deyişle, mesela bir biyolojik programın stres döneminde sadece tek bir hastalık mı olabiliyor?

Mesela yukarıdaki örnek programın stres bölümünde sadece "A hastalığı" mı olmak zorunda?

Hayır. Özellikle biyolojik programların şiddeti, hangi hastalığın yaşandığı konusunda önemli bir faktör.

Programın şiddetli olması ciddi bir hastalık, şiddetsiz olması daha basit bir hastalık başlatabilir.

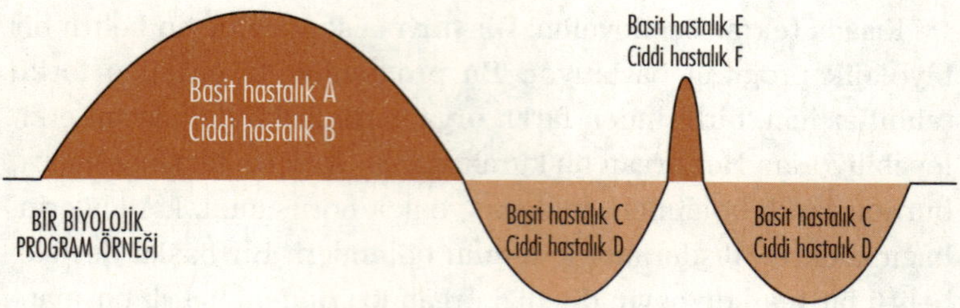

Kitabın ilerleyen sayfalarında ciddi ve korkulan hastalıkları, daha basit algıladıklarınızla yan yana görüyor olabilirsiniz. Mesela, bronşit ile bronş (akciğer) kanserini, aynı programların aynı döneminde yaşandığı için yan yana anlatılırken görebilirsiniz. Ya da basit bir cilt hastalığını cilt kanseriyle...

Yine de hissedeceğiniz en son şey korku olmalı! Anlamanız gereken, bir biyolojik programın kanser başlatması için gerçekten çok ama çok şiddetli olması gerektiği. Size genel olarak, korkacak hiçbir şey olmadığını, ciddi hastalıklar yaratan programların diğerlerinden katbekat daha şiddetli olduğunu söylemeliyim.

Bu arada uyarmak isterim ki, zaten sadece travmanın dramatik olmasından bahsetmiyorum. Bir travmanın bir biyolojik program başlatması için dramatik bir olay olması yetmez. Hayatınız boyunca yaşayabileceğiniz en kötü olayı yaşadığınızda bile "taş gibi" de kalabilirsiniz.

Merak etmeyin... Zaten biyolojik programı şiddetlendiren dört ana unsur var!

Biyolojik programın şiddeti

Peki bir biyolojik programın ne kadar yoğun ve şiddetli olacağını ne belirliyor?

Biyolojik programları şiddetini belirleyen dört ana unsur var.

1- Dramatiklik

Tabii yaşadığımız olayların bizi etkileyecek kadar dramatik olması gerekiyor.

2- Şok

Biyolojik programları şiddetlendiren en büyük unsur, "yanlış ayak" üzerinde yakalanmamız. Bir başka deyişle, onları daha önce kestirememememiz. Gerçekten hiç kestiremediğimiz büyük şoklar, programların başlamasında ve şiddetli olmasındaki en büyük unsur. Burada yeri gelmişken, belli sağlık sorunlarına neden olan travmalar arasında öncelik vermem gerektiği zaman, hep ilk sıralara "şok" duygusunun yaşandığı olayları koyduğumu da söylemeliyim.

3- Çaresizlik

Beynimiz, bir çare bulamadığımız, elimizden hiçbir şey gelmediğini düşündüğü zaman yaşadığımız travmaları çok daha fazla ciddiye alıyor. Zaten çaresizlik durumu bütün travmalara özgü bir konu. Kişi saniyelik de olsa kendini o an "çaresiz" hissediyorsa, beyin bu durumu ciddiye alıyor.

4- Yalnızlık

Ve son olarak, eğer bu duruma özellikle de yalnız yakalanmışsak, paylaşacak kimsemiz olmamışsa işimiz çok daha zor. Sağlıklı olmak için, ailenin, dostların, paylaşımların önemi işte tam da burada ortaya çıkıyor.

Stres döneminin uzunluğu

Biraz önce paylaştığım dört unsura önemli bir ek yapmak istiyorum. Zira bu dört unsur, travma sırasında beynin biyolojik program başlatıp başlatmamaya karar vermesi için önemli. Eğer beyin gerçekten dramatik bir olayla, şok yaşamış, yalnız ve çaresiz kalmışsa ilgili organın kontrol merkezine biyolojik programı başlatan röleyi atayabiliyor.

Eğer beynimiz birkaç gün içerisinde travmayı kendi içinde (tabii olayın gidişatına göre) çözmeye karar verirse, o zaman belirtiler çok ciddi olmuyor. Zaten çözüm sonrasında, her şeyi eski haline döndürmek de büyük belirtiler ortaya çıkarmıyor. Bu şekilde pek ciddi olmayan bir iyileşme dönemi ve iyileşme krizi yaşıyoruz. Ama sonrası sütliman. Her şey normale dönüyor...

İşte bu yüzden çözüme kadar olan süre, bir başka deyişle "stres döneminin uzunluğu" da programların ne kadar şiddetli olacağını belirleyen önemli bir unsur.

Peki ya beyin, travmaları yıllar boyu çözemezse?

İşte o zaman çok daha ciddi hastalıklar bizi bekleyebiliyor. Bunun nedeni vücudun yıllar boyu hücre üretmeye ya da azaltmaya devam etmesi. O zaman sadece fonksiyonlar değişmiyor, tahmin ettiğimiz gibi bizi daha zor bir hastalık süreci bekleyebiliyor...

Her travma hasta etmez

Size tekrar çok önemli bir uyarıda bulunmak istiyorum. Biraz önce sizinle travmaların hastalık yaratması için önemli olan dört kriteri paylaştım. Bunu tamamıyla, böyle durumlarda kaldıysanız dikkatli olmanız, gerekli tedbirleri alıp daha sonra başlayabilecek rahatsızlıkları engellemeniz için yazıyorum.

Şunu bilmenizi isterim. Genelde yaşanan büyük travmaların beyni ve vücudu kötü anlamda etkileme potansiyeli yüksek. Ama bu asla ve asla her travmanın insanı hasta edeceği anlamına da gelmiyor.

"Büyük travma yaşadım, kesin hasta olacağım ben" moduna falan girmeyin sakın! Aslında bu kitabı yazma nedenlerimden en önemlisi de sistemi, işin mekanizmasını ortaya koyarak hastalıklara karşı duyduğumuz korkuyu ehlileştirmek, olması gerektiği düzeye çekmek. Çünkü kesinlikle eminim ki korkuyu yendiğimizde adeta mucizevi bir şey oluyor ve korktuğumuz şeyin gücü zayıflıyor. Bu konuyu daha detaylı olarak kanserden bahsettiğim bölümde açacağım. Burada öğreneceğiniz bilgilerle korkmaya hiç ama hiç ihtiyacınız yok! Kabul ediyorum, bazen "cehalet mutluluktur". Ama bu, değiştiremeyeceğiniz, çaresiz olduğunuz durumlara özeldir.

Tekrar etmem gerekirse:
Her travma hastalık üretmez!

Biz genelde bu soruyu eğer bir sorun varsa soruyoruz. "Acaba sorununuzun sebebi yaşadığınız hangi travma olabilir?"

Bu sorunun cevabını vererek öğreneceğiniz bilgiler sizlere hem normalde müdahale edemediğiniz rahatsızlıkları daha iyi seviyelere getirmenizde ya da tamamen temizlemenizde yardımcı olacak hem de normalde başınıza gelebilecek potansiyel hastalıkları önleyebilecektir.

Sıcak ve soğuk hastalıklar

Hatırlarsanız, stres döneminden bahsederken bu dönemin en önemli özelliklerinden birinin, stresle beraber damarlar büzüştüğü için vücutta yaşanan soğukluk olduğunu söylemiştik. İyileşme döneminin de önemli bir özelliği sıcak geçmesidir. Bundan yola çıkarak, stres dönemindeki hastalıklara SOĞUK HASTALIKLAR, iyileşme döneminde yaşananlara SICAK HASTALIKLAR diyebiliriz.

Biraz önce, bazı hastalıkların da iyileşme krizinde gerçekleştiğini öğrendik. Peki ya iyileşme krizleri?

İyileşme krizleri de, vücudun iyileşme döneminin tam ortalarında bir yerlerde, bir anda tekrar stres dönemine girmesinden başka bir şey değil. Vücut sıcaklıktan bir anda gerçekten çok şiddetli soğuk bir duruma geçiyor. Biz bu kitapta soğuk hastalıklar derken, sadece stres döneminde yaşananlardan bahsediyor olacağız, iyileşme krizlerinde yaşananları hariç tutacağız.

Yeri gelmişken, belirli bir biyolojik programın hangi döneminde olduğunuzu anlamanın en basit yollarından biri vücut ısınızı takip etmektir. Vücudunuz sıcak mı, soğuk mu?

Eğer normal olmayan bir şekilde üşüdüğünüzü hissediyorsanız, vücudunuzdaki baskın bir biyolojik programın stres dönemindesinizdir. Sıcak sıcak terleyip, kendinizi yorgun hissettiğiniz zaman ise bir iyileşme dönemi yaşıyor olmanız oldukça muhtemel.

Genellikle iyileşme dönemleri daha rahatsız edici belirtileri kapsar

Tam burada çok önemli bir bilgiyi sizinle paylaşmak isterim.
Çoğu biyolojik programın stres döneminde aslında vücudumuz bilindik stres tepkilerinin dışında herhangi bir belirti vermiyor. Zaten klasik tıpta "kuluçka" dönemi diye bir kavramın ortaya çıkmasının nedeni de bu.
Yalnız uyarmakta yarar var. Stres döneminde genellikle pek bir belirti hissetmememiz, vücutta değişikliklerin yaşanmadığı değil, sadece çoğu zaman rahatsızlık verici belirtilerin ortaya çıkmadığı anlamına geliyor. Zaten, tüm biyolojik programların stres dönemi belirtisiz geçiyor diye bir iddiamız da yok. Daha az sayıda olsa da, bazı programların stres dönemleri de oldukça zor geçebiliyor.
Bunun tam tersi şekilde, çoğumuz travma beyinde çözüldükten, yani "iyileşme dönemine" geçtikten sonra her şeyin sütliman olabileceğini düşünüyor olabilir. Zira "iyileşme" fikri kulağımıza güzel geliyor! Sonuçta, iyileşme kelimesi sorunların bitmiş olmasını çağrıştırıyor.
Ancak, tahminimizin aksine, asıl sancılı geçen genellikle iyileşme dönemidir. Bildiğimiz hastalıkların yüzde 80'i aslında iyileşme döneminde yaşanan belirtilerdir. Bir başka deyişle beynimizde travma geçici ya da kalıcı olarak çözüldükten sonra, geriye döndürme süreci asıl zorlukları yaşadığımız zaman.

Beynin bölümleri

Birazdan, tek tek hastalıkların bilinçaltımız tarafından algılanan hangi tehditlerden dolayı oluştuğunu ve biyolojik programlarda organlarda ne yaşandığını detaylı olarak incelemeye başlayacağız. Ancak buna başlamadan önce önemli bir detayı daha öğrenmek zorundayız. Bu da vücudumuzun yaşanan tehditlere tepki verme şekli...

Bildiğiniz gibi beynin onlarca farklı bölümü bulunuyor. Ancak biz beyni sadece dört farklı bölüme ayıracağız. Beyni bu şekilde dört bölüme ayırdığımız zaman, her bölüm hakkında genel kurallardan bahsedebileceğiz. Oluşum tarihi açısından eskiden yeniye doğru giden bu bölümler:

1- Beyin sapı – eski beyin
2- Beyincik – eski beyin
3- Singulat kıvrımı – yeni beyin
4- Serebral korteks – yeni beyin

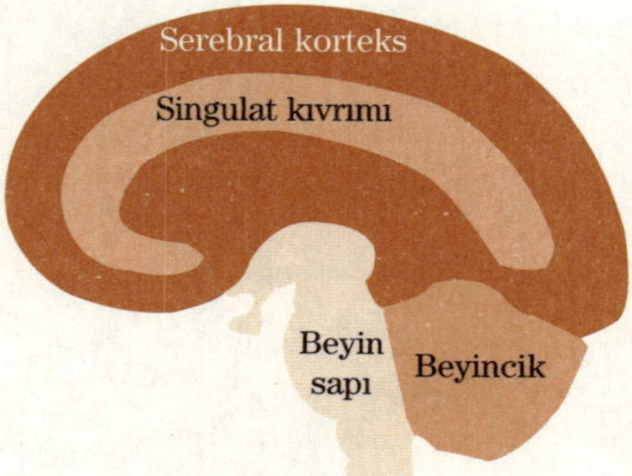

Buna göre tahmin ettiğiniz gibi beyin sapı en eski, serebral korteks ise en yeni beyin.

Önemli uyarı:

Kitabın basit ve anlaşılır olması açısından bu bölümü oldukça kısa tutuyorum. Ancak, beynin farklı bölümlerinin, hangi organların hangi dokularını ve işlevlerini kontrol ettiği konusu çok detaylı çalışmaların ürünüdür. Bu konuya vâkıf olunabilmesi için, eski ve yeni beynin farklı bölümlerinin incelenmesi ve bir embriyonun doğuma kadar tüm aşamalarını inceleyen embriyoloji bilimine vâkıf olunması gerekiyor. Beynin farklı bölümleri, kontrol ettikleri organlar ve embriyoloji ile bağlantısı konusunu kitabın sonunda, "Meraklısına" bölümünde bulabilirsiniz.

Şimdi bu bölümleri inceleyelim.

Eski Beyin

Eski beyin tarafından kontrol edilen organ bölümlerinde beynimiz travmalara yeni hücre oluşturarak cevap veriyor. Bir başka deyişle, stres döneminde yeni hücre yaratılıyor.

Eski beynin travmalara tepki verme şekli hep kapasite artırımı şeklinde. Mesela, daha fazla nefes alabilmek için yeni akciğer hücresi yaratmayı, daha fazla su tutabilmek için böbrek hücresi oluşturmayı ya da sindirimi artırmak için mide sıvısı üreten hücre sayısını artırmayı seçiyor.

Amaç, tehlikeli durumun, kapasite artırarak aşılması. Eğer beyin tehlikenin geçtiğine kanaat getirirse, bu hücreleri iyileşme (sıcak) döneminde çeşitli mikrop ve bakteriler aracılığıyla temizliyor.

İyileşme dönemine girildiği zaman tahmin ettiğiniz gibi bu hücreler temizleniyor.

1 - Beyin sapı (*brain stem*)

Beynin en eski bölümüdür. Vücudumuzun da en hayati iç organlarının daha eski dokularını kontrol eder. Bu bölümün ilgilendiği tehditlerin ana temaları yemek, sindirmek, nefes almak, üremek gibi en "temel içgüdülerdir". Akciğer, karaciğer, böbrekler, mide ve diğer sindirim organları, prostat ve rahim beynin bu bölümünden kontrol edilen organların bazılarıdır.

Ancak, bir hatırlatma yapmak gerekirse beyin sapı bu organlara ait tüm işlevleri ve tüm dokuları kontrol etmez. Sadece bu organların ana işlevlerinin beyin sapı tarafından kontrol edildiği söylenebilir.

2 - Beyincik (*cerebellum*)

Eski beynin daha yeni bölümüdür. Vücuttaki deri yapılarının alt katmanını, organları kaplayan zarları kontrol eder. Ana teması vücudu gelen tehditlere karşı sanki bir kalkan ya da zırh gibi savunmaktır. Zaten tehdide karşı stres döneminde (ilk dönem) hücre artırımını yapması, kalkanı kalınlaştırmayı istemesindendir.

Yeni Beyin

Tam tersi şekilde, yeni beyin tarafından kontrol edilen organların dokusundaki hücreler travmalardan hemen sonra azaltılıyor.

Yeni beyin travmalara, ilgili dokularda kapasite azaltarak cevap veriyor. Kapasite azaltılmasının en bariz uygulandığı yerler, kanallar. Mesela, kanal duvarlarındaki hücrelerin azaltılarak, damarlardan daha fazla kan geçmesi ya da süt kanallarına daha fazla süt dolması sağlanıyor.

Tehlike geçtiği zaman beyin bir yolunu bularak, ilgili kanalları iyileşme döneminde tekrar eski haline getiriyor.

İyileşme dönemindeyse, azaltılan hücrelerin yerine yeni hücreler konuyor.

1 - Singulat kıvrımı (*cingulate gyrus*)

Yeni beyinde bulunuyor. Kasları, lenfleri, kemikleri, damarları, kısaca vücudu ayakta tutan yapıyı kontrol ediyor. Genelde uğraştığı ana tema "değersizlik". Değersizlik konusundaki tehditlerle, ilkel bir içgüdüyle yapıyı daha da güçlendirmek adına önlemleri alıyor.

Kitabın başında, beynin bir tehdide önce cevap verdiğini, sonra bunu iyileşme döneminde geriye aldığını söylemiştik. Burada bir istisnayla karşı karşıyayız. Beyin bu bölümden kontrol edilen biyolojik programlarda asıl tepkisini stres döneminde değil, iyileşme döneminde veriyor.

Singulat kıvrımı önce yıkıyor, sonra yapıyor.

Bir başka deyişle, önce fonksiyonu bozuyor, sonra daha iyisini yapmaya çalışıyor. Mesela, güçlü bir kemik yapısı için önce "kemik eritmeyi", sonra onları güçlendirmeyi seçiyor. Legosuyla daha güzel bir araba yapmak için, eskisini bozmak isteyen küçük yaramaz bir çocuk gibi!

2 - Serebral korteks (*cerebral cortex*)

Beynimizin en gelişmiş bölümü. Vücudun birçok gelişmiş işlevini kontrol ediyor. Bu arada neredeyse her organda, korteks tarafından kontrol edilen bir işlev ya da doku bulunuyor. Genelde, organların daha hayatsal ve ilkel fonksiyonlarını değil, daha gelişmiş ve sonradan eklenmiş olanlarını kontrol ediyor.

Genelde bölgesel ve sosyal travma temalarıyla ilgileniyor. Özellikle "kanal açma" işlemlerinden beynin bu bölümü sorumlu.

Bundan sonra basitleştirmek adına, "serebral korteks" yerine sadece "korteks" kelimesini kullanacağım.

Eski ve yeni beynin çalışma mantığını basit şekilde aşağıda bulabilirsiniz.

	Eski/Yeni	Stres dönemi	İyileşme dönemi
Beyin Sapı	Eski beyin	Hücre üretiliyor	Hücre yok ediliyor
Beyincik	Eski beyin	Hücre üretiliyor	Hücre yok ediliyor
Singulat kıvrımı	Yeni beyin	Hücre yok ediliyor	Hücre üretiliyor
Korteks	Yeni beyin	Hücre yok ediliyor	Hücre üretiliyor

Daha pratik konulardan bahsetmemize çok az kaldı. İlerleyen sayfalarda çeşitli sağlık problemlerini hem hastalık bazında, hem de organ bazında inceleyeceğiz. Ancak buna geçmeden önce, aslında onlardan kurtulmak için benimseyeceğimiz bakış açımızı sizinle kısaca paylaşmak isterim. Bunu yapmamın sebebi, kitabın devamını, yani sorunların detaylarını okurken, aklınıza çözümü de sokmak istiyor olmam. Zira, kitaptaki tüm spesifik sorunları okumak istemeyebilirsiniz. Ancak bir sonraki bölümde paylaşacağım bilgiler, tüm rahatsızlıklar için çok önemli... Sabredin okuyun derim. Hastalıklara bakış açınız temelden değişecek!

SAĞLIK SORUNLARINDAN KURTULMAK

Sağlık sorunlarından kurtulmak

Bu kitapta bulacağınız en önemli bilgi, aslında travmalarımızın hayatımızda, sağlığımızda büyük etkisinin olduğu. Çoğu sağlık sorunumuz da, özellikle birtakım olaylarda yaşadığımız duyguların yarattığı beynimizdeki değişikliklerle ilgili.

Çoğu sağlık sorunumuzu temizlemek için en kestirme ve iyi yol, öncelikle onların yaşanılan hangi olaylardan dolayı başladığını bulmak. Bu, İYİLEŞMENİN EN BÜYÜK ADIMI. Zira sadece bu olayları hatırlamak ve aradaki bağlantıyı kurmak bile, yıllardır bastırılan bir duyguyu ortaya çıkaracağı için iyileşme yolunda çok ama çok önemli bir adım anlamına geliyor. Beyin bu olayları hatırladığı zaman, zaten olayların geçtiğinin farkına vararak, iyileşme sürecini belli oranda başlatacaktır.

Çözüm sürecine geçmek

Kronikleşme konusundan bahsederken belirli bir biyolojik programın neden ve nasıl tetiklendiğini konuşmuştuk. Belirli tetikleyiciler ve bazen genel stresle programların iyileşme dönemini tam tamamlayamadan yeniden tetiklendiğini, yeniden başladığını söylemiştik. İşte bu yüzden, bu biyolojik programları kalıcı olarak kapatmak için amacımız travmaları bulup onları formatlamak. Bu, stres döneminde takılı kalan ya da sürekli tekrar eden programlardan kurtulmamızı sağlayacaktır. Böylece beynimiz büyük bir "iyileşme dönemi" yaşayarak, başlayan programı sonsuza kadar bir daha hiçbir zaman tetiklenmeyecek şekilde sonlandıracaktır.

- Semptomlardan ya da hastalık isimlerinden, sorunlu organı (ve ilişkili dokuyu)
- Sorunlu organdan, bu sorunun nedeni olan biyolojik programı
- Biyolojik programdan, onları başlatan tehdit temasını
- Tehdit temasından ve hayatınızdaki zamanlamalardan "ana travmayı" tespit ediyor olacağız.

Örnek olarak:

- Mesela, derimizde kızarıklık olduğunu görüyoruz. Doktora gidiyoruz, bize bunun egzama olduğunu söylüyor. Egzamanın bir derinin dış katmanı olan epidermisten kaynaklandığını bu kitaptaki bilgilerden öğreniyoruz.
- Cildin epidermis katmanının hangi travma temasından etkilendiğini, yine kitapta ilgili bölümden (ya da ilerleyen sayfalarda sizinle paylaşacağım tablodan) öğrenebileceksiniz. Bu durumun "ayrı kalmak, terk edilmek" ile ilgili olduğunu bu şekilde öğreniyoruz.
- Ayrıca egzamanın, dışderideki biyolojik programın "iyileşme döneminde" gerçekleştiğini yine bu konuyla ilgili bölümden okuyoruz. Bu da bize egzama başlamadan kısa süre önce, beynimizde bir "ayrılık" travmasının çözüme kavuştuğunu gösteriyor. Bu sorundan kurtulmamız için, hayatımızda çözüme kavuşan bu travmayı bulmamız gerekiyor. Mesela, egzama eğer hemen evlilik ertesinde başladıysa, bu durum ilk eşten ayrılma travmasının beyinde çözülmüş olabileceğini bize hatırlatmalı. Eğer, üniversite öğrencisi olarak gittiğimiz kentten evimize döndüğümüzde ortaya çıktıysa, evimizden ayrı kalmakla ilgili olduğunu anlayabilmeliyiz.

Egzamadan kurtulmak için ne yapmamız gerektiğini sorarsanız, o da kitabın sonunda paylaşacağım NeuroFormat® sisteminin içinde olacak...

Hangi travmalar?

> Bu kitaptaki temel amacımız, belirli bir sağlık sorununa neden olan olay ya da olayları doğru tespit edebilmek. Çünkü hayatımızdaki tüm travmatik anları temizleme şansımız tabii ki yok. Ancak burada belli sağlık sorunlarının ne tür olaylardan sonra başlayabileceğini anlayarak, zamanlamaları da değerlendirmek suretiyle olasılıkları en aza indiriyoruz.

Bunu bir Google araması gibi düşünün. Belirli bir bilgiye ulaşmaya çalışıyoruz ve bunun için sınırlı zamanımız var. Aramamızda yüzlerce sonucun mu, yoksa birkaç doğru sonucun çıkması mı işimizi daha kolaylaştırır?

Tabii ki doğru birkaç olasılığı tespit etmek, sorunumuzu çok daha kısa sürede temizlememizi sağlayacaktır. Soruna neden olan potansiyel travmatik olayların sayısı azalacağı için, beynimizi bu olaylarla yeniden barıştırmak çok daha kısa sürecektir.

Peki ortaya çıkan sonuçların doğru olup olmadığını nasıl bileceğiz diye sorarsanız, size kısa ama çok önemli ipuçları vermek isterim. Üzerinde çalışmamız gereken travmatik olayları belirlerken biraz sonra paylaşacağım noktalara dikkat etmenizi öneririm.

Şu an size gülünç görünen travmalar bile çok önemli olabilir

Tespit ettiğiniz travmalar sizi yaşandıkları dönemde çok üzdüler mi?

Burada dikkat etmeniz gereken ifade, “yaşandıkları dönem”. Bu travmalar çok küçük yaşta yaşanmış ve şu an size komik gelen olaylar olabilirler. Ancak onları yaşadığınız yaşta, onlar o zamanki beyniniz için oldukça büyük olaylardı. Zaten büyük oldukları için beyninizi değiştirdiler. Bu açıdan şu anki düşüncelerinizden ziyade o zamanları dikkate alın. Burada anne babanızdan, ailenizden, yakınlarınızdan yararlanmanızı tavsiye ederim. Hatırlamıyor olabilirsiniz.

Dramatik, şok edici travmalar, yalnızlık ve çaresizlik

Travmalar dramatik, şok edici biçimde, size kendinizi yalnız ve çaresiz hissettirecek şekilde mi yaşandı?

Travmaların beklenmedik, şok edici biçimde yaşananları en tehlikeli olanları. Tabii bunun yanında ne kadar duyguları yükselten ve dramatik olduğu, o olayda yalnız olup olmadığımız ve çaresizlik hissedip hissetmediğimiz de çok çok önemli.

Yeniden yaşadığınızda duygu hissettiğiniz travmalar önemlidir

Gözlerinizi kapatıp, sizi etkilemiş olan o olayları şu anda yaşıyormuş gibi hissederek anlatın. Ne hissediyorsunuz?

Sanki yanınızda tanıdığınız biri var ve ona anlatıyorsunuz.

Kendi gözünüzden olayı yaşayarak, şimdiki zaman kiplerini kullanmaya çalışarak anlatın. Gerçekten orada olduğunuzu hissedin. Oturuyorsanız kalçanızı koltukta, kollarınızı kolçakta hissedin; hatta çevrenizdeki insan ve nesneleri ellerinizle göstererek özellikle de sizi en çok üzen bu zamanı, o an hissettiğiniz "çaresizliği" yeniden hissederek yaşamaya çalışın. Öfke, utanç, üzüntü, korku benzeri duygular yaşıyorsanız, travmanın önemli olması oldukça muhtemel.

Travmaların hastalıktan önce yaşanmış olması gerekiyor

Bulduğunuz travmatik olay söz konusu sağlık sorunu başlamadan önce mi yaşandı?

Kitabın başından beri, bir rahatsızlığı yaratan biyolojik programın belirli bir travmayla başlaması gerektiğini söylüyoruz. Tespit ettiğiniz travmaların kesinlikle sorun başlamadan önce yaşanmış olması gerekiyor. Sorun zaten olgunlaştıktan sonra yaşanan travmalar rahatsızlığın ana sebebi olamazlar. Tabii ki böyle travmalar sorunu daha da ciddileştirebilir, bu yüzden temizlenmeleri bazen önemli olsa da, önceliğimiz ana travmayı temizlemek olmalıdır.

Semptom ya da hastalıkların hangi programa ait olduğunu bulmanız gerekiyor

Zaten bu kitapta sürekli olarak hastalık dediğimiz olayın, aslında beynin ilkel tepkileri olduğunu ve belirli biyolojik programların stres, iyileşme dönemi ya da iyileşme krizi olarak yaşandığını anlatıyorum. İlerleyen sayfalarda hangi hastalıkların, hangi programların hangi döneminde yaşandığı konusunu paylaşacağım. Ancak tabii bu kitapta tüm belirtileri ve tüm hastalıkları konuşma şansımız ne yazık ki olamayacak.

Eğer sizin rahatsızlığınız bu kitapta detaylı olarak paylaşıldıysa, zaten hangi programdan kaynaklandığı bulmak için ilgili bölümü okumanız yeterli olacaktır. Ama eğer detaylı paylaşılmayan bir rahatsızlık ya da semptom konusunda çözüm arıyorsanız, bu durumun hangi organın hangi bölümünden kaynaklandığını bulmanız gerekecektir. Bu kitapta spesifik hastalıklarla beraber, organların bölümlerinin hangi tür travmalara nasıl bir tepki verdiği bilgisini de "liste olarak" sizlerle kitabın sonunda, "Meraklısına" bölümünde paylaşacağım. Siz etkilenen organı bulduğunuz zaman ne tür bir travma aramanız gerektiğini de bu listeden öğrenmiş olacaksınız.

Kitap boyunca birçok travma ana teması ortaya çıkacak. Ölüm korkusu, kişinin varlığının tehlikeye girmesi, terk edilmek, yakın birisini kaybetmek, bölgesel korku, bölgesel öfke gibi oldukça basit "temalardan" bahsediyor olacağız.

Göreceksiniz ki, aslında organlarda biyolojik programları başlatan tehditler, hep organın görevleriyle ilgili olacak. Mesela akciğer sorunları yeterince oksijen alamamakla ilgili; böbreğinki daha fazla su tutmak, meme bezlerininki daha fazla süt üretme ihtiyacıyla...

Tekrar edelim: Aslında hangi organın dokusuyla uğraşırsak uğraşalım, bulacağımız ana tema o dokunun ana görevlerinden biriyle, bir şekilde ilgili olmak zorunda...

Yaşadığınız biyolojik programın hangi döneminde olduğunuzu bilmek çok önemli

Tespit ettiğiniz rahatsızlığın ya da yaşadığınız semptomların, ilgili biyolojik programın hangi dönemine ait olduğunu biliyor musunuz?

Yaşadığınız rahatsızlığın, belirli bir programın hangi dönemine ait olduğunu bildiğinizde hem hayatınız üzerinde daha fazla kontrolünüz olduğunu hissedecek, hem önünüzü görecek hem de ne kadar geriye gitmeniz gerektiğini daha iyi anlayacaksınız.

O an belirli bir programın stres ya da iyileşme döneminde olduğunuzu bilmek, kronik bir programı yaşadığınızı anlamak, iyileşme krizleri tecrübe ettiğinizi görmek, bu programın ilk ne zaman başladığının ipuçlarını verecektir. Buna göre;

Stres dönemi hastalıkları

Eğer üzerinde çalışmak istediğiniz hastalık, biyolojik programın stres dönemine aitse ya da bir başka deyişle siz o programın stres dönemindeyseniz; buna sebep olan travma, rahatsızlıklarınızın ilk olarak başlamasından kısa süre önce yaşanmış olabilir.

Ancak şunu hatırlatmak gerek ki, gerçekte vücudumuzda hastalığın başlama zamanı bizim belirtileri hissetmemizden ya da doktora gidip bu durumun adını öğrenmemizden çok daha önce olabilir. O açıdan çok net konuşamamakla beraber, aradığımız travma, hastalığı öğrenmemizden 0-5 yıl önce yaşanmış olabilir. Ama bu bilginin bile çok çok önemli olduğunu düşünüyorum. Bugünden 5 yıl öncesine kadar olan hayatımızı taramak, bize travma yaşatan durumları listelemek ve gözden geçirmek nispeten çok da zorlanmayacağımız ve sonuçları hayatımızı değiştirebilecek bir uğraşı olacaktır.

İyileşme dönemi hastalıkları

Eğer üzerinde çalıştığınız hastalık iyileşme dönemine aitse, aranan travma hastalık başlamadan kısa süre önce yaşanmış değildir. Hatta bu durumda sorulması gereken soru şu olmalıdır: "Hayatımda hastalık başlamadan kısa süre önce çözülen ya da artık kendimi daha rahat hissettiğim bir durum var mı?"

Zaten, böyle bir hastalığın başlama nedeni, biyolojik programın "iyileşme dönemine" girmesi. Bu da bir şekilde travmanın beyinde çözülmüş olması gerektiğini gösteriyor. Böyle bir hastalık durumunda kısa süre önce yaşanan bir travmayı değil, kısa süre önce çözülen, çözüme kavuşmuş travmayı bulmak gerekiyor.

Travmaların beyinde ne kadar sonra çözüldükleri hem kişinin hayatına, hem de biyolojik programlara göre değişebilir. Ancak buna göre, çocukluk yıllarında yaşanan bir travma onlarca yıl sonra dahi çözülerek iyileşme sürecini başlatabilir. Bu nedenle iyileşme dönemi hastalıklarının travmasını ararken, onlarca yıl öncesine bile bakılması gerekebilir.

İyileşme krizi hastalıkları

Rahatsızlık eğer bir iyileşme kriziyse, travma sadece beyinde çözülmemiş, ayrıca iyileşme döneminin yarısına yakın bir sürenin de üzerinden geçmiş olması gerekiyor. Bu da biraz önceki gibi, yine sebep-sonuç ilişkisini kurarken yıllar öncesine gitmemiz gerektiği anlamına gelebilir.

Kronik hastalıklar

Belirli bir programın tüm dönemlerini sırasıyla yaşadığınız bir rahatsızlıktan mustaripseniz, tabii ki bulmanız gereken travma, sıkıntının ilk olarak başlamasından daha önceki yıllara gitmeli.

Baskın el kuralı

Teşhis ve tam temizliğin yapılması açısından kullanabileceğiniz başka bir araç daha var.

Sorunumuzu vücudumuzun hangi tarafında yaşadığımız, travmanın içyüzünü ele veriyor.

Bu kuraldan yararlanabilmek için şimdi beyninizin hangi tarafının baskın olduğunu öğreneceğiz. Düşünmeden doğal bir şekilde alkışlayın. Ve aşağıdaki şekle bakın. Ellerinizin duruşu hangisine daha yakın. Bir başka deyişle, hangi eliniz diğerinin üstünde?

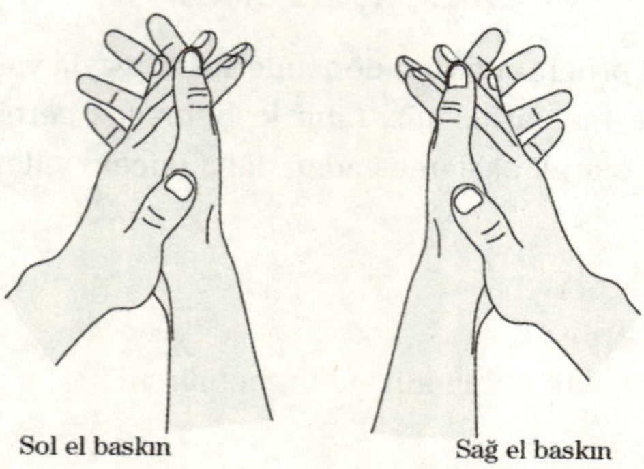

Sol el baskın Sağ el baskın

Eğer sağlaksanız büyük ihtimalle sağ eliniz üstte olacak, solaksanız da tersi şekilde. Ancak, özellikle kendini sağlak olarak bilen, genellikle de başkalarına bakarak ya da zorla sonradan "sağlaklaştırılan" doğal solakların sol elleri yukarıda olacaktır.

Hangi eliniz yukarıdaysa, baskın eliniz odur.

Baskın elinizin tarafı baba, eş veya ortakla, diğeri anne, çocuk veya yuvayla ilgilidir.

Yukarıda paylaştığım genel kuralın neden bu şekilde geliştiğini kısaca açıklamaya çalışalım.

Eğer çocuğunu tutan bir kadına dikkatli olarak bakarsanız, çocuğunu baskın olmayan koluyla tutarken, işini daha rahat kullanabildiği asıl eliyle yapmaktadır. Çocuk hep baskın olmayan tarafı bloke ederken, diğer elini iş yapmaya, eşiyle ilgilenmeye ayırabilir.

Bu milyonlarca yıldır benzer şekilde kendini tekrarladığı için beyin, sağlak için sol tarafı, solak için sağ tarafı çocuk ve benzeri konularla özdeşleştirmiş. Sadece çocuk değil, anne ve yuvayı da aynı tarafta kodlamış. Diğer tarafıysa baba, eş ve iş olarak görebileceği konulara ayırmış.

Beynimizin tüm karışık konuları basite indirgediğini düşünürsek, işinizde yaşanacak bir sorunun "çocuk" olarak algılanabileceğini, bunun da baskın olmayan tarafınızda kendini gösterebileceğini söyleyebiliriz. Mesela, işinizde yaşayacağınız sorun eğer işinizi (özellikle de onu sıfırdan yaratıp geliştirdiyseniz) çocuk olarak görüyorsanız, muhtemelen kendini çocuk tarafında gösterecektir. Buna ek olarak, beynimiz kuralı kendine göre yorumlayabilir. Mesela, eş ve babanıza yıllardır sanki bir çocuk gibi bakıyorsanız, beyniniz onları çocuk tarafında da yorumlayabilir.

Yapılan bir araştırmaya göre, yüzde 38'lik bir sonuçla nüfusta normalde bilinenden çok daha fazla doğal solak olduğu görülmüş. Alkış testini yaparak, kendinizi sağlak olarak bildiğiniz halde, doğal bir solak olduğunuzu öğrenebilirsiniz.

Baskın el kuralının iki istisnası bulunuyor

Öncelikle, bu kural beyin sapı tarafından yönetilen organ bölümleri söz konusu olduğu zaman geçerli değildir. Baskın el kuralı sadece beyincik, singulat kıvrımı ve korteksten yönetilen organların dokuları için geçerli.

İkincisiyse, beynimiz genel yerine daha lokal, yani vücudumuzda küçük bir alanı ilgilendiren tehdit yaşıyorsa, baskın el kuralına bakmaksızın, tehdidi hissettiği yerde sorunu ortaya çıkarabilir. Mesela, anneniz hayatınız boyunca sürekli sağ yanağınızı okşadıysa, ondan ayrılmanızla vücudun tam da burasında dokunamama tehdidi geliştirmenize sebep olarak, baskın el kuralına bakmaksızın sorunu sağ yanağınızda yaşamanıza karar verebilir.

Nasıl bir temizlik?

Beynimizi birçok farklı yöntem ile değiştirme ve temizleme şansımız var. Tabii ki şu an dünya üzerinde kullanılan belki de yüzlerce yöntemin mutlak etkisi birbirinden farklı olacaktır. Bunun yanında hız ve etki kişiden kişiye de değişebilir. Zira bir yöntem ne kadar etkili olursa olsun, her insanda aynı derecede işe yarayacağının da bir garantisi bulunmuyor.

Bir önceki kitabım, benim bu yöntemi kullanarak çok etkili çalışmalar gerçekleştirdiğim NeuroFormat® sistemini anlatıyordu. Bu kitabın sonunda da, bu yöntemin özetini bulacaksınız. Ancak, sistemi daha detaylı çalışmak isterseniz size *Beynine Format At* kitabımı da okumanızı önermek isterim. Travmaları temizlemenin tek yolu olmasa da, benim bildiğim ve duyduğum en hızlı ve etkili yolun NeuroFormat® yöntemi olduğunu size tüm kalbimle söyleyebilirim.

Özellikle başı sonu belli olan, spesifik kötü olayların temizlenmesi Hikâye Tekniği kullanılarak çok hızlı bir şekilde gerçekleştiriliyor. Belki 30-45 dakika arasında bir zamanda, travmalar çok etkili bir şekilde hiçbir duygu hissedilmeyecek hale getiriliyor. Tabii bu durumun travmadan travmaya ve bazen kişiden kişiye değişebileceğini de eklemeliyim.

Biraz önce söylediğim gibi, travmaları beyinde çözmenin tek yolu bu değil. Sadece olayı anlatıp konuşmanın bile bu süreci belli oranda başlattığını iletmiştim. Bunun dışında beynin travmaları çözmesinin bazen en önemli yöntemi, bunun doğal yollarla gerçekleşmesi. Mesela, eşi tarafından terk edilen birinin yeniden evlenmesi, işini kaybedenin daha iyi bir iş bulması da biyolojik programları beyinde iyileşme sürecine sokacaktır.

Bu arada bir programın stres döneminde ya da iyileşme döneminde takılmaması ya da kronikleşmemesi için beyinden mümkün olduğu kadar temizlenmesi oldukça önemli. Böylece, gerçekten tüm doğal süreci yaşayarak biter ve asla tekrarlanmamış olur.

ÖNEMLİ

Evet, artık hastalık bazında konunun detaylarına girmeye hazırız. İçimden bir ses, sizin şikâyetçi olduğunuz ya da en çok korktuğunuz hastalıkların detaylarını okumak isteyeceğinizi söylüyor. Bu tabii ki çok normal.

Size yine bir hatırlatma yapmak isterim. Başından beri söylediğim gibi bu kitapta, yıllardır bahsedilen sağlık sorunlarıyla ilgili yepyeni bir bakış açısı var. Aslında hastalıkların beynin tetiklediği biyolojik programlar olduğundan bahsediyoruz. Bu, takdir edersiniz ki aslında oldukça karışık ve detaylı bir konu...

Her ne kadar kitabı okunması ve anlaşılabilmesi için basitleştirmeyi kendime görev edinmiş olsam da, bazı konuları çok teknik ve sıkıcı bulabilirsiniz. Bu kitapta size sağlık sorunlarınızdan korkmamanız gerektiğini, aslında onların doğal süreçler olduğunu anlatmaya çalıştığımı göreceksiniz. Bunu, "Korkmayın, bu hastalıklar falan önemli değil. Moralinizi yüksek tutun, pozitif düşünce her şeyi halleder" şeklinde yapmayı istemem. Zira bu bakış açısı zaten denenmiş ve faydaları olsa da etkileri ne yazık ki sınırlı!

Ben bu kitapla size sorunlarınızı ve ileride yaşayabileceğiniz rahatsızlıklarınızı daha yakından tanımanız konusunda yol göstereceğim. Bu hastalıklardan korkmamanız gerektiğine ikna olacaksınız; bu hastalıkların beynin kapasite artırımı olarak görülebileceğini anlayacaksınız. Ayrıca çok daha sağlıklı bir hayat sürme ve çoğu zaman gerçekten de kalıcı şekilde sorunlarınızı çözme fırsatını sunmaya da çalışıyor olacağım. Zira bunu size, etkisi sadece 2-3 saat sürecek bir motivasyon "gazı" şeklinde yapma şansım yok maalesef.

Şu anda siz bu satırları okurken üzerinde birlikte çalıştığımız konu birçok profesyonelin, onyıllar süren detaylı çalışmalarının neticesinde varılmış bir sonuçtur. Biz her ne kadar anlaşılması için basite indirgemeye çalışsak da, bazen başarı detaylarda saklı olabiliyor. Bu açıdan, bu sistemi okumaya ve anlamaya zaman vermenizi tavsiye ediyorum.

Sağlığın değerinin kaybedilince anlaşıldığını tabii ki hepimiz çok iyi biliriz. Eğer sizin ya da sevdiklerinizin sağlığı gayet yerindeyse, detaylara girmek için şu an yeterince motive olmamanız çok normaldir.

Umarım uzun yıllar yıllar boyunca, bu kitabı okumak için bu şekilde motive olmanıza gerek olmaz. Evet, ilk sayfalarda da söylediğim gibi bundan sonra sizi fazla ilgilendirmeyen bölümleri okumamayı seçebilirsiniz. Ancak, size şunu söylemeliyim ki, çok alakasız bir hastalıktan bile aslında beynimizi ve vücudumuzu daha iyi anlayabilir, beynimizin neden hasta olmayı seçtiğiyle ilgili bir detay bulabilirsiniz.

Şu ana kadar teorik bilgilere boğulduk. Şimdi bu bilgileri kullanma zamanı!

Haydi başlayalım...

İŞTE O HASTALIKLAR!

Kalp krizi

En çabuk "götüren" en yaygın rahatsızlıklardan biri olduğundan olmalı, hepimizin belki de en çok korktuğu hastalıkların başında gelir kalp krizi. Zaten o değil midir diyetlerimizi, ne yediğimizi özellikle de ilerleyen yaşlarda belirleyen en büyük etken?

Klasik tıp kalp krizini aşağıdaki şekilde açıklıyor.

"Kalp krizi (miyokart enfarktüsü), kalbi besleyen üç atardamardan birinin pıhtı nedeniyle tam ya da tama yakın tıkanması sonucu kalp kasının bir bölümünün o bölgeye yetersiz kan akışından dolayı ölmesi (kalıcı hasara uğraması) sonucu meydana gelir."

Aslına bakarsanız söylenen kısaca şu: Vücudumuzdaki her organın olduğu gibi kalbin de çalışabilmesi için temiz kana ihtiyacı bulunuyor. Bir başka deyişle, kalbin vücuda pompaladığı kanın belli bir bölümü koroner arterler (kalp atardamarları) üzerinden kalbin kendisi için kullanılıyor. Üç adet koroner arter, kalbin kendisini besliyor. Böylece kalp, canlı ve sağlıklı kalmaya, vücuda kan pompalayarak hizmet etmeye devam edebiliyor.

Ancak "terzi kendi söküğünü dikemediği" zaman, bir başka deyişle o temiz kan kalbe nüfuz edemediği zaman kalp hasara uğruyor, kalp krizi gerçekleşiyor.

Peki kalp neden tıkanıyor? "Olağan şüphelileri" tanıyalım...

- Sigara içmek
- Spor yapmamak, hareketsizlik
- Beslenme alışkanlıkları
- Obezite
- Yüksek kolesterol
- Yüksek tansiyon
- Aile geçmişi, genetik faktörler
- Stres

Çeşitli örnek gruplar üzerinde gerçekleştirilen araştırmalarla, bu faktörlerin kalp krizindeki etkisi gösteriliyor. Özellikle Batı dünyasında üç-beş bin kişi üzerinde yapılan istatiksel çalışmalarda, bu faktörlere sahip insanların, daha risksiz gruba göre daha fazla kalp krizi geçirdiği ortaya çıkarılmış.

Tabii ki araştırmalarda öne sürülen yüzdesel artışlar, bu faktörlere dikkat etmek için yeterli bir neden. Ancak buna rağmen, yapılan araştırmalar, bu maddelerden hiçbirinin tek başına kalp krizine sebep olduğunu söyleyemiyor ya da kanıtlayamıyor.

Mesela, gerçekten de kâğıt üzerinde çok riskli gözüken, yıllardır sigara içen, spor yapmayan, yağlı beslenen, obez, kolesterolü ve yüksek tansiyonu bulunan, ailesindeki büyüklerin tamamı kalp krizinden ölmüş birinin bile kalp krizinden öleceği kesin değil. Bir başka deyişle, bu faktörlerin ne biri ne de hepsinin bir araya gelmesi bu felaketi getirmek zorunda değil.

Ya da bu faktörlerin tamamı açısından "sıfır" riski bulunan birinin, kalp krizi riski "sıfır" değil.

Kolesterol konusu biraz karışık

Kolesterol konusunda kafaların son yıllarda karışık olduğu malumunuz. Tıp âleminin son 20 yılı kolesterolün, hayvansal yağların kalp krizine etkileri açısından ne kadar zararlı olduğunu irdelemekle geçmişken, bir anda dünyanın farklı yerlerindeki doktorlar kolesterolün aslında zararlı olmadığını, hayvansal yağların da, yapay şekilde üretilen alternatiflerinden çok daha yararlı olduğunu söylemeye başladı.

Şimdi hazır olun!
Size, vücudumuzdaki kolesterolün sadece yüzde 20'sinin yediklerimizden vücuda girdiğini, yüzde 80'inin vücudumuzda bizzat karaciğerimiz tarafından üretildiğini söylesem... Şaşırdınız değil mi? Bu duyguyu kitabımı okumaya devam ettikçe sık sık yaşayacaksınız!

Vücudun kendi kendine, kalp krizi yaratmak için kolesterolü kendi eliyle yaratması biraz da Japonların "harakirisine" benzemiyor mu? Vücut neden kalp krizine sebep olacak kolesterolü kendi eliyle fazlasıyla üretmeye karar veriyor?

Kolesterol vücutta tüm hücre onarımlarında, özellikle bu kitapta bahsettiğimiz biyolojik programların iyileşme dönemlerinde kullanılan bir madde. Bir başka deyişle, yükselmesi sadece koroner damarlarla ilgili değil. Vücut o an, çok farklı bir yeri onarıyor olsa da kolesterol değerleri yüksek çıkabilir.

Zaten, kalp krizi geçirenlerin yaklaşık yüzde 50'sinde yüksek kolesterol görülmüyor. Bir başka deyişle, hiçbir şekilde kolesterolü yüksek olmayan kişiler de sık sık kalp krizi geçiriyorlar. Bu da kalp krizi geçirmenin, sadece kolesterolün koroner damarları tıkamasıyla ilgili olmadığını gösteriyor.

Bu tartışma daha çok su götürecek gibi gözüküyor! Uzmanlar diyetin kalp krizlerindeki etkisini tartışmaya devam ededursun, biz bu konunun çok farklı bir boyutunu ele alalım. Beyin boyutunu...

En büyük neden stres

Aslında doktorlar bunu genelde en sona koysalar da bence onlar dahil hepimiz içten içe biliyoruz. Kalp krizini tetikleyen en büyük faktör stres!

Biz bunu çevremizden zaten kendimiz de doğrulayabiliyoruz. Oldukça zayıf, hayatında sigara içmemiş, alkolü ağzına almamış, kolesterolü normal seviyede diye bilinen, aile geçmişinde böyle bir sorunu olmayan gencecik bir tanıdığımızın kalp krizi geçirdiği haberini ne yazık ki hepimiz çevremizden duymuşuzdur.

Siyasi hayatında ya da işinde sorun yaşayan, belki de iflasını istemiş başka bir dostumuzun aynı sorunla karşılaştığını... Peki sorunlarını ve stres dolu hayatını arkada bırakıp kendine bir sahil kasabasında çok "huzurlu" bir hayatı seçmiş birinin kısa bir süre sonra kalp krizi geçirdiğini duydunuz mu? Ya da yeni emekliye ayrılmış birinin?

Peki gerçekten hangi faktörlerdi bu kişilerin kalp krizi geçirmelerine yol açan sizce?

Evet, tabii ki diğer faktörlerin de belli seviyede etkisi olabilir. Ancak, beynin kalp krizinde tüm bu faktörler içinde çok önde olduğu oldukça net olarak gözüküyor.

Kalp krizlerini özellikle beynimiz ve yaşadıklarımız tetikliyor!

Şu ana kadar konuyu daha çok stres boyutunda ele aldım. Daha önce söylediğim gibi bunu yapmak aslında biraz "yuvarlak" konuşmak, süreci pek anlamadan topu "taca atmak" anlamına geliyor. Şimdi aslında beynin neden kalp krizlerine sebep olduğunu daha detaylı olarak anlayalım. Bu süreci daha iyi anlamak, bizi özgürleştirecek ve gereksiz korkularımızı da temizleyecektir.

Kalp krizlerinin beyinden tetiklenmesi

Şu ana kadar bir "iyileşme krizi" tutturduk gidiyoruz. İşte bu bilgiyi kullanma zamanı. Ama önce iyileşme krizi neydi, tekrar bir hatırlayalım.

Travmaların beyinde çözümlenmesi sonrası, iyileşme dönemi sırasında hem beyinde, hem de ilgili organda "sıvı ortamı" yaratıldığını söylemiştik. Biyolojik programlar, iyileşme döneminin tam ortasında, iyileşme sırasında beyinde oluşan ödemden kurtulabilmek ve iyileşmeyi test edebilmek için bir "iyileşme krizi" oluşturuyorlardı.

Kalp krizleri aslında iyileşme krizidir

Kriz kelimesinden de anlayabileceğimiz gibi, kalp krizleri aslında beyin tarafından kalp ile ilgili olarak başlatılan iki farklı biyolojik programın iyileşme krizleridir.

Aslında tamamen iyi niyetli bir şekilde, belirli bir tehdide yönelik olarak, tehdide karşı daha güçlü olmak için yaratılan biyolojik programlar bunlar. Ama özellikle çok şiddetli biyolojik programlar söz konusu olduğu zaman ne yazık ki ölümcül olabiliyorlar.

Size bu kitapta en çok rastlanan kalp krizi çeşidinden ve nasıl tetiklendiğinden bahsetmek istiyorum. Koroner arterlerden kaynaklanan kalp krizinden...

Koroner kalp krizi

Koroner kaynaklı kalp krizinin detayına girmeden önce, kalp kasını temiz kan ile besleyen koroner arterlerin beyindeki kontrol merkezinden kısaca bahsedelim.

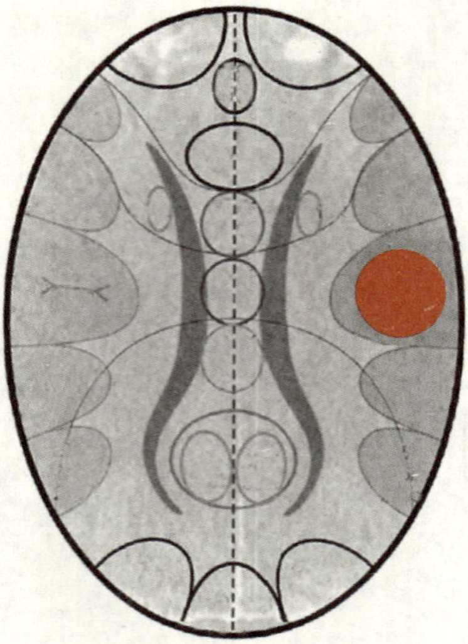

Koroner arterlerin kontrol merkezi, yeni beynimizde kortekste bulunuyor. Fiziksel olarak korteksin sağında ve sağ kulağımızın üzerinde bulunuyor.

Bölgesel tehdit

Siz hiç emekli olduktan çok kısa bir süre sonra ya da sorunları tam çözülmüş ve rahata ermişken kalp krizi geçiren birisini duydunuz mu?

Duyduğunuza eminim. Yakınları, dostları, "Tam da rahata ermişti!" derler. "O kadar çalıştı didindi, tam hayatın keyfini çıkaracakken..." Birazcık araştırmayla kalp krizlerinin çok önemli bir kısmının bu şekilde oluştuğunu bulabilirsiniz. Özellikle ordudan emekli olan generallerimizin ya da iş hayatında çok zor süreçler yaşayan işadamlarının benzer haberlerini sıkça okuyabilirsiniz, çevrenizden duyabilirsiniz. Kalp krizleri genelde kişilerin stresli oldukları, her şeyin zor olduğu dönemde değil, her şeyin çözüme kavuştuğu, rahata erilen dönemde yaşanır. Bunun nedenini irdeleyelim...

Hayatımızda "bölgesel tehdit" içeren, çok dramatik, yalnız olduğumuzu hissettiğimiz, bize şok yaşatan, çaresiz kaldığımız bir olay ya da olaylar silsilesi gerçekleşiyor. Koroner arterlerle ilgili biyolojik programın başlaması için beynimizin travmatik süreci "bölgesel tehdit" olarak algılaması şart.

İşte böyle bir durumda, beynimiz ilgili koroner arterlerin kortekste bulunan kontrol merkezine bir "röle" atıyor ve biyolojik programı başlatıyor.

Bölgesel tehditler "bölgeniz" olarak değerlendirdiğiniz her durumu kapsayabilir. İş hayatında yaşanan iflas, işten çıkarılma gibi travmalar özellikle bölgesel tehdit olarak algılanıyor. Ancak, özellikle erkeklerin bölgesel olarak algılayabileceği her konu buna dahil olabilir. Mesela hiyerarşi benzeri yapılarda, orduda yaşanabilecek anlaşmazlıklar da beyin tarafından "bölgesel tehdit" olarak algılanabiliyor. Büyük ailelerde ya da yapılar içerisinde kendine yer edinme çabalarının ve sorunların olduğu her konu beyin tarafından "bölgesel tehdit" olarak algılanabilir.

Bölgesel tehdit özellikle de erkekler için en ciddiye alınan tehdit. Milyonlarca yıldır, bölgesini, ailesini, köyünü korumakla görevli bir cinsiyet için bunun ciddiye alınmasına çok şaşmamak gerek.

Bunun yanında, bölgesel tehditlere beyinden verilen tepkiler ve kalp krizleri sadece insana özel değil. Bildiğiniz gibi bölge kavramı bütün hayvanlar için oldukça önemli. Mesela köpeklerin bölgelerini koruduklarını, hatta idrarlarıyla bölgelerini işaretlediklerini hepimiz biliyoruz. Onların beyni de, benzer şekilde kalp krizlerine sebep olabiliyor.

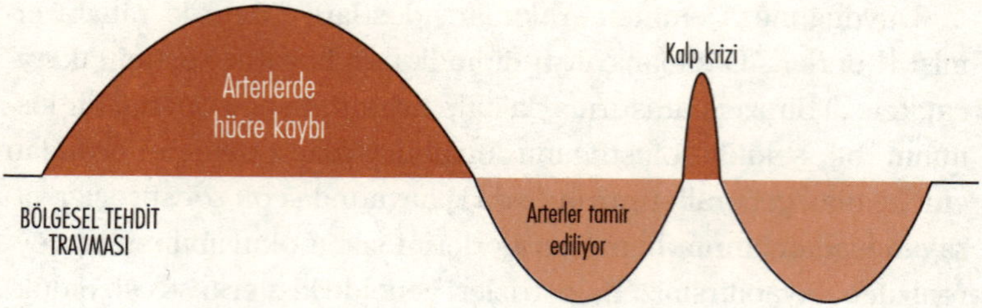

Stres dönemi

Yeni beyinden kontrol edilen dokuların stres döneminde, hücre eksilttiğinden bahsetmiştik.

İşte böyle bir tehdit yaşanırken, stres döneminde aslında tamamen koroner damarları genişletme amaçlı olarak hücre kaybı yaşanıyor. Ancak koroner arterlerdeki hücre kaybı oldukça sınırlı. Beynimiz iyi niyetli ancak fiziksel olarak, koroner arterlerdeki değişiklik ölçülebilecek ya da işleyişi değiştirecek kadar büyük değil.

Çözüm sonrası

Çözüm sonrasına girebilmek için, tehdidin bitmesi gerekiyor. Mesela iflasın onaylanması, emekliğe ayrılmak, sahil kasabasına yerleşmek ya da kaybedilen bölgenin geri kazanılmasından bahsediyorum. Beyinde çözümün gerçekleşmesinin tek şartı, durumun çözülmesi değil. Sorundan uzaklaşmak, sorunla barışmak da beyin için çözüm sayılabiliyor.

İyileşme döneminde, bölgesel tehdit çözülür çözülmez, beyin stres dönemi boyunca inceltiğini düşündüğü arterleri onarmak ve eski hallerine döndürmek istiyor. İşte burada karaciğerde üretilen kolesterol devreye girerek inceltilen duvarları onarıyor.

Kolesterolün işini "abartarak", gereğinden fazla yaparak koroner arterleri tıkaması tamamen bununla ilgili. Mesele, "aslında şeker gibi çocuk olan" iyi niyetli beynin, damarları gereğinden fazla tamir etmek istemesi.

İyileşme Krizi = Kalp Krizi

Krizlerin oluşmasında damar tıkanıklığının etkisi olsa bile, krizin zamanlaması daha çok biyolojik programın ne zaman iyileşme dönemine girildiğiyle ilgili. Bu durumu açıklayalım.

Aslında kalp krizlerini sadece damarlardaki tıkanıklığı baz alarak önceden tahmin etmenin pek bir yolu bulunmuyor. Örnek verelim...

- Hiçbir şekilde damarları tıkalı olmayan insanlar da kalp krizi geçiriyor.
- Kalbi besleyen üç ana koroner damar bulunuyor. Bu damarların hangilerinin ya da yüzde kaç oranında tıkalı olmalarının kalp krizini tetiklediği konusunda net bir bilgi bulunmuyor. Zira birçok kalp hastası farklı tıkanıklık seviyelerinde, önceden kestirilemeyen bir zamanda kalp krizi geçiriyor.
- Bunun yanında damarları kalp krizine sebep olacak kadar tıkalı kimileri de yıllar boyu kriz geçirmiyorlar. Bunun en büyük sebebi vücudun yedekleme sistemi. Özellikle, belli bir yaşa gelmiş insanlarda "kolateral" denilen yedek kalp damarları devreye giriyor.

İşin özeti, arterlerdeki tıkanıklık kalp krizinin ne zaman yaşanacağıyla ilgili tek belirleyici değil. Aslında kalp krizindeki gerçek belirleyici yine BEYNİMİZ! Bir başka deyişle, aslında kalp krizlerinin ne zaman yaşanacağını yine beynimiz belirliyor. Bu duruma sebep olan biyolojik program bittikten ve kişi rahatladıktan belli bir süre sonra, kriz bizzat beyin tarafından tetikleniyor.

Kalp krizleri genelde iyileşme dönemine girildikten 2-6 hafta sonra gerçekleşiyor.

Çözüm sağlamışız ya da en azından sorundan uzaklaşmışız. Rahatça dinlenmemizin tam ortasında bir dönemde beynimiz bizi hiç beklenmedik şekilde "iyileşme krizi" ya da "stres testine" tabi tutuyor. Biyolojik program çözüldükten 2-6 hafta sonra, çözüm döneminde beynin ilgili kontrol merkezindeki ödemi dışarı atmak için basınç uygulaması gerekiyor. Klasik bir iyileşme krizinden bahsediyorum. Ama bu biyolojik programın iyileşme krizi, tıpkı etkilediği organın vücudumuzdaki işlevi gibi çok kritik.

Kalp krizinin şiddetini, biyolojik programı başlatan şokun şiddeti ve stres döneminin uzunluğu belirliyor.

İyileşme krizinin ana amacının, çözüm sonrasında beyinde oluşan ödemin atılması olduğunu söyledik. Krizin ne kadar şiddetli olacağı, stres dönemini başlatan travmanın büyüklüğüne ve bu dönemin ne kadar uzun zaman sürdüğüne göre değişiyor. Şiddetli duyguların yaşandığı, uzun süren stresli dönemler olarak yaşanan bir biyolojik programın iyileşme krizi ne yazık ki çok sert geçerek, ölümlere yol açabiliyor.

Kolesterol neden yoldan çıkıyor?

Kolesterol neden yoldan çıkıp, damarları tamamen tıkayacak hale geliyor derseniz, bu durum daha çok kronikleşmiş bir biyolojik programın etkisi. Nihai çözüm bulunmadan, daha çok sorundan uzaklaşarak çözüme giren bir biyolojik program bu duruma sebebiyet veriyor. Biyolojik program sorunla yüzleşilen her noktada yeniden tetikleniyor. Ve sonra yeniden iyileşme dönemine giriyor. Kronik bir döngü içinde...

Farkındaysanız, her iyileşme döneminde vücut damarları onarmak istiyor. Ta ki onları büsbütün tıkayana kadar...

Koroner kalp krizlerine karşı ne yapabiliriz?

Tabii ki şüphelendiğiniz bir durumda doktora gitmeniz gerektiğini söylemeye bile gerek yok. Ancak bunun yanında krizi önleme ya da şiddetini azaltma adına yapabilecekleriniz tabii ki var.

Öncelikle, özellikle anjina ağrıları yaşıyorsanız, buna neden olan "bölgesel tehdit"in ne olduğunu bularak zaman geçirmeden temizlemenizi tavsiye ederim. Bu terapi vasıtasıyla ya da doğal yollarla (sorunu bizzat çözerek, yerine alternatif koyarak) olabilir. Ya da en azından arkadaşlarınızla, bu bölgesel tehdit içeren travmatik olayları konuşun. Bu şekilde travmayı kademeli çözmüş olarak, süreci çok daha basit şekilde, hatta çoğu zaman fark etmediğiniz küçük belirtilerle atlatabilirsiniz.

Eğer travmatik durumu kademeli olarak çözmezseniz, beyniniz bunu kendi başına çözmeye çalıştığı zaman bu durum şiddetli bir krize sebebiyet verebilir.

Kilo sorunları

"Su içsem kilo alıyorum!" Sizin de çevrenizde böyle söyleyen, gerçekten de ne kadar az yemeye çalışsa da kilo alan birileri var mı?

Çevremizde bu şanssız insanlardan oldukça fazla var! Aslında diğer insanlardan çok daha az yemelerine rağmen, özellikle hayatlarının bir dönemlerinde kilo alıp bir daha hiçbir şekilde veremeyenlerden bahsediyorum. Tabii kilo almanın tek bir nedeni yok, metabolizmanın yavaş çalışması, tiroit sorunları, duygusal oburluk gibi birçok sebep kilo alınmasına sebep olabilir.

Sayfalardır sizlerle paylaştığım bilgilere ışık tutması açısından, şimdi size pek bilinmeyen ama aslında çok sık rastlanan bir durumdan bahsedeceğim. Hatta bu durum, toplumda ortalama derecede yemek yiyerek kilo alanların çok önemli bir bölümünü kapsıyor.

Size vücudumuzun gereğinden fazla su tutma ihtiyacından bahsedeceğim...

Vücudumuz neden daha fazla su tutma ihtiyacı duyabilir? Bu da ilkel bir tepki olmalı öyle değil mi?

Tabii ki ilkel bir tepki... Ama neden su?

Sudan ya da yemekten mahrum kalmak söz konusu olduğunda susuzluğun çok daha kritik olduğunu biliyorsunuz. İnsanoğlu 45 güne kadar açlığa dayanabilse de yaklaşık 7 gün boyunca susuz kalabiliyor. Evet, beynimiz de bunun farkında. İşte tam da bu yüzden terk edildiğimizde, bulunduğumuz ortamdan ya da sürüden ayrıldığımızı hissettiğimiz büyük bir travma yaşadığımızda milyonlarca yıl öncesinden kalan bir ilkel programı çalıştırmaya karar veriyor. Aynen dalganın dışarıya attığı bir balık gibi, güneşten kurumamamız için elinden gelen her şeyi yapmaya karar veriyor. Ve tek amacı vücuttaki suyu mümkün olduğu kadar içeride tutabilmek, böylece hayatta kalma süresini uzatmaya çalışıyor.

Kitabın başından beri beynimizin, soyut ve karışık konuları daha basite indirgeyerek fiziksel algıladığını söylemiştik. Burada da ister bizi terk eden bir sevgili olsun, ister çok sevdiğimiz birini kaybedelim, beynimiz en basit haliyle "terk edildiğimizi" düşünüyor. Sadece bu manada değil, kendimizi yalnız hissettiğimizde, hayat güvencemizin, varlığımızın tehlikede olduğunu düşündüğümüz çok şiddetli bir travma yaşadığımızda beynimiz vücudumuzda daha fazla su tutmaya karar verebiliyor.

Böbreklerin ekstra su tutmaya başlaması için, beynimizin yukarıda paylaştığım temalardan birindeki bir travmayı ciddiye alarak, beyin sapında (eski beyin) bulunan röleyi aktif hale getirmesi gerekiyor. Bunun sonrasında, böbrek tarafından tutulmak istenen fazla su, yağ dokusu (adipoz) ya da hücreler arası boşlukları dolduran bağdokularda saklanıyor. Bu durum tüm vücuda eşit olarak yayılarak, fazla kiloların önemli bir bölümünü oluşturabiliyor.

Gerçekten fazla yemediğiniz halde bir türlü kilo veremiyorsanız, sizin de böbrekleriniz gereğinden fazla su tutuyor olabilir! Özellikle hayatınızın belli bir döneminde bariz kilo almaya başladıysanız ve bir türlü eski kilonuza geri dönemiyorsanız kendinize şu soruyu sorun: Bu durum başlamadan birkaç sene öncesine kadar gerçekten terk edildiğimi, dışlandığımı, dışarıda kaldığımı hissettiğim bir olay yaşadım mı?

- Çok sevdiğiniz bir yakını kaybetmek
- Ait olduğunuz bir yerden ayrılmak zorunda kalmak
- Beraber olduğunuz kişi tarafından terk edilmek
- Dışlandığınızı, yalnız olduğunuzu hissetmek
- Maddi bir nedenle, sağlık sorunları yüzünden ya da dışarıdan kaynaklanan başka bir etken sonucu varlığınızın tehlikede olduğunu hissetmek

Eğer böyle bariz bir olay ya da bir dönem yaşadıysanız ve birkaç sene içerisinde kilonuzda çok ciddi bir artış olduysa sizin de bedeniniz gereğinden çok su tutuyor olabilir.

Kilo sorunlarına karşı ne yapabiliriz?

Kilo sorununuz varsa, kendinize soracağınız ilk soru şu olmalı: "Ben kilomu gerçekten hak ediyor muyum?"

Eğer daha önce yaptığınız diyetlerle kilo verebilmişseniz ve şu an kilo almanıza neden olacak kadar yediğinize inanıyorsanız yapmanız gereken, öncelikli olarak, iştahınızı bir şekilde azaltmak olacaktır. Bunu en kolay şekilde yapabilmenin yöntemini *Beynine Format At* kitabımda sizlerle paylaşmıştım. Özellikle günün belli zamanlarında sürekli bir şeyler atıştırma alışkanlığınızı ve bazı yiyeceklere aşırı düşkünlüğünüzü sizinle paylaşacağım NeuroFormat® sistemiyle kısa sürede temizleyebilirsiniz.

Bununla beraber, geçmişte yaşadığınız başarısız kilo verme denemeleriyle ilgili kendinize ve başarısızlığa olan öfkenizin temizlenmesi de çok ama çok önemlidir. Mesela, az yiyerek, diyet yaparak, özgürlüğünüzün kısıtlandığını, hayatın size sunduğu güzel yiyeceklerden mahrum kaldığınızı çok şiddetli biçimde hissettiyseniz bunları da üzerinde çalışılması gerekiyor. Bunu nasıl yapacağınızı hem ilerleyen sayfalardaki uygulama bölümünde, hem de geçmiş kitaplarımda bulabilirsiniz.

Ya gerçekten de kilonuzu hak etmiyorsanız? Ya gerçekten de "doğru dürüst" hiçbir şey yemeden kilo alıyorsanız?

Peki bir anda kilo almaya başladığınız bir dönem oldu mu? Yani hayatınızın belli bir döneminde, yeme alışkanlığınız değişmediği halde bir anda kilonuz arttı mı?

Evli ve çocuklu kadınların çoğunda hamilelik tabii ki böyle bir dönemdir ama ben travmatik bir dönemden bahsediyorum. Belki taşındınız, belki terk edildiniz, belki bir yakınınızı kaybettiniz, belki de kendinizi çok yalnız hissettiğiniz bir dönem yaşadınız.

Gerçekten böyle bir durumdan sonra kilo aldığınızı hatırlıyorsanız, o travmatik dönemin üzerinde çalışmalısınız.

Diğer bir olasılık da şu: Eğer hayatınızda geleceğinizden, varlığınızdan, ekonomik durumunuzdan şüphe ve endişe duyduğunuz zamanlar olduysa, bu durum da "ödem sendromunu" aktif hale getirebilir. Hayatınızdan, geleceğinizden korkmayı bırakırsanız üzerinizdeki kiloyu hızlı bir şekilde atabilirsiniz!

Başka bir olasılıksa ödem sendromuyla ilgili değil...

Vücudunuz bir psikolojik nedenden dolayı kiloyu üzerinizde tutma ihtiyacı yaşıyor olabilir mi?

Mesela, çok sıska ve cılızdınız. Yeni bir işe başladınız, oradaki makamı, koltuğu, pozisyonu dolduramayacağınızı düşündünüz. Akabinde kısa sürede kilo aldınız. Ya da mahallede, sinemada, okulda büyük bir kavgaya karıştınız, beyniniz sizi daha "iri" yaparak daha iyi savunacağına karar verdi. Belirli bir zorluğa karşı beyninizin kilo almaya karar verdiğine kanaat getirdiyseniz, beyninize artık o "zorluğun" geçerli olmadığını anlatmanız gerekiyor. Nasıl mı?

Yine beyninizin kayıtlarını, yaşadığınız olaylarla ilgili kötü duyguları, uygulama bölümünde sizinle paylaştığım şekilde temizleyerek!

Ve son olarak, tiroit bezlerinin yavaş çalışması da kilo sorunlarında sıkça görülen nedenlerden biridir. Eğer bu durumdan mustaripseniz ilerleyen sayfalarda "Tiroit Sorunları" bölümüne göz atmanızı tavsiye ederim.

Yeri gelmişken, böbreklerin gereğinden fazla su tutma ihtiyacının sadece kilo almamıza sebep olmadığını söylemek gerek. Zira, bu durum birçok farklı sağlık sorununun çok daha tehlikeli hale gelebilmesini de sağlıyor.

Bunu kısaca açıklayalım.

Hayatımızın belli bir döneminde, o an sağlığımızı etkileyen daha ciddi programlar çalışıyorsa (ciddi hastalıklar varsa), ödem sendromu hastalıkların etkisini daha kritik hale getirebiliyor. Böbreklerin tuttuğu fazla su vücudumuzda dengeli dağılmayabiliyor. Mesela, ciddi sorun yaşanan organda ve beyinde birikerek sorunları çok daha ciddi boyuta taşıyabiliyor.

Ödem sendromu tüm hastalıkların şiddetini ciddi derecede artırabiliyor.

Eğer ekstra ödem beyinde birikirse, beyinden atılması gereken daha fazla ödem olduğu için iyileşme krizlerini çok şiddetlendirebilir. Vücuttaki tüm şişlikleri, iltihaplanmaları şiddetlendirdiğini ya da çeşitli kanserlerde kistleri ve tümörleri büyüttüğünü, ciddi olabilecek organ blokajlarına sebebiyet verebildiğini biliyoruz.

Siz hiç hastaneye kaldırıldığında bir anda durumu daha da kötüleşen insanlar duydunuz mu?

Ne yazık ki hastane ortamında korku dolu zamanlar geçiren insanlar böyle durumları yaşayabiliyorlar. Özellikle, hastaneye kaldırılma durumlarında, kişi eğer varlığının tehlikeye girdiğini, evinden ayrı ve yalnız kalmanın rahatsızlığını yaşıyorsa, böbreğin gereğinden fazla su tutması işleri daha da zorlaştırabiliyor. Burada, hastane ortamlarındaki sevgi, şefkat ve moralin önemi, hastane refakatçilerinin faydası ortaya çıkıyor.

Ödem sendromundan kurtulmanın en etkili yolu sevgi, paylaşım ve sürece güvenmek!

Bu konuyu şimdilik burada bırakarak, böbreklerinizin gereğinden fazla su tutmamasını dileyerek yolumuza devam edelim.

Yüksek tansiyon

Şimdi gelelim tansiyon hastalıklarına. Özellikle de yüksek tansiyon sorununa...
Öncelikle belirtmek isterim ki, bu bölümde ele alacağımız yüksek tansiyon senaryosu, bu sorunu yaşamanın tek nedeni değil. Biz burada böbreğin yaratabileceği kronik yüksek tansiyondan bahsediyor olacağız. Yıllardır devam eden ve çözülemeyen yüksek tansiyon sorunlarının hatırı sayılır bir bölümü bu senaryodan ileri geliyor. Şimdi detaylara geçelim.

Kilo sorunlarının önemli nedenlerinden biri olan "ödem sendromu" diye tanımladığımız duruma biraz önce değindik. Beynimizin milyonlarca yıl öncesinden, organizmaların sadece su içerisinde yaşadığı bir dönemin ihtiyacı olarak ilkel bir program geliştirmiş olduğundan bahsettik. Yeterince su olmaması tehdidine karşı, böbrek toplama tüpleri kapanarak vücutta mümkün olduğunca su tutmaya çalışıyordu.

Yüksek tansiyon sorunuysa, böbreğin daha yeni olan bölümlerinden biri olan "böbrek parankiminden" ileri geliyor. Böbrek parankiminin ilkel programı, çok daha sonra, hayatın karaya taşındığı zaman ortaya çıkmış. Ana temasıysa, çok fazla su olması. Bir başka deyişle suyla ilgili tüm tehditlerde bu program tetiklenebilir. Mesela, denizde boğulma, sel, sıvı bir içecekle ilgili bir travma, alkol ile ilgili travmalar, hatta aşı olmayla ilgili travmaların bile bu durumu aktive ettiği görülüyor. Beynimiz o anda, çok manasız bir şekilde olsa da, eğer yaşadığı tehdidi bir "sıvı tehdidi" olarak değerlendirirse, bu programı etkinleştirebilir.

Böbreğin bu bölümü singulat kıvrımından (yeni beyin), daha

eski beyin bölümlerine geçiş noktasından kontrol ediliyor. Tabii ki yeni beyin deyince aklımıza ilk dönemde hücre ya da fonksiyon kaybı aklımıza gelmeli.

Stres dönemi

Stres döneminde tam da bu bölümde hücre kaybı yaşanıyor. Yine singulat kıvrımının ters işlerinden bir tanesiyle karşı karşıyayız. Aslında daha fazla sıvı filtre etmek için böbreği güçlendirmek istese de, yine önce bozmayı tercih ediyor.

Bu dönemde hücre kaybı demek, böbreğin (nefron denilen özel hücrelerin) görevlerini iyi yapamamalarını sağlıyor. Beyin burada bir "yedekleme" planı ortaya çıkararak, nefronların daha efektif çalışabilmeleri ve filtreleme görevlerini yerine getirebilmeleri için kan basıncını genel olarak yükseltiyor. Bir başka deyişle kronik bir yüksek tansiyon sorunu ortaya çıkarıyor.

İyileşme dönemi

Singulat kıvrımı asıl gerçekleştirmek istediğini bu dönemde yapıyor. Daha fazla filtreleme yapabilecek ekstra böbrek parankim hücresi üretmek.

Böbreğin yarattığı her program belli bir süre içerisinde çözülme garantisi taşımıyor. Bu da bir ömür boyu süren kronik tansiyon anlamına gelebiliyor. Ancak eğer program bir şekilde çözülürse, iyileşme döneminde tansiyon normale dönüyor.

Şunu söylemek gerekir ki, yüksek tansiyon sorununun tek çıkma olasılığı böbrek parankiminden kaynaklı biyolojik programla ilgili olmayabilir. Bunun yanı sıra,

Böbreküstü kabuğunun (adrenal korteks) "yanlış yöne gitmekle" ilgili biyolojik programının stres döneminde

Böbreküstübezi medullasının "aşırı stresle" ilgili programının stres döneminde

Kalp krizleri sırasında yüksek tansiyon görülebilir.

Yüksek tansiyona karşı ne yapabiliriz?

Yüksek tansiyon sorunu yaşayan herkesin ortak nedeni "sıvıyla" ilgili bir travma olmayabilir. Ancak, yıllarca süren ve başka hiçbir büyük belirti göstermeyen yüksek tansiyonlarda sıvıyla ilgili olarak yaşanmış travmaların sıklıkla görüldüğünü ve eğer siz de bu durumdaysanız bu şikâyetten kurtulma ihtimalinizin olduğunu söyleyebilirim.

Bununla beraber, hayatınızda "yanlış yöne gittiğinizi", "hedeften saptığınızı" düşündüğünüz bir travma varsa bu travmayı bularak ve üzerinde çalışarak tansiyon sorununuzun çözümüne yardımcı olabilirsiniz.

Nasıl olduğunu biliyorsunuz...

Bulabildiyseniz ilgili doğru travmayı hatırlayarak, bunu çözüme kavuşturmak suretiyle tabii ki! Travmayı bulmaya çalışmak ve bunu başarmak da, belli oranda sizi çözüme götürecektir. Ancak tam sonuca ulaşmak için bu travma sırasında yaşanılan duyguların, etkili bir terapi sistemiyle temizlenmesi gerekmektedir.

Eğer bu temalarda hiçbir travma bulamadıysanız ya da üzerinde çalışsanız da pek işe yaramadığını düşünüyorsanız, aşırı stresi bir neden olarak düşünmenizi öneririm.

Su korkusu geçince tansiyon sorunu çözüldü!

Bana bir yakınımın ricasıyla gelen, derin su fobisi olduğunu söyleyen 30 yaşlarında bir kadın danışanımın geçmişine baktığımda 10 yaşında ciddi bir boğulma tehlikesi yaşadığını öğrendim. Boğulma tehlikesini havuzda yaşamış olsa da, özellikle denizde derin suda yüzmek onun için imkânsızdı. Daha da ilginci deniz taşıtlarıyla seyahat etme konusunda da ciddi rahatsızlıklar yaşıyordu.

Yaklaşık 1 saatlik bir çalışmadan sonra bu konuları beyninde çözdük. İki ay sonra kendisinden çok enteresan bir haber geldi. Korkusunu yenmekle kalmamış, deyim yerindeyse, "abartarak" sualtı dalışlarına bile başlamıştı. Sualtı fotoğrafları çekmek en keyif aldığı hobisi haline gelmişti.

Ama asıl şaşırtıcı haber, ilk mesajından aylar sonra gönderdiği e-postada geldi. Yaklaşık 15 yıldır yaşadığı kronik yüksek tansiyonun normal değerlere döndüğünü ve stabilize olmasının müjdesini benimle paylaştı. Doktorlarının bu duruma inanamadığını söyledi. Zaten bizim yaptığımız sadece onun yaklaşık 20 yıldır devam eden derin su fobisini çözmekti. Vücut eski dengesini bulduğunda, sorunu kendi çözmüştü!

Kanser

Şimdi geldik çok hassas ve belki de hepimizin en çok korktuğu hastalığa!.. 1980'li yıllarda dünya insanları olarak AIDS'ten "korkarken", aslında şu geçen yıllarda belki de başımızı çok daha eski bir "dost?" ağrıttı. Ne yazık ki ağrıtmaya devam etmemesi konusunda da ortam çok fazla ümit verici durmuyor.

Çoğunuzun zaten hücre ve kapasite artırımı gibi ifadeleri okurken, konunun yavaş yavaş kansere geleceğini anlamış olduğuna eminim. Ben bu ve devam eden bölümlerde hem kanserin beyin açısından ne olduğunu, nasıl ve neden beyinden tetiklenebileceğini anlatacağım; hem de genel ve organ bazında kanserleri masaya yatırmaya çalışacağım.

Kanserler de aslında biyolojik programlar

İlerleyen sayfalarda sizlere belki de tüm dünya nüfusunun korkulu rüyası haline gelen kanserlerin de biyolojik programların eseri olduğunu anlatacağım. Size kanser üretme ihtimali olan bu ilkel programları detaylarıyla açıklamaya çalışacağım.

Uyarayım, hem sizi çok şaşırtan bilgilerle karşılaşacaksınız, hem de kanser konusunda epey bir detay bilgi öğreneceksiniz. Ama bu detayları aktarmamın iki amacı var:

Birincisi kanser sürecini iyi anlamanız. Bu çok çok önemli. Çünkü ANLADIĞIMIZ, KONTROL EDEBİLDİĞİMİZ ŞEYDEN KORKMAYIZ! Ancak ne yazık ki, klasik tıp anlayışında kanser tamamen bir muamma olarak duruyor. Nedenleriyle ilgili birçok spekülasyon yapılsa da, aramızdan bazılarımızın neden bu kötü süreci yaşamak zorunda kaldığını ne yazık ki klasik Batı tıbbının tam anlamıyla anladığını düşünmüyorum. Üstüne üstlük çeşitli nedenlerden dolayı, toplumda kansere karşı inanılmaz bir korku oluştuğunu hissediyorum. Evet, korku belki erken teşhis oranını artırıyor. Ancak, "kansere savaş" açarak ne kadar başarılı olduğumuz pek de net değil.

İşin daha da garip tarafı, erken teşhis ettikçe kanser daha sıklıkla duyduğumuz bir hastalık oldu. Çevremizden sürekli, "O da kanser olmuş, şu ünlü de kansermiş" gibi haberler duyuyoruz. O yüzden sizlere kanser oranlarının dünyada ne kadar arttığıyla ilgili sıkıcı istatistikler sunmaya gerek görmüyorum. 1970'li yıllarda ABD'nin en önemli gündemlerinden biri, kansere açılan savaştı. Eski ABD başkanı Richard Nixon'ın başlattığı bu savaşın ne kadar "başarılı" olduğu malumunuz! 1980'li yıllarda gerçekten çok çok az bir olasılık olarak görünen kanser, artık hepimizin oldukça yakın çevresine kadar dayanmış durumda. Sadece aile bireyleri ve akrabaları düşünmek bile yeterli. Herkesin en yakınına kadar gelmiş gibi kanser! Hani hayatta bazı durumlar vardır. Onlardan ne kadar korkarsanız, o kadar üzerinize gelirler ya. Sanki durum buna dönmüş gibi!

Kanser vakalarının neden arttığı konusunda birçok neden öne sürebilirsiniz. Ancak ortaya çıkan sonuç şu ki, kanser konusunda insanoğlu olarak pek de başarılı durumda olduğumuz söylenemez.

Ben ilerleyen sayfalarda size, şu ana kadar sürekli ihmal edilen, ama aslında tüm nedenler arasında en önemlisi olan, kanserin beyinle ilgili bağlantısını anlatmaya çalışacağım.

Umarım öyle değildir, ama şu an bu satırları belki bir yakınınızın ya da kendinizin rahatsızlığı hakkında bilgi almak için okuyor olabilirsiniz. Detaylı olarak anlatmadaki ikinci nedenim, süreci daha iyi anlamanızın yanında, klasik tedavilerinizle beraber kanserin nedenini beyin ve psikoloji boyutunda da çözmek için çaba göstermeniz.

Bunu açıklamak için size daha önce bahsettiğim benzetmenin bir türevini kullanmak istiyorum. Kanseri bir tüpün ısıttığı, içinde su bulunan bir tasa benzetin. Altta ateşin sürekli yanmaya devam ettiğini, mevcut yöntemlerle bunu söndürmek için dışarıdan kimyasallar eklendiğini düşünün. Amacınız, aşağıdaki ateşin neden yandığını bularak onu mümkün olduğu kadar kısmak! Bunun için önce, özellikle bu ateşi yakan anlık bir travmaysa (ki genelde anlık olaylar arıyor olacağız) bu olayları konuşmak, yeniden değerlendirmek bile ateşin belli oranda kısılmasını sağlayacaktır.

Dışarıdan yapılan müdahaleler aslında, o ateşin neden yandığıyla ilgilenmiyorlar. Zaten sağlık sisteminin her insanın beynindeki tüm detaylarla ilgilenmek için zamanı çok kısıtlı. Çünkü her insanın yaşadıkları, hayatındaki travmaları, kendine özel bir bulmaca. Milyarlarca insanın beynindeki bulmacaları çözmek, hem ekonomik olarak pek anlamlı değil, hem de takdir edersiniz ki bunun için büyük bir insan kaynağı gerekiyor. Onlar milyarlarca insana etki eden daha standartlaştırılmış çözümler peşindeler.

Eğer yanıyorsa, kendi ateşimizi söndürmek bizim kendi sorumluluğumuzda! Evet, standart ama işe yarayan tedavileri uygulamalı ve doktorları tabii ki sonuna kadar dinlemeliyiz. Ancak, bir yandan da kendimize özel olanı yapıp sürecin önünü gerçekten açabiliriz. Beynimizi arkamıza aldığımız zaman, yapılabileceklerin sınırları "gökyüzü" olacaktır.

Mevcut kanser paradigması

Kanser hepimizin de bildiği gibi, vücut hücrelerinin kontrolsüz bir şekilde üremeleri sonucu vücutta farklı organlarda "urların" oluşmasıyla meydana gelen bir hastalıktır. Klasik tıp henüz, hücrelerin neden kontrolsüz olarak bölünmeye başladığını tam olarak saptayamamıştır.

Kanser, oluştuğu dokuya bağlı olarak yüzden fazla çeşidi olan bir hastalık grubudur. Kanserler tümörlerin ilk olarak başladıkları organa bağlı olarak sınıflandırılırlar.

Aslında nasıl yayıldığıyla ilgili tam bir kanıt olmasa da, kanser hücrelerinin, civarlarındaki dokulara ulaşarak, kan ve lenf sistemi yoluyla vücudun diğer taraflarına da yayıldıkları varsayılır. Buna metastaz denir.

Sebebi ne olarak bilinir?

Şu anda kabul edilen sebepler özet olarak şunlardır:

- Sigara ve alkol kullanımı
- Radyasyon
- Bazı virüsler
- Kötü beslenme alışkanlığı
- Gıdalardaki katkı maddeleri
- Uzun süre güneş ışığına maruz kalma
- Aşırı dozda röntgen ışınına maruz kalma
- Bazı kimyasal maddeler (katran, benzin, boya maddeleri, asbest vb.)
- Genetik faktörler

Hangi organlarda kanser olur?

Kanser tek bir hastalık olmayıp, vücuttaki tüm doku ve organlarda kanser gelişebilir. (Bu arada ilerleyen sayfalarda neden kalp kanseri, damar kanseri görülmediğini sorguluyor olacağız.)

İyi huylu ve kötü huylu tümör ne demektir?

İyi huylu tümörler kanser değildir. Başka bölgelere yayılmazlar. Tamamen çıkartıldığı zaman genellikle tekrarlamazlar.

Klasik tıp kanserden korunmak için neler önerir?

Kanserden korunmanın iki yolu vardır:

- Kanser yapan etkenlerden kaçınma (sigara, fazla yağ tüketimi, zararlı ışınlar, kimyasal maddeler vb.)
- Erken teşhis

Kanserin en sık görüldüğü organlar nelerdir?

Kanserlerin en çok akciğer, deri, dil, dudak, gırtlak, mide, kalınbağırsak, kan, mesane, meme ve prostatta görüldüğü söylenebilir.

Cinsiyet bazında ayıracak olursak; kadınlarda en çok meme,

rahim ve kalınbağırsak kanserleri; erkeklerde ise en çok akciğer, prostat, mide ve kalınbağırsak kanserleri görülmektedir.

Kanserde üç tür tedavi kullanılmaktadır

- Cerrahi tedavi (kanserli dokuyu alıp çıkartmak)
- Radyasyon (ışın) tedavisi (yüksek doz X ışınları veya diğer yüksek enerjili ışınlar kullanarak kanser hücrelerinin öldürülmesi): Radyasyon tedavisinde kanser hücrelerini öldürmek ve tümörü küçültmek için X ışınları veya diğer yüksek enerjili ışınlar kullanılır.
- Kemoterapi (kanser hücrelerini öldürmek üzere ilaçlar kullanılması): Kemoterapi ilacın haplar şeklinde ağız yoluyla ya da iğne aracılığıyla damar veya kaslara verilmesiyle uygulanabilir. Kemoterapi sistemik bir tedavidir, çünkü verilen ilaç kan dolaşımına girerek tüm vücudu dolaşır ve hedef organlardaki kanser hücreleri dışında vücuttaki tüm kanser hücrelerini ya da sağlıklı hücreleri öldürebilir.

Kanser hakkında yanlış algılar

Birazdan, organ bazında kanser hakkındaki bazı inançları sorgulayacağız. Bu rahatsızlığa aslında çok farklı bir açıdan bakılabileceğini göstermeye çalışacağız. Ama bundan önce kanser algısındaki bazı yanlışları ele alalım.

Kanser insanoğlu tarihi kadar eski

Bazı viral olarak bilinen ve dünya üzerinden kaybolduğu düşünülen hastalıkların aksine kanser hep vardı, belki her zaman da var olacak! (Aslında kaybolduğunu düşündüğümüz birçok hastalık bile hâlâ görülmeye devam ediyor. Belki bu sizi şaşırtabilir ama dünyada her yıl yüz binlerce insan hâlâ veremden ölmeye devam ediyor. Hem de sadece geri kalmış ülkelerde değil!)

İşte bu yüzden, GDO'ya, teknolojinin yarattığı ekstra radyasyona, sigaraya çok bağlı olduğu düşünülse de bunların hiç ortada olmadığı onbinlerce yıl önce de insanlar kanser oluyorlardı.

Sadece insanlar kanser olmuyor

İnsanlar kadar olmasa da, kanser hayvanlar âleminde de sıklıkla görülüyor. Onlarda neden bizimki kadar sık olmadığı sorusunu ilerleyen sayfalarda da veriyor olacağız. Ancak şimdilik bunu açıklamak için çok erken.

Kanser tek bir hastalık değil

Kanser aslında vücudun mutasyona uğramış hücre üretmesine

verilen genel ad. Ancak, her organda işleyişi birbirinden farklı. Tıp dünyası birbirinden çok farklı seyreden birçok rahatsızlığa kanser ismini veriyor. Kitabın sonunda, bu ismin kullanımının değiştirilmesinin "insanoğlunun geleceği" için çok hayırlı olduğu görüşümü sizlerle paylaşacağım.

Tümörler kendiliğinden yok olabilir

Tıp dünyasında ve insanların aklında kanserin ve de özellikle tümörlerin kendiliğinden yok olması mümkün değilmiş gibi algılanıyor. Daha önce teşhis edilen bir tümör eğer kendiliğinden yok olduysa, bu ya bir mucizedir ya da aslında kanser yoktur. Bir başka deyişle, yanlış teşhis yapılmıştır diye düşünülüyor.

Aslında tümörler kendiliğinden yok olabilir! Bu bir mucize değildir. Bunun olabilmesi için doğru şartların oluşması gerekir.

"Hepimiz kanseriz!"

Hepimizin vücudunda hayatımızın her anında kanser hücreleri var. Sadece bunlar belli bir süre sonra vücut tarafından temizleniyorlar. Zaten, vücut eğer yoldan çıkıp abartmadığı sürece bu hücrelerin sağlığımıza hiçbir etkisi olmuyor.

Tamam, kanser insanoğlu tarihi kadar eski, her zaman vardı... Muhtemelen de her zaman olmaya devam edecek. Umarım ilerleyen yıllarda çok daha iyi müdahalelerle, tehlikeli bir hastalık olmaktan çıkabilir.

Yine de bu gerçekle barışalım. Şu an ben bu kitabı yazarken, siz de bu kitabı okurken her ikimizin vücudunda da kanser hücreleri var. Ama bunlar önem teşkil etmiyorlar.

Kanser bir lanet değildir!

Özellikle de, spiritüel çalışma yapan birçok insanla konuşmalarımda, bu insanların çoğunun kafalarında kanseri bir lanet olarak düşündüklerini hissettim. Zira onlara göre kanser sevgisizlikten çıkan, daha sonra kötü duygularla bedeni saran bir lanetti.

Onlar kanserin sadece pozitif enerjiyle temizlenebileceğini söylüyorlardı. Aslında söyledikleri insanların hayatı pozitif görmesi ve kanser hastalığına yakalanmamasına yardımcı olmak adına yararlı olsa da, ana hatlarıyla yanlış bir varsayım üzerine oturtulmuştu.

Aslında kanser bir lanet değildir! Biraz sonra detaylı olarak irdeleyeceğim gibi, beyin, kanseri "iyi niyet" çerçevesinde yaratıyor. Evet, haklısınız. Bu nasıl bir iyi niyettir, sorgulamak lazım.

Yine, "ben bilmem beyin bilir"...

Kanserler de "biyolojik programlar" olabilir mi?

Peki eğer kanser tüm bunlar değilse o zaman ne?

Şu ana kadar aldığım, konuya çok farklı açılardan bakan eğitimlerde ve incelediğim birçok vakada gördüğüm şu ki, kanser gerçekten beynimizin "kapasite artırım çabası". Evet, yanlış duymadınız. Yine ilkel bir biyolojik programla karşı karşıyayız.

Bilinçaltımız tamamıyla iyi niyetli biçimde, belirli bir tehdide karşı olarak bir süreç başlatıyor. Süreçte takılı kalıp, abarttığı zaman ne yazık ki bu durum insanın aleyhine işliyor.

İyi niyetle başlayan bir çaba ne yazık ki, bazı zamanlar felaketle bitiyor.

Önemli Uyarı:

Bu bölümde kanserlerin beynin ilkel programları olarak nasıl tetiklendiğinden bahsediyoruz.

Bunun yanında, travmalar tarafından başlatılan ilkel programların kanserin tek sebebi olduğu söylenemez. Zira, radyoaktivitenin kanserleri tetiklediği kanıtlanmış bir gerçektir.

Diğer nedenlerin ne kadar geçerli olduğunu sorarsanız, beklemek gerekir derim. Bu konuda da yeni bir "kolesterol vakası" yaşanabileceğini düşünüyorum.

Kanser başlatan "ilkel programlar"

Biraz önce kanserin her organda olabileceğini söylemiştik. Metastaz kelimesinin anlamını açıklarken bunun "kanserin kan dolaşımı ve lenf sistemi" üzerinden yayılması olduğunu anlatmıştık.

Siz çevrenizde hiç "kalp kanseri" olan birisini duydunuz mu? Muhtemelen hayır! Zira bu vakaların sayısı o kadar nadir ve ilgili literatür o kadar kısıtlı ki, kalp kanseri diye bir şeyin bu dünyada var olmadığı bile varsayılabilir.

Peki eğer kanser hücreleri en çok kan dolaşımından yayılıyorsa, nasıl oluyor da kalp kanseri en yaygın görülen türlerden biri olmuyor? Kalbinde kanser olan kimseyi duymuyoruz? Neden bu "saldırgan" ve "kötü niyetli" kanser hücreleri kalbe tutunup orayı da etki altına almıyorlar? Sonuçta kan dolaşımı üzerinden yayıldıklarına göre, kanın en çok geçtiği, vücuttaki kanın bir anlamda "evi" sayılacak yerde kanser olmaması biraz garip değil mi sizce de?

Acaba kanserin gerçekten belirli bir organda başlaması, devam etmesi bir kontrol mekanizması olabilir mi?

Özellikle Avrupa'da tanıştığım, içlerinde çok önemli doktorların da bulunduğu birçok profesyonel, çoğu vakada kanserin başlamasının ve ilerleme şeklinin tesadüfi olmadığını düşünüyor. Onlara göre, kalpte çok nadir olarak kanser görülmesi de tabii ki tesadüf değil! Benim düşünceme göre de öyle!

İlkel biyolojik programlar, ilkel biyolojik programlar, ilkel biyolojik programlar...

Evet, bu tanımdan sıkılmış olabileceğinizi düşünüyorum. Sizi daha çok zorlamak, kafanıza daha fazla sokmak adına başlığı da bilerek abarttığımı söylemeliyim. ☺

Kitabın başından beri bilinçaltımızın ilkel tepkiler verdiğini, pireyi bazen deve yaparak, ilgisiz konulara ilgisiz cevaplar verdiğini söyledik. Kanserin nasıl oluşabileceğini yeniden hayvanlar dünyasına atıfta bulunarak anlayalım.

Aslandan kaçan bir geyik

Bir geyiğin aslandan kaçmak zorunda kaldığını düşünelim. Geyiğin vücudunda böyle bir durumda nasıl değişiklikler olurdu?

Tabii ki kalbi, kaçabilmesi için daha hızlı çarparak iç organlardaki kanı bir an önce ayaklarına pompalamalı... Başka?

Yine beyin, onun daha hızlı koşabilmesi için akciğerlerin kapasitesini geçici olarak artırmak isteyebilir. Bunu nasıl yapabilir? Ekstra akciğer hücresi yaratabilir.

Geyiğin önünde iki ihtimal var. Birincisi aslana yemek olmak. İkincisiyse kaçıp kurtulmak. Peki kaçıp kurtulduğu zaman ne olacak?

Hızlı kalp atışı normale dönmeli. Tabii ki akciğer de. Bir başka deyişle, kapasite artırımı için oluşturulan yeni hücreler yok edilmeli. Peki beyin hangi hücrelerin yok edilmesi gerektiğini nereden bilecek?

Acaba oluşturulan hücreler normalden farklı olsaydı bu yardımcı olabilir miydi?

Evet, bu oldukça mantıklı. Böylece beyin sadece yeni oluşturulan hücreleri yok ederdi ve her şey eski haline dönerdi.

Peki, örneğimize dönelim. Geyiğin beyni hiçbir zaman tehlikenin geçmediğini düşünseydi ne olurdu?

İlk olarak, geyik kalpten gidebilirdi. Peki ya hücre üretimi?

Tahmin ettiğiniz gibi, geyiğin beyni de hücre üretmeye devam ederdi... Ortaya ne çıkardı derseniz, cevabımız, akciğer kanseri olurdu.

Aslında hayvanlarda daha az kanser görülmesinin en büyük sebebi, onların beyinlerinin çok daha basit, tehditlerinin bize göre çok daha ilkel ve fiziksel olması. Böylece süreçte takılı kalma olasılıkları çok daha az.

Bu arada vücudumuzun tehditlerde farklı yapıda "kanser hücreleri" üretmesinin bir mantığı var. Tehlike bittiği zaman onları vücuttan temizleyebilmek! Çünkü onları ayrıştırması gerekiyor.

Vücudumuzda hissettiğimiz hastalıkların kendi içinde tutarlı nedenleri var. Aslında hastalıkların önemli bölümünü, sanki bir araba motorundaki bir parçanın eskimesi gibi, o organlarımız bozulduğu için yaşamıyoruz. Tabii ki yaşlandığımız zaman vücudumuzda bir eskime durumu oluyor. Ancak, 15-20 yaşında karaciğer ya da böbrek yetmezliği olan birinin hastalık yaşama sebebi, organlarının eskiyip bozulması değil.

Bu çoğu zaman içten gelen bir tepki. Beynimiz bir program başlatmaya karar veriyor, organlarımız buna uyuyor!

Aynı organın farklı dokuları

Kanserleri incelerken organların farklı dokularına bakmak gerekir.

Beyin tarafından bakan biri olarak, kanseri sadece organ bazında değerlendirmemek gerektiğini düşünüyorum. Tabii ki, belirli gruplandırmalar olsa da (iyi ya da kötü huylu oluşu ya da yayılma şiddeti ve derecesiyle ilgili olarak), organın tam olarak neresinde kanserli dokuya rastlandığına da daha detaylı olarak dikkat etmek gerekiyor.

Kitabın başından itibaren, organların tek bir bütün olmadığını, çeşitli dokuların ve fonksiyonların farklı zamanlarda ortaya çıkıp, beynin farklı kontrol merkezlerinden yönetildiğini söyledik. İşte tam da anlatmak istediğim şey bu... Organların farklı bölümleri birbirinden tamamen zıt davranışlar sergiliyor. Aynı organın bir dokusu stres döneminde kanseri tetiklerken, başka bir dokuysa sorun çözüldüğü zaman kanseri ortaya çıkarıyor.

Aslında herhangi bir organda, o organın yapısına göre dört beş farklı dokuda kanser çıkma ihtimali olabilir. Ve her dokudaki kanserin birbirinden farklı biyolojik programların sonucu olduğunu söyleyebilirim. Mesela, akciğerde alveol hücrelerinde, bronşlarda ya da akciğer zarında oluşan kanserler birbirinden çok farklı.

Kanser hangi fazda ortaya çıkıyor?

Sayfalar önce, çeşitli hastalıkların biyolojik programların çeşitli dönemlerinde yaşandığını söylemiştik. Bazı hastalıklar stres, bazıları iyileşme döneminde, bazılarıysa iyileşme krizi döneminde yaşanıyordu.

Daha sonraki sayfalardaysa, dokuların beynin hangi bölümünden kontrol edildiğine göre, hangi dönemde hücre veya fonksiyon artırdıklarını belirlemiştik. Buna göre eski beyin (beyin sapı, beyincik) tarafından yönlendirilen dokularda stres döneminde hücreler artıyor, iyileşme dönemindeyse bu hücreler temizleniyordu. Yeni beyinden yönlendirilen dokularda ise tam tersi şekilde ilk dönemde hücre azaltıyor, sonra hücreler yerine konuyordu.

Yani hangi kanserlerin hangi dönemde ortaya çıktığını anlamamız o kadar da zor değil. Bir başka deyişle eski beyin tarafından yönetilen dokular stres döneminde kanser yaratabiliyorken, yeni beyinden yönetilen dokular da iyileşme döneminde (yani çözümden sonra) vücut her şeyi toparlarken kanseri ortaya çıkarıyorlar.

Bizim bundan sonra yapacağımız en büyük gruplandırma, hangi kanserin hangi fazda olduğuyla ilgili olacak.

Stres dönemi kanserleri

Akciğer (alveol), mide, meme (bezler), bağırsak, kolon, tiroit, pankreas, böbrek (toplama tüpleri), cilt (melanom), prostat ve rahim kanserleri stres döneminde görülen en yaygın kanserler.

Stres dönemi kanserlerinin en önemli özelliği, ne yazık ki beyin sorunu çözene kadar hücre üretiminin devam etmesi. Bir şekilde beyine, sorunun çözüldüğünü anlatana kadar beyin stres döneminde takılı kalıyor. İşte bu yüzden, bu tür bir kanser tipiyle karşı karşıyaysak klasik tıbbın yöntemleriyle beraber, ana travmanın da tespit edilerek temizlenmesi çok ama çok önemli.

Kemoterapi, radyoterapi ve cerrahi gibi yöntemler dışarıdan gerçekleştirilen tedaviler. Buna ek olarak, ilkel programı başlatan travma üzerinde de çalışılması büyük fayda sağlayacaktır. Çoğu zaman, en etkili tedavi beyine, vücudu içine soktuğu ya da kronikleştirdiği ilkel programın gereksiz olduğunu gösterebilmek olacaktır.

Bunun yanında stes dönemi kanserlerinin ortak özelliği biyolojik program iyileşme dönemine girer girmez gece terlemeleri görülmesidir.

Bu tür kanserlerde gece terlemelerine girmek beyinde sorunun çözüldüğünün ve her şeyin yoluna gireceğinin işareti olarak görülmeli ve kutlanmalıdır.

İyileşme dönemi kanserleri

Akciğer (bronş), meme (duktal), böbrek (parankim), kemik, lösemi, cilt (bazal hücre), rahim ağzı, testis, yumurtalık kanserleriyse iyileşme dönemine aitler.

Hastalığın ya da kanserin iyileşme dönemine ait olması demek, aslında travmanın beyinde zaten çözüme ulaştığı anlamına geliyor. Fazla hücre oluşumu, travma beyinde çözülür çözülmez başlıyor. Ve ne kadar devam edeceği travmanın yoğunluğu ve stres döneminin uzunluğuna göre değişiyor.

Programı başlatan travmanın bulunması, beynin bu olayın bittiğini bilmesi açısından yine de önemli. Yapılabilirse, travmanın etkisinin beyinden temizlenmesi de biyolojik programın tekrar tekrar başa dönmesini engelleyecektir. (Beyinde olayı tetikleyen bir travmaya ait duygular olmadığı için).

İyi huylu, kötü huylu? Saldırgan? İyi aile çocuğu?

Aklınızda birçok soru olduğuna eminim. Peki o zaman bu resimde iyi huylu, kötü huylu tümörler nerede duruyor diye düşünüyor olmalısınız.

Kötü huylu tümör derken, bu, büyümeye devam eden tümörleri anlatıyor. Eski beyinden kontrol edilen tümörler eğer stres döneminde, bir başka deyişle hücre üretimi devam ederken bulunurlarsa, bunlar "kötü huylu" olarak adlandırılıyorlar. İyileşme döneminde hücre üreten, yeni beyinden kontrol edilen tümörler de yine aynı şekilde değerlendiriliyor.

Peki ya iyi huylu olanlar?

Programlarını tamamlamış, ama tam olarak vücuttan temizlenememiş olanlar (büyümeye devam etmedikleri için) iyi huylu tümör ya da kist olarak adlandırılıyorlar. Bunlar genelde vücuttan temizlenememişlerse, vücut tarafından bir kese içerisine alınıyorlar. Vücutta herhangi bir tehlike teşkil etmiyorlar.

Şimdi bazı kanserleri organ bazında inceleyelim ve farklı dokuların oluşturabileceği kanserleri görelim. Detaylı inceleyemeyeceğimiz organlarıysa, kitabın sonunda detaylı bir tabloda sizlerle paylaşıyor olacağım.

Akciğer kanseri

Madem geyiğin nefes alamadığı bir örnekten, akciğerden bahsettik, onunla devam edelim. Akciğerdeki iki çok önemli dokunun biyolojik programlarını inceleyelim.

Alveol programı

Bu programın detaylarına girmeden önce alveol ne demek onu hatırlayalım.

Çok kısaca, alveoller akciğerlerimizde bulunan, karbondioksitli kanın temizlenmesinde görevli kesecikler. Alveol dokuları eski beynimizin en eski bölümü "beyin sapı" tarafından kontrol ediliyor.

Eski beyin olduğunda aklınıza gelmesi gereken, sorun başlar başlamaz ilk dönemde hücre ya da fonksiyon artırılması olmalı. Peki bunu ne zaman yapabilir derseniz, gerçekten "ölüm tehdidi olduğunu hissettiği zaman" derim.

Akciğerden başlayan programlar ölüm korkusuyla ilgili. Çünkü beyin nefes alamamakla ölümü birbirine eş tutuyor. Yaşamın sona ereceğinden korkulan, özellikle de nefes alamayarak ölmekten korkulan anlarda beyin bu programı başlatabiliyor. Evet, akciğerin en önemli programının en önemli teması "ölüm korkusu". Gerçekten yaşamımızın sona erebileceğini hissettiğimiz, özellikle de beynimizin bunu "nefes" ile ilişkilendirmesinin mümkün olduğu zamanlarda bu program başlayabiliyor. Aslında biraz önce geyiğin aslana karşı olan mücadelesinde de bahsettiğimiz gibi, bu programın asıl amacı tamamen anlık tehlikelere karşı "hızlı kaçabilme"yi mümkün kılmak!

Bizim beynimiz yaşamı oksijen olarak belirlemiş. Zaten o olmadığında ortalama bir dakika sonra yaşamımız bitiyor. Bu açıdan, herhangi bir yaşam tehdidi olduğu zaman, beynin ilk önce oksijenine ve akciğere şartlanmış olması bizi şaşırtmamalı.

Stres dönemi

Eğer "ölüm korkusu" yaşanan bir travma gerçekten yoğun bir şok, çaresizlik içinde yalnız olarak tecrübe edilirse beyin bunu ne yazık ki fazlasıyla ciddiye alabiliyor.

Akciğerin bu biyolojik programının ilk evresinde, biraz önce söylediğimiz gibi hücre üretimi yaşanıyor.

İyileşme dönemi

Peki ya travma beyinde çözüldükten sonra?

Beyin sapından kontrol edilen programların özelliği, ilk dönemde üretilen hücrelerin temizliğinin iyileşme döneminde tüberküloz bakterisi ya da mantarlar aracılığıyla yapılması. Hangi organ olursa olsun, beyin sapından kontrol edilen iyileşme süreci tüberküloz bakterisi ya da mantarlar aracılığıyla yapılıyor. (Bu arada beyin sapından kontrol edilen kanserler tıp dilinde adenokarsinom olarak adlandırılıyorlar.)

Eğer vücutta yeterince tüberküloz bakterisi bulunuyorsa, beyin çözüm sonrası bu bakteriler aracılığıyla belli oranda tümörü zaten küçültüyor. Eğer programlar tetiklenmez ve kronikleşmezse, bu tümörler tamamen de yok olabiliyorlar. Bu, programın şiddetine ve yaşanan iyileşme sürecinde kullanılacak yeterince bakteri olup olmadığına göre değişiyor.

Ancak akciğer kanserinin iyileşme sürecinde, tamamen tüberküloz hastalığının belirtileri gözüküyor. Kan tükürme, öksürme, gece terlemesi bu dönemin en önemli belirtileri. Özellikle, gece terlemesinin başlaması tamamen, tüberküloz bakterisinin tümör üzerinde çalıştığı anlamına geliyor.

Takdir edersiniz ki, pek kolay bir süreç değil bu. Ancak anlaşılması gereken aslında bu dönemin bir sonu olduğu. Her ne kadar "sert bir kış" olarak geçse de, hava bir şekilde bahara ve yaza dönecektir. Dönmelidir...

Ölüm korkusunun, zaten programı başlatan ana tema olduğunu biliyoruz. Hissedilen ölüm korkusunun neyi tetikleyebileceğini ve çok daha kötüleştirebileceğini tahmin ettiğinize eminim.

Tabii ki akciğer alveol programını!

Domino taşları...

İstatistiklere göre, en yaygın ikincil (metastaz) kanserlerden biri akciğer kanseridir. Hatta tedavi sürecinde ilk kanserden ziyade, çoğu zaman kanserin akciğere sıçraması sorun yaşatır.

Bunun yaşanmasında, ilk kanseri öğrenmenin yarattığı travmanın çok ama çok önemli olduğunu düşünen birçok sağlık profesyoneli olduğunu söylemeliyim.

Ne yazık ki çoğu zaman, kanser olduklarını öğrendiklerinde hastalar o kadar zorlu bir süreç yaşar ki, bu yaşadıkları travma, ilk kanseri tetikleyen travmadan çok ama çok daha güçlü olabilir. Daha önce anlattığım gibi "ölüm korkusu". Size, "Maalesef kansersiniz" diyen doktorun sözleri karşısında yaşadığınız şok ve korkunun sonucu!

İşte burada ne yazık ki, bir anda bütün hayatının mahvolduğunu düşünen kişinin sağlığını toparlamak çok güç olabilir. Tıpkı dağılmaya başlayan domino taşları gibi. Ama duruma bir de iyi tarafından bakalım. Eğer sadece ve sadece tek bir domino taşını güçlü tutabilirsek, asla yerinden kıpırdamamasını sağlayabilirsek, devrile devrile gelen domino taşları o noktada durabilir de. Taşların dağılmasını engelleyebileceğimiz gibi, biz de bu süreci bozabiliriz.

Bozmalıyız...

Tam da bu yüzden kişinin moralinin iyi olmasının, bunun sadece biyolojik bir program olduğunu bilmesinin, her şeyin kontrol altında olduğunu hissetmesinin önemi çok ama çok büyük.

Beyin hangi yöntemle olursa olsun, güvenip, sürece güvenle

teslim olduğunda, her şeyin iyi olduğuna inandığında, bahsi geçen "ilkel programlar" çok daha az tetikleniyor ve çok daha seyrek olarak kronikleşmeler yaşanıyor.

Herhangi bir travmanın beyinde ilkel program başlatması beynin olayı dramatik, şok edici bulmasına, insanın kendisini yalnız ve çaresiz hissetmesine bağlı demiştik. Peki sizce şoklar yaşasa da hayata güvenen, kendine ve çevresine inanan, hayatta her şeyin bir çaresi olduğunu düşünen bir insanın beyni yaşadığı büyük bir travmayı ne kadar ciddiye alır?

Kesinlikle daha az...

Beyin anlık bir şok ile beynin kontrol merkezlerine "röle" atasa bile, o programların kendi kendine büyümeden beyinde çözülmelerini de sağlayabiliyor. Mesela, şok eden bir travmayla ölüm korkusu yaşadığı için vücudunda biyolojik program başlayan bir insan, eğer hayata ve gidişata tüm kalbiyle güvenen birisiyse, beyin zaten çok fazla karışıklık yaratmadan biyolojik programı kendiliğinden kapatabiliyor.

Peki kişinin varlığının tehlike altında olduğunu hissetmesi ya da hastanede tek başına kalarak yalnızlık duyması?

O da ödem sendromunu tetikleyecektir. "Kilo sorunları" bölümünde anlattığımız, böbreklerin gereğinden fazla su tutma, ödem yapma isteğinden bahsediyorum. Bu da semptomların, var olan durumun çok daha sertleşmesine neden olacaktır.

Şimdi akciğerlerde çıkabilecek ikinci biyolojik kanser programıyla ilgilenelim.

Bronş programı

Bronş soluk borusunun ikiye ayrıldığı yerden başlayıp, çapları 1 milimetre oluncaya kadar dallanarak devam eden, çeşitli çap ve uzunluktaki nefes boruları.

Programı başlatan ana tema kadınlar için genel, erkekler içinse "bölgesel" bir korku. Kadınların korktuğu her konu buna dahil olabilir. Erkekler içinse, bizzat korunulan alana saldırı olması gerekiyor.

Bronşların programı korteksteki kontrol merkezi tarafından yönlendiriliyor.

Stres dönemi

Korteksteki bu "operasyonun" amacı havanın daha rahat geçmesini sağlamak. Yine kanal açıyoruz, tek yaptığımız aslında bu. Bu dönemde stres döneminin standart belirtilerinin dışında çok özel bir şey yaşanmıyor.

İyileşme dönemi

Ama işler iyileşme döneminde biraz karışıyor. İyileşme döneminin en büyük belirtileri, dokuların şişmesi ve ödemden dolayı bronşların kapanarak "nefes darlığına" sebep olması.

Ayrıca beynimiz, benzer bir şekilde bronşit semptomlarını da bu şekilde tetikleyebilir. Eğer çok fazla ödem ve gerçekten vücutta halihazırda devam eden "ödem sendromu" programı varsa, bu durum zatürreeye de dönebilir.

Henüz kanserden bahsetmedik. Eğer yaşanan program gerçekten şiddetliyse ve beyinde çözülmesi çok uzun sürdüyse, işte o zaman bu programın iyileşme döneminde bronş kanseri görülüyor.

Burada sizi korkutmak istemem, bronşit ile bronş kanserini aynı programa koymamızın nedeni her ikisinin de benzer programla beyinden tetiklenebileceğini göstermek amaçlı. Ama şunu da söylemek gerekiyor. Zira bir programın bronşit yerine kanser yaratması için katbekat daha çok güçlü olması, daha önce bahsettiğimiz dört şartı (şok, yalnızlık, çaresizlik, dramatiklik) fazlasıyla yerine getirmesi gerekiyor.

Alveol akciğer kanserine göre, bronş akciğer kanseri aslında çok daha kolay atlatılabilecek bir hastalık. Zira, zaten sorun çözüldükten sonra kanser başladığı için, hücre oluşumunun belli bir süre devam edip durması gerekiyor.

Plevra programı

Akciğerde bir diğer kanser de, akciğer zarında görülüyor. Buna plevra kanseri ismi veriliyor. İlerleyen sayfalarda göreceğimiz gibi, içderimiz gibi organları korumak üzere bulunan tüm zarlar eski beyinde "beyincik" tarafından kontrol ediliyorlar. İlk dönemde "kalkanı kalınlaştırmak" adına yeni hücre üretiyorlar. İyileşme dönemine girilirse, oluşturulan ekstra hücreler yok ediliyor.

Akciğer kanserine karşı ne yapabiliriz?

Öncelikle ne tür kanser yaşanırsa yaşansın, yapmamız gereken en önemli şey "sakin kalabilmek". Mevcut tedavilere devam ederken, aslında bunun beynin biyolojik programları olduğunu bilmek çok ama çok önemli. Morali yüksek tutmak adına sizinle bu kitabın sonunda paylaştığım şekilde endişe ve korkularınızı temizleyecek uygulamaları yapmanızı, teşhis sırasında yaşanan travmayı temizlemenizi öneririm. Bununla beraber, internette araştırma yaparak gereksiz bilgilere boğulmaktan uzak durmanız, meditasyon veya yoga ile rahatlamanız, kendi inançlarınıza göre ibadet etmeniz, sizi rahatlatan aktivitelerin keyfini çıkarmanız çok ama çok yararlı olacaktır.

Bununla beraber, kanserin hangi dokuda yaşandığını bilmek oldukça önemli olacaktır. Bu şekilde içinde bulunduğunuz biyolojik programı ve gidişatı anlamış olacaksınız.

Alveol dokusundaysa

Kanserli bölge "alveol" dokusundaysa, biyolojik programın hangi döneminde olursanız olun, "ölüm korkusu" yaşanılan travmanın bulunarak etkisiz hale getirilmesinin tedavi sürecine büyük katkıları olacaktır. Bu arada, kanserin "birincil" bir kanser mi, yoksa "metastaz" mı olduğu, üzerinde çalışılması gereken travmanın belirlenmesinde değişiklikler yaratacaktır.

Buna göre genellikle birincil akciğer kanserlerinde, bu durumu tetikleyenin, geçmişte "ölüm korkusu" yaşadığınız anlık bir travma olması olasıdır.

Ama eğer "ikincil", yani metastaz yapmış bir akciğer kanseri yaşanıyorsa, ilk kanser teşhisinde yaşadığınız "ölüm korkusu" da oldukça önem kazanacaktır. Zira, beyninizde ikinci kanseri tetikleyen ana travma, teşhis anından sonra yaşananlar olabilir. Bu açıdan kesinlikle bu dönem yaşananlar üzerinde çalışılmalıdır.

Bununla beraber, akciğer kanserlerinde "ödem sendromundan" uzak durabilmek için de, korkularınızı temizlemelisiniz. Beyin eğer "varlığın tehlikede olması" gibi bir durum üzerine, vücutta ekstra sıvı tutmaya karar verirse, bu da iyileşme dönemlerinde zatürree yaşanmasına sebep verebilir.

Alveol biyolojik programının iyileşme döneminde, gece terlemeleri yaşanır. Bu aslında kanserin bakteri yardımıyla küçültüldüğü anlamına gelmektedir. Böyle bir durumda korkmaktan ziyade, aslında vücudun gerekeni yapmaya çalıştığını bilmek ve sakin kalmak, güvenmek çok önemli.

Bronşlardaysa

Sorunun bronş dokusunda olduğunu öğrenirseniz, aslında daha az sıkıntılı bir durumla karşı karşıya olduğunuz söylenebilir. Bunun nedeni, bu durumu başlatan ana travmanın zaten çözülmüş olmasıdır. Beynin o travmayı çözdüğü için iyileşme dönemine geçerek hücre üretimini başlatmış olduğu anlamına gelecektir bu.

Böyle bir durumda, beynin biyolojik programın şiddetine göre belli bir süre boyunca hücre üretmesi normaldir. Ana travma sürekli tetiklenmediği ve program kronikleşmediği sürece, hücre üretiminin belirli bir seviyede durması beklenmelidir.

Programın ana travmasının kadınlar için genel, erkekler için "bölgesel korku" olduğunu söylemiştik. Tıbbi tedavilerin yanında, bu durumu tetiklediğinden şüphe duyulan travmalar üzerine çalışmak oldukça önemlidir. Böylece, biyolojik programın kronikleşmeden bir noktada durmasına ve sonlanmasına yardımcı olunacaktır.

Plevradaysa

Diğerlerine göre daha az rastlanan bu durumda, özellikle bu duruma sebep olduğunu düşündüğünüz saldırı travmasının farkına varmak ve bunun üzerinde çalışmak çok yararlı olacaktır. Bu çoğu zaman, büyük bir ameliyat korkusudur. Kanserli bölgeye neşterle girilme ihtimali de aslında büyük bir travmadır. Bunu yaşayan kişinin psikolojisi bozulabilir. Bu korkuyla ilgili olarak da çalışılmalıdır.

Meme kanseri

Meme kanserleri kadınların en büyük korkularından biri. Ama çok iyi biliyorum ki burada öğrenecekleriniz tünelin sonundaki ışığı görmek için size yol gösterecek.

Konuya, meme kanserlerinin yüzde 80'i yeni beyin tarafından tetiklenirken, kalan yüzde 20'sinde eski beynin bu konudaki "günah keçisi" olduğunu söylemekle başlayalım.

Süt kanallarının programı

Yüzde 80'i ilgilendirdiği için konuya "duktal karsinom" ile başlayalım. Sütü meme başından dışarı taşıyan meme kanallarındaki hücrelerde gelişen duktal karsinom yeni beyinde korteks tarafından yönetiliyor.

Bu programı başlatan ana tema, "sevdiğinden ayrı kalmak". Tabii burada senaryoyu biraz açmak şart. Beynimiz sevilen kişiyi aslında bir anlamda çocuğu gibi görüyor ve süt ile beslenmesi gerektiği varsayımıyla hareket ediyor. Saçma mı geldi? Belki öyle ama daha kitabımın başında beyinden bilgece bir tavır beklememek gerektiğini söylemiştim. Bilinçaltımız soyut kavramları bile basite ve genele indirgediği için aynı kuralı sadece lohusa döneminde beslenmesi gereken bir çocuk için değil, ayrı kaldığı tüm zamanlarda tüm sevdikleri için uygulayabiliyor.

Memelerde baskın el kuralı geçerli. Alkış testini uygulayıp baskın elinizi bulduktan sonra, hangi memede sorun yaşandığı bu durumu başlatan travmayı net olarak tespit etmenizi sağlıyor.

Şu an sizlerle paylaştığım konuyu öğrendiğim ve araştırdığım süre boyunca, birçok meme kanserli kadınla baskın el kuralını şahsen test etme şansım oldu. Baskın el kuralının özellikle de meme kanserlerinde şu ana kadar yanıldığına şahit olmadım.

Saniyeler süren bir test ile, kişilerin hangi göğsünde kanser olduğunu, baskın ellerini öğrendikten sonra bu olayı başlatan travmanın takriben kaç sene önce yaşandığını söylememin (travmanın zamanlamasını bilmem için tabii ki meme kanserinin türünü de öğrenmem gerekir) onları ne kadar şaşırttığını anlatamam. Bu kadar bir öngörünün bile onlarda, "Evet bu hastalığı tetikleyen gerçekten de benim beynim, yaşadıklarımmış!" inancını pekiştirdiğini söylemeliyim.

Stres dönemi

Büyük şok ve yoğun bir duygusallık içerisinde bir ayrılık yaşanıyor. Bilinçaltı, çocuğu olarak gördüğü kişiyi artık besleyemeyeceğinden, memelerdeki sütün tıkanıklık yaşamadan daha kolay şekilde dışarı akması için duktal kanalları genişletmeye karar veriyor. Tabii ki bunu daha önce bahsettiğimiz, korteks tarafından kontrol edilen dokuyu azaltarak yapıyor.

Bu dönem aşırı yoğun bir şekilde geçmediği sürece pek bir belirti göstermiyor. Şiddetli programlarda biraz ağrı görülebiliyor.

İyileşme dönemi

İşte programın, asıl duktal karsinomun tespit edildiği dönem şimdi. İlk dönemde eksilen hücreler yerine konurken, "bir iyileşme dönemi klasiği" ödem, ağrı ve kızarıklıkla duktal karsinom kendini fazlasıyla belli ediyor.

Özellikle ödem sendromu da varsa (yani vücut fazla sıvı tutuyorsa), bu durum biraz daha korkutucu bir görüntü yaratabiliyor. Ama unutmayalım, duktal karsinom aslında bir iyileşme belirtisi. Kronikleşmediği sürece, bu program belli bir süre sonra zaten kendiliğinden sona erecek. Bu açıdan her şeyin yolunda olduğunu bilmek çok ama çok önemli. Böylece hem ekstra travmalar yaşanıp yeni programlara sebebiyet verilmeyecek, hem de ödem sendromunun belirtileri daha da kötüleştirmesi engellenecektir.

Süt bezlerinin programı

Süt bezleri eski beyinde "beyincik" bölümünden kontrol ediliyor. Peki, tehdidin ana teması sizce ne olabilir? Yeterince süt verememek gibi bir şey olmalı öyle değil mi? En azından bir şekilde bu konuya dokunmalı.

Evet bu programın ana teması, sevdiklerinin tehlikede olması. Kadınlar buna biyolojik olarak "süt vermeye çalışarak" tepki veriyorlar. Bunun için de süt bezlerini daha aktif çalıştırmak gerekiyor.

Bu arada bu programın çalışmaya başlaması sadece sevdikleri için değil, ev ya da çocuk olarak gördükleri her şey için geçerli olabilir. Unutmayın ki, işini çocuk olarak gören biri işinde sorun yaşarsa da beyninde bir "kariyer kontrol merkezi" olmadığı için, beyin buna biyolojik olarak süt artırarak tepki verecektir.

Kontrol merkezi beyincikte olduğu için baskın el kuralı burada da geçerli. Böylece bu süreci başlatan travmanın doğası hakkında daha fazla bilgiye sahip olabiliyoruz.

Stres dönemi

Bu dönemde beynin amacı süt üretebilecek hücrelerinin sayısını artırmak. Yine de bu dönemde genelde herhangi bir belirti yaşanmıyor. Bu tip kanseri stres döneminde yakalayan birisi gerçekten çok erken davranmayı başarmış oluyor. Başka türlü bir belirti henüz anlaşılamadığından bu dönemde kişi genellikle vücudunu kendi kendine muayene ederken ya da görüntüleme teknolojileriyle sorun tespit edilebiliyor.

İyileşme dönemi

Normal şartlarda çoğu insanın süt bezi programını fark ettiği nokta "ilk iyileşme döneminde" hücrelerin şişmesi, ödem yapmasıyla yaşanıyor. Burada hissedilen kötü bir koku, ağrı, iltihap benzeri rahatsızlık veren bir durum oluyor.

Aslında bildiğiniz gibi, zaten ödem, şişme olan noktada kanserli hücre oluşumu bitmiş, program iyileşme döneminde. Bakteriler de işbaşında, tümör üzerinde çalışıyorlar. Ancak, özellikle bu noktada "teşhis korkusu" devreye giriyor.

Sadece doktora gitmek değil, bunun kendi bedeninde farkına varılması da başlı başına çok büyük bir travma. "Aman Allahım, benim de mi başıma gelecekti!" İşte burada, beyindeki bütün kanser imajları, olabilecek tüm senaryolar devreye girerek, bunu yaşayan kişiye çok büyük travma yaşatıyorlar.

Peki ya bu travma ne yaşatıyor dersiniz? Ölüm korkusu? Varlığının tehlikeye girmesi?

Özellikle böbrekler de ödem sendromu ile devreye girerse, ödem de ciddi bir şekilde artarak tüm bu süreci kısırdöngüye sokuyor.

Meme kanserine karşı ne yapabiliriz?

Meme kanserlerinin yüzde 80'inin duktal karsinom olduğunu söyledik. Bu şu anlama geliyor. Aslında, meme kanserlerinin yüzde 80'i travma beyinde temizlendikten sonra ortaya çıkıyor. Bu, sakin kalabilmemiz için çok ama çok önemli bir neden. Zaten beynimiz sorunu çözmüş. Bizim tek yapmamız gereken, onun kronikleşmesini önleyebilmek.

En önemli görevimiz de bu durumu tetiklediğini düşündüğümüz "ayrılık" travmasını tespit etmek. Bunu yapabilmek için, baskın el testiyle ayrılığın anne/çocuk tarafında mı, baba/eş tarafında mı olduğunu tespit etmek önemli. Sadece bu durumun farkına varmak bile tedavide çok ama çok büyük yarar sağlayacaktır. Bunun yanında, tespit ettiğiniz ayrılık travması üzerinde çalışıp ayrılık sırasında ve belki hâlâ yaşadığınız duyguları temizlemenizi tavsiye ediyorum.

Süt bezlerinden kaynaklanan kanserlerde, buna sebep olan travmayı tespit edip çalışmanızı öneriyorum. Burada, baskın el kuralına göre hangi sevdiklerinizin tehlikede olduğunu anlayıp çalışmalarınızı bu minvalde yoğunlaştırmanızı tavsiye ederim. Yaşanan travmayı, uygulama bölümünde paylaştığım NeuroFormat® hikâye tekniğiyle temizleyerek, beyni hızlı bir şekilde iyileşme dönemine sokabiliriz.

Bu arada şunu söylemek gerekir ki, çoğu zaman süt bezlerinden kaynaklanan kanserler stres döneminde pek bir belirti vermez. Biyolojik programın çoğu zaman zaten iyileşme döneminde tespit edilirler. Yapmanız gereken, sakin kalmak, mevcut tedavilerinize ve hayata güvenmeye devam etmek olacaktır.

Eski beyinden tetiklenen bir biyolojik program olduğu için, iyileşme döneminde gece terlemeleri yaşanacaktır. Bu durumu yaşadığınızda, artık her şeyin döndüğünü ve tümörün temizlendiğini, işte bu yüzden terlemeleri yaşadığınızın farkında olun.

Bir göğüs kanseri hikâyesi

Sizinle bu bakış açısını paylaşmamın sebebinin, baktığım yüzlerce farklı vakada bu bakış açısının doğruluğunu teyit etmem olduğunu söylemiştim. Özellikle de meme kanserlerinde, baskın el testini yaptıktan sonra kişinin yaşadığı olayı çok isabetli bir şekilde tahmin edebildiğimi söyleyebilirim. Hatta, meme kanserinin tipini, böylece hangi dönem kanseri (stres ya da iyileşme dönemi) olduğunu öğrendikten sonra yaşanan olayın zamanlamasını da, benimle paylaşılmadan önce şaşırtıcı şekilde bana danışan kişiye anlattığım birçok durum yaşadım.

Yaklaşık 2,5 sene önce, eşinin ısrarıyla benimle çalışmaya başlayan 35 yaşlarında bir kadın danışanımın hikâyesini paylaşmak istiyorum. Kendisi bana ilk geldiği zaman, duktal kanser teşhisiyle göğsü alınalı yaklaşık 6 ay olmuştu. Çok büyük korku ve öfke doluydu.

"Neden ben, neden şimdi?" diye sormuştu kendi kendine haklı olarak.

Güzel bir evliliği, 1 yaşında sağlıklı bir erkek çocuğu vardı. Hayatında her şey yolunda gidiyordu, mutluydu ama bir anda her şey allak bullak olmuştu. İlk çalışmamızda, ona çok ulaştığımı söyleyemem. Sadece hikâyesini dinleyerek ona neden bu sorunu yaşadığını anlattım.

Sağ elini kullanıyordu, kendini sağlak olarak biliyordu. Alkış testini yaptırdığım zaman, sağ eli değil sol eli üstteydi. Tabii ki ben de bunun üstüne onu solak olarak değerlendirdim.

Kanserinin tipi duktaldi ve sağ göğsündeydi. Ona çok ezber bir şekilde, sorununun anne, çocuk ya da çocuk olarak gördüğü bir olayla ilgili olduğunu, ondan ayrılmaktan korkmuş olduğunu söyledim. Bu arada, kanser başlamadan çok kısa süre önce de, ayrılık travmasının çözüldüğünü, belki onunla birleşmiş olduklarını söyledim.

Her şey o kadar basit ve kitabına uygundu ki...

Eşiyle çocuk yapmaya karar vermişler, bunun üzerine süreç içerisinde iki kez düşük travması yaşamıştı. Üçüncü hamileliği de çok sorunlu geçmişti. Hatta altıncı ayda, bebek çok ciddi bir düşük tehlikesi atlatmış, ama tüm bunların sonunda dokuzuncu ayda sağlıklı bir doğum gerçekleşmişti.

Ne kadar büyük bir rahatlama...

Evet tahmin ettiğiniz gibi, 3-4 senelik travma mutlu sonla bitmiş ve çözülmüştü. Beyinde de öyle...

Yaklaşık 2 ay sonra emzirirken, çocuğun sağ göğsünden çıkan sütü içmek istemediğini fark etmişti. Birkaç hafta sonra da, göğsündeki değişimleri. Ve en mutlu anında, doktora giderek duktal meme kanseri teşhisi almıştı. Ne kadar büyük bir şok ve ölüm korkusu yaşadığını tahmin edebilirsiniz.

"Biyopsi yapalım, ama muhtemelen memeyi almak zorunda kalmayız" telkiniyle ameliyata girmiş, uyandığında sağ göğsü yokmuş. Bu şokun ondaki etkisinin ne kadar büyük olduğunu tahmin edersiniz.

Biz erkekler, kadınların göğüslerinin onların üzerindeki psikolojik etkisini pek anlamayız. Ve bir kanser teşhisi sonrasında alınmak zorunda kalındığı zaman, yaşadıkları travmatik şoku. Aslında göğüsleri, kadınlar için cinsel kimliklerini gösteren en önemli organdır belki de. Ve de en çekici olanı. Bir kadının, aniden o çekiciliği ve cinselliği kaybettiği an yaşadığı "değersizlik" hissi tarifsiz olabiliyor. Bu durumu yaşamak zorunda kalan kadınların üzerinde çalışması gereken en önemli konuların başında da, işte bu değersizlik travması geliyor.

Ona, neden kanser olduğunu düşündüğümü anlattım. Şu ana kadar duyduklarından farklı bir görüştü anlattıklarım. Hikâyesi o kadar söylediklerime bire bir uyuyordu ki, büyük bir şaşkınlık içinde aslında hastalığının beyninden kaynaklandığı konusunda şüphesi kalmamıştı. Bu bilgi bile sakinleşmesine yetmiş, aslında beyninde bu duruma sebep olanları temizlersek her şeyin yoluna gireceğine tüm kalbiyle inanmıştı.

Onunla ilk olarak çocuğunu düşürmeye yönelik travmalarını temizledik, daha sonraysa kanser teşhisi, doktor ziyaretleri, ameliyat, kemoterapi ve hastalık sonrası yaşadığı tüm travmatik durumları.

Sağlığıyla ilgili başka sorunları da var. Ama travmalarının etkisinin beyinden temizlendiğinin ve aslında sağlığının da kontrol altında olduğunun bilinciyle, iki senedir hayatına kanser öncesinden bile daha korkusuz ve mutlu devam ettiğini söyleyebilirim.

Sindirim sistemi kanserleri

Sindirim sistemi vücudumuzdaki en eski yapılardan biri ve ağırlıklı olarak eski beyinde beyin sapından kontrol ediliyor. Sindirim sistemimizin en önemli teması hep "yemek parçaları" üzerine. Bir şekilde yutulan parçanın sindirimi söz konusu. Bu yüzden bu organlardaki kanser sindirimi "maksimize" edebilmek amacıyla kapasite artırmak için ortaya çıkıyor...

Birbirinin aynısı ya da birbirine bu kadar benzeyen temalar neden belirli bir organı etkiliyor da diğerini etkilemiyor diye düşünüyor olabilirsiniz.

Daha önce tekrarladığım gibi, belirli bir tema içerisinde beyin saniyelerle ölçülen bir sürede hangi organda program oluşturacağına karar veriyor. Zaten bildiğiniz gibi, tek bir organda program başlatmak zorunda da değil.

Mide ve onikiparmakbağırsağı

Şimdi konuşacaklarımız hem mide hem de onikiparmakbağırsağını kapsıyor olacak.

Biraz önce söylediğim gibi midemiz ağırlık olarak beyin sapından kontrol ediliyor. Beynimiz özellikle büyük şok ile yaşanan travmalarda, o olayı ya da olayda geçen herhangi bir konuyu, bir sözü, bir anı sindirilmesi gereken bir o "sanal" parça olarak görebilir. Yine soyut bir konuyu fiziksele indirgemekten bahsediyorum. Özellikle de, travmanın yoğunluğuna göre beynimiz midemizi sürekli sindirmek isteyen bir yapıda çalıştırmaya karar verebilir.

Stres dönemi

Bu dönemde tahmin ettiğiniz gibi ilk süreçte yeni hücre üretimi var. Buradaki amaç, daha fazla sindirim asidi üretimi sağlayacak hücreleri artırmak. Stres döneminde vücutta pek bir belirti göstermeseler de mide ve onikiparmakbağırsağı kanserleri de aslında bu döneme ait. Bu dönemde kanseri yakalamanın tek yolu, teknolojik görüntüleme yöntemlerini kullanmak.

İyileşme dönemi

İşte çoğu insanın belirtiler yüzünden doktora gitmesi ve kanseri keşfetmesi bu döneme rastlıyor. Aslında eğer program kronikleşmediyse, bu noktada zaten iyileşme fazında.

Biliyorsunuz, beyin ilgili tehdidi çözdüğü için bu dönem yaşanıyor.

Bu dönemde tüberküloz bakterisi işbaşında olduğu için, özellikle boyun ve göğüs bölgesinde gece terlemeleri görülüyor. Bunun dışında, ağrı, hazımsızlık gibi rahatsız edici diğer belirtiler de işte bu dönemde var.

İyileşme dönemlerinin hepsinin ortak noktası, beyinden ödemin ya da eğer varsa vücuttan bir parçanın atılması. İşte bu noktada atılmaya çalışılan hem temizlenen tümör, hem de ilk başta programı başlatan sindirilmeye çalışılan o "sanal" parça. Bu da kusma yoluyla gerçekleştiriliyor, özellikle midede kapsamlı bir iyileşme aktivitesi olduğu için, kan kusulması söz konusu olabiliyor. Bu açıdan, bu noktada acil müdahalelerin önemi çok ama çok büyük.

İncebağırsaklar

İncebağırsaklarda da program benzer şekilde beyin sapından kontrol ediliyor. Tema da aynı "sindirilemeyen parça". Ancak genelde incebağırsağın temasında birisine ya da bir olaya karşı yoğun öfke yaşanan travmalar ağır basıyor.

Stres dönemi

Bu programın stres dönemi yine oldukça belirtisiz geçiyor.

İyileşme dönemi

Bu dönemde yine yoğun rahatsızlık yaşanıyor. Gece terlemesi ve karın krampları döneme damgasını vuruyor.

Bu sefer özellikle iyileşme krizinde, vücuttan atılması gereken tüm fazla hücreler ve (aslında var olmayan) "sindirilmeyen parça" ishal yoluyla atılıyor.

İncebağırsakları etkileyen her programın kanser yaratacak kadar yoğun olması gerekmiyor.

Mesela, tıp sisteminde çözülemeyen rahatsızlıklardan biri olan "Crohn hastalığı" bu programla ilgili. Yine "sindirilemeyen parça", bir başka deyişle birisine ya da bir olaya olan öfkeyle ilgili. Crohn hastalığında program bir kanser yaratacak kadar güçlü olmasa da, hiçbir zaman tam çözülmediği için sürekli tetiklenen, kronik hayat kalitesini düşüren bir hastalığa dönüşüyor.

Kalınbağırsak

Beyin sapından kontrol edilen kalınbağırsak ve rektum programının da konusu "sindirilemeyen parça" üzerine. Ama tecrübeler gösteriyor ki, genelde bu tarz kanserlerin farkı daha "çirkin" ve "aşağılık" durumların söz konusu olması. Eğer yaşanan ve sindirilemeyen olay gerçekten çirkin ya da aşağılık olarak algılanırsa, sindirimin diğer organları yerine kalınbağırsağı etkilemesi daha olası.

Burada beynin, olayı "dışkı" kadar pis olarak algılaması, beynin kalınbağırsak rölesini harekete geçirebiliyor.

Mesela, para ya da kirli bir kazanç uğruna kişinin en yakınları tarafından bir ihanete uğraması. Ya da insanlığa yakışmayacak, çok karaktersiz, aşağılık bir davranış...

Stres dönemi

Bu dönemde tahmin ettiğiniz gibi hücre üretiliyor. Belirtiler olmadan, kolon kanseri ve rektal kanser görülüyor.

İyileşme dönemi

Yine karın ağrıları, ishal, gece terlemeleri beklenen belirtiler. Ayrıca bu programda dışkıda kan görülebiliyor.

Pankreas

Beyin sapından yönetilen program yine tahmin ettiğiniz gibi "sindirilemeyen parçayla" ilgili. Genelde pankreas programlarını "aile içi öfke" temaları başlatıyor. Sindirilemeyen öfkenin, aile içinde yaşanan özellikle hiç beklenmedik sorunlarla, aile içi miras kavgalarıyla ilgili olabileceği görülüyor.

Stres dönemi

Daha fazla pankreas enzimi üretmek için hücre artırılarak, pankreas kanseri gelişiyor olsa da, bu dönem yine belirtisiz olarak geçiyor.

İyileşme dönemi

İyileşme döneminde belirtiler kendini belli ediyor. Pankreasta şişme, ağrı, genel hazımsızlık şikâyetleri, her zaman olduğu gibi gece terlemeleri görülüyor.

Karaciğer

Karaciğer vücudun en önemli organlarından biri. Birçok kritik görev üstleniyor. Hem beyin sapından hem korteksten kontrol edilen bölümleri bulunuyor.

Karaciğerin sindirimle ilgili olan bölümü, yani karaciğer parankimi diğer sindirim organları gibi beyin sapından kontrol ediliyor. Karaciğerin vücudumuzdaki en önemli görevlerinden biri, yağ, protein ve şeker metabolizmasını düzenlemesi ve gerekli enzimleri oluşturmasıdır.

Karaciğerin bu bölümündeki kanserin ana teması "açlık tehlikesi". Finansal durum, para ve mal konularında yaşanan büyük travmalarda, beyin eğer bunu açlıkla ilgili bir tehlike olarak alırsa, ilgili kontrol merkezinde röle oluşturarak programı başlatıyor. Finansal durumla ilgili tüm travmalar bu programı tetikleyebilir. Bu durumu etkileyebilecek durumlar müşteri kaybı, ekonomik kriz, boşanma, bir dava, bize bakan birisini kaybetmek olabilir...

Asıl amaç, yiyecek sıkıntısı devreye girdiği için, eldeki "malzemenin" maksimum kullanılması. Bir başka deyişle, hücre üretiminin sebebi, eldeki mevcut yiyeceklerden en verimli şekilde yararlanabilmek için, karaciğerin yüzeyini büyütmek.

Stres dönemi

Klasik bir stres dönemi. Hücre üretimi ve kanser bu dönemde başlasa bile, vücutta genellikle hiçbir belirti hissedilmiyor.

Yıllar içinde, bu konuyla ilgili doktorlar tarafından yapılan gözlemlerde, karaciğerde genelde birkaç nodül varsa bu başkasının yaşadığı ya da başka biriyle beraber yaşanan bir "açlık tehlikesiyle", çok sayıda nodül varsa bunun kişinin tamamen kendisiyle ilgili olduğu görülmüş.

İyileşme dönemi

Karaciğerin şişmesinden dolayı ciddi bir ağrı, gece terlemesi, hazımsızlık, yorgunluk gibi yine beklediğimiz belirtiler görülüyor.

Sindirim sistemi kanserlerine karşı ne yapabiliriz?

Sindirim sistemini etkileyen kanserlerin çok önemli bölümü "beyin sapından" tetikleniyor. Bu da kanserin travmadan hemen sonra stres döneminde oluştuğu anlamına geliyor.

Baskın el kuralının beyin sapında geçerli olmadığını, bulmanız gereken travmanın kanserin başlangıcından kısa süre önce yaşanmış olduğunu hatırlatmak isterim. Ancak burada, kanserin başlangıcıyla teşhis arasında uzun süre geçmiş olabileceği de akılda tutulmalı.

Burada yapılması gereken, ilgili organda sizinle paylaştığım temadaki travmanın tespit edilerek üzerinde çalışılması.

İyileşme döneminde protein tüketimi

Eski beyinden yönetilen tüm kanser programlarında, iyileşme döneminde ciddi bir protein kaybı olur. Çeşitli metodojilere göre bu dönemde detoks yapmanın, sebzelerle beslenerek arınmanın kanserle başa çıkmaya yardımcı olabileceği düşünülse de kişinin bir anda kilo kaybetmemesi, kaslarının bir anda erimemesi için protein takviyesi yapılmasının da önemli olduğunu düşünen birçok uzman var.

Travması eşini kaybetmekti

45 yaşlarında bir kadın danışanımın yaşadığı pankreas kanserinin hikâyesini sizlerle paylaşmak isterim.

Kendisi bana çok farklı sorunlar için gelmişti. Sorunlarıyla ilgili hızlı şekilde çözüme ulaştığımızda onu sık sık görmeye başladım. Konuşmalarımızın birinde, pankreasında ciddi büyüklükte bir kist olduğunu, yıllardır herhangi bir değişim göstermemiş olsa da son yapılan tetkikte kistin büyüdüğünün görüldüğünü ve bir şey yapıp yapamayacağımızı sordu.

Bütünsel tıbba ve beynin sağlığına olan etkisine inanan, çok bilinçli ve iyi eğitimli bir kadındı.

Onunla uzun süre konuştuk. Ailesinde herhangi bir kanser hikâyesi bulunmuyordu, anne babası belli yaşlara ulaşmış ama oldukça sağlıklı insanlardı. Bir şekilde haklı olarak, "Neden ben?" diye düşünüyordu.

Onun yaşadığı pankreas kanserinin beyin sapından tetiklendiği, stres döneminde ortaya çıkan bir tür olduğunu bilinciyle 1990'lı yılların sonunda yaşadığı çok ama çok trajik bir olayın üzerinde çalışmaya karar verdik.

Sadece otuzlu yaşlarda olan eşini, hiç beklemediği bir kalp krizinde kaybetmiş, bir anda çocuklarıyla yapayalnız kalmıştı. Çok büyük bir şok yaşamış olsa da hayata devam edebilmek, anneliğini yapabilmek için kendini toparlamış, olayı unuttuğunu zannetmiş, hatta belli bir süre sonra yeniden sevebilmiş ve evlenmişti.

Zaten doğal yolla toparlayabilmesinin, hayatına yeniden seveceği birisini sokabilmesinin kistinin doğal yollarla durmasını sağlamış olabileceğini düşündüm. Zira kisti bulunalı 10 seneden fazla olmuştu.

Tıbbi tedavilerine yardımcı olması açısından, bu sorunun nedeni olan travmatik olayın duygularını beyninden temizlemeye soyunduk. Onunla çalışmamız sırasında, ortaya o kadar yoğun duygular çıktı ki... Özellikle, hiç hazırlıklı olmadığı, beklemediği bir durum olduğu için, bu kalp krizinin şokunu hâlâ üzerinde taşıyordu. Neredeyse bütün çalışma boyunca ağladığını söyleyebilirim.

Bu arada özellikle hem bu olayı yaşamış olduğu için şansızlığına, kaderine, hem de eski eşine ciddi bir kızgınlığı vardı. "Hani hayatımızın sonuna kadar beraber olacaktık, hani söz vermiştik, beni nasıl yalnız bırakırsın, ben çocuklarla tek başıma ne yapacağım?" diye düşünmüş, öfke ve acıyı yoğun olarak hissetmişti. Zaten çalışmamızda da üzüntü ve şokun dışında, en çok öfkesi üzerinde çalıştık.

Çalışmalarımız sonrasında onu gördüğümde, hayatında artık eski öfkeli tepkiler vermediğini, çok daha sakin ve mutlu bir hayat yaşadığını söyledi. Sadece psikolojisi düzelmemiş, hemen beklediğimiz gece terlemelerini yaşamaya başlamıştı. Bunun kistinin büyümesini durduracağı ve hatta belli oranda küçülteceğinin bilinciyle, bu durumu bir kutlamaya dönüştürmüştü adeta.

Neden beyni kanser başlatmak için pankreası seçti dersiniz?

Beyni bu olayı bir ayrılık travması olarak yaşayarak böbreklerinde, dışderisinde ya da yutulamayacak bir "yemek parçası" gibi görerek sindirim organlarında da bir kanser çıkarabilirdi. Ancak beyin buna, o an belirli bir tutarlılık içerisinde kalarak "anlık" bir şekilde karar veriyor. Onun beyni pankreası seçmişti.

Üreme organlarındaki kanserler

Şimdi kısaca üreme organlarında yaşanan kanserleri ele alalım.

Prostat kanseri

Prostat beyin sapı tarafından kontrol ediliyor. Eski beyinden kontrol edilen bu organın programının ana teması "üreyememek". Bir erkek olarak artık iş görmemek, erkekliğini kaybetmek, yaşlanmak benzeri temalar kadar, çocuk ya da torunların yaşadığı

sıkıntılar nedeniyle soyun devam etmemesi gibi konular da prostatı etkileyebilir.

Bu arada belli bir yaşa gelen erkeklerde prostat kanseri çok daha yaygın olarak görülür. Buradaki en önemli nokta, kişilerin bu konuda yaşlanmayı ve eskisi kadar "üremem eyi" kafaya takmasıdır. Tabii sadece bu değil, bu konuda yaşanabilecek hiç beklenmedik bir travma da programı aktive edebilir.

Stres dönemi

Prostatın eski beyinden kontrol edilmesi demek, hemen travma sonrası ekstra hücre üretilmesi demek. Prostatta ekstra hücre üretilmesinin amacı, spermleri zenginleştirmek. Zira spermler testislerde üretilse de, prostat da spermleri besleyen ve onları kadın üreme sistemi içerisinde ilerlerken koruyan özel bir proteini salgılar.

İlk dönemdeki hücre artırılmasının sebebi de, spermleri dolaylı olarak "korumak"...

Bu dönemde PSA (prostat spesifik antijen) değerleri yükseliyor. Aslında son zamanlarda PSA testleriyle ilgili bazı şüphelerin olduğu ortaya çıkıyor. Cinsel isteğin daha yoğun olduğu günlerde, hatta prostatı tamamen alınan insanlarda bile yüksek PSA değerleri görüldüğü ortaya çıkmış. Zira bunun nedeni PSA'nın sadece prostatta üretilmemesi. Umarım hiçbir zaman olmaz, ama eğer erkekseniz ve bir gün PSA değerleriniz yükselirse aklınızda bulunsun. PSA değerinizin yüksek olması, aslında sizi çok da korkutması gereken bir durum olmayabilir.

İyileşme dönemi

Aslında yine en çok belirti bu dönemde yaşanıyor biliyorsunuz. Gece terlemeleri, idrardan kan gelmesi hücrelerin temizlendiği anlamına geliyor. Ve aslında vücudun iyileşme döneminde olduğunu hatırlamak gerekiyor. Tek yapılması gereken, programın tekrara düşmemesi için, beyinden travma ya da travmayı tetikleyecek düşüncelerin temizlenmesi...

Testis kanseri

Testislerin ana görevlerinden biri sperm üretimi olduğu kadar, erkeklik hormonu olan testosteronu üretmek. Testisi etkileyen travmanın ana teması "kaybetmek". Çok sevilen bir yakının ölmesi, kişiyi terk etmesi ya da bazen bunların olabileceğine yönelik korkular da bu ilkel programı aktif hale getirebiliyor.

Bu programın asıl amacı, erkeği daha fazla "erkek" yapmak. Böylece kaybedilenin üreyerek yeniden üretilmesi gibi ilkel bir güdüye dayanıyor. Bu arada tabii ki kaybedilen ebeveyn, arkadaş, sevgili ya da kim olursa olsun, üremeyi aktifleştirmeye yönelik süreci başlatabiliyor.

Kontrol merkezleri yeni beyinde singulat kıvrımında bulunuyor, bu da ilk aşamada hücre eksilmesini beklememiz gerektiği anlamına geliyor. Bu arada, daha önce kısaca singulat kıvrımından kontrol edilen programlarla ilgili önemli bir detaydan bahsetmiştik. Beynin bu bölümünün yapmadan önce bozduğunu söylemiştik. Hatırlatmak için tekrar edelim: Singulat kıvrımı, kontrol ettiği tüm ilkel programlarda stres döneminde vermesi gereken tepkinin tersini veriyor. Belli bir oranda bozduktan sonra, çözüm dönemine geçince bozduğu şeyi yeniden yapıyor. Kural burada da geçerli.

Bunun yanında yeni beyinden kontrol edilmesi, baskın el kuralının da geçerli olduğu anlamına geliyor. Bir başka deyişle, programın sağ mı sol mu testiste aktif olduğu programın kimin (anne/çocuk, baba/eş) kaybına yönelik başladığını ortaya çıkarıyor.

Stres dönemi

Programın stres döneminde aslında testosteron üretimi için daha fazla hücre beklerken, singulat kıvrımı kuralı nedeniyle bunun tam tersi gerçekleşiyor. Bu dönemde testislerde hücre kaybı yaşanıyor. Bunun dışında vücutta genel "ılıman" stres dönemi belirtileri haricinde pek bir belirti mevcut değil.

İyileşme dönemi

Bu dönemde, ekstra hücre üretimi ve testis kanseri görülüyor. Genelde testis tümörleri 9 aylık bir süreden sonra sertleşerek son hallerine geliyor. Bölge itibariyle de, hayati tehlike oluşturacak kadar kritik olmadıkları için böyle bir durumda korkmanız için hiçbir sebep olmadığını söylemek isterim. Sadece, programın şiddetine ve stres döneminin uzunluğuna göre, bazı testis kistlerinin çok fazla büyüme ihtimali olduğunu da söylemek gerek. Tabii ki burada doktorlar tarafından yapılacak cerrahi müdahaleler de oldukça önem kazanacaktır.

Rahim kanseri

Rahim kanseri, erkeklerdeki prostat kanserinin kadınlardaki versiyonu. Eski beyinde "beyin sapından" kontrol ediliyor. Travmanın teması "üreyememek" ve de spesifik olarak "hamile kalamamak". Bir kadının sadece kendisi için geçerli değil, soyunun devam etmesiyle ilgili sorunlarda rahimde etki yapabiliyor.

Stres dönemi

İlk dönemde üretilen ekstra hücrelerin, iyileşme döneminde temizlenmesi amaçlanıyor.

İyileşme dönemi

Yine her zamanki gibi, asıl belirtiler ikinci dönemde. Özellikle de menopoz sonrası kadınlarda vajinadan kan gelmesi durumu da, bunu yaşayanlarda ciddi korkulara sebep olabiliyor. Bunun aslında iyileşme olduğunun bilincinde olmak gerek... Ve bu dönemin bir sonu olacağını bilmek, gereksiz korkularla ve ekstra travmalarla beslememek gerek...

Yumurtalık kanseri

Yumurtalık kanseri de testis kanserinin kadınlardaki versiyonu. O bölümde söylediğimiz çoğu bilgi burada da geçerli.

Yumurtalıklar singulat kıvrımından kontrol ediliyor. Programın ana teması benzer şekilde "kayıp". Asıl amacıysa, daha fazla östrojen (kadınlık hormonu) üreterek kadının daha dişi ve doğurgan olması ve kaybedilenin yerine konulması. Baskın el kuralı burada da geçerli.

Stres dönemi

Bu dönemde hücre ve böylece östrojen üretimi azalıyor. Östrojen üretiminin azalmasıysa, kendini âdetlerde düzensizlik ya da tamamen kesilme olarak gösterebiliyor. Bunun dışında ekstra bir belirti görülmüyor.

Uyarmak isterim ki, bu durum âdetten kesilen tüm kadınların yumurtalık kanserinin stres döneminde olduğu anlamına gelmiyor. Bunun birçok farklı nedeni olabilir. Ancak eğer âdetten kesildiyseniz, bunun doğal yollarla, özellikle de travmanın çözülmesiyle bir an önce sonlandırılmasını tavsiye ederim.

Bu dönemde singulat kıvrımı, asıl yapmak istediğini gerçekleştiriyor. Ekstra hücreler yardımıyla, östrojen üretimini artırıyor. Bu dönemde oluşan kistler, genelde 9 aylık bir süreden sonra sertleşip son hallerine geliyorlar. Bunun yanında bu kistler eğer cerrahi müdahale yapılmasına gerek olmaz ve vücutta kalmaya devam ederlerse, daha fazla östrojen üretiyorlar. Bu sorunu yaşayan kadınların daha genç görünmesi gibi bir "bonus" ortaya çıkıyor.

Boşanma âdet kanamalarının durmasına neden olmuştu

8 aydır âdet olmadığı için bana başvuran bir kadın danışanım vardı. 40 yaşlarındaydı. Sohbetimiz sırasında 9 ay önce eşinden boşandığını öğrendim. Kendisiyle gerçekleştiğimiz yaklaşık 1 saatlik bir çalışmayla, özellikle boşanmayla ilgili öfke ve üzüntüleri temizledik. 15 gün sonra, yeniden âdet görmeye başladığı müjdesini veren e-postasını almıştım.

Kendisinin çözüm döneminde, rahim ağzında sorun yaşayıp yaşamayacağını aslında travmanın büyüklüğü belirliyordu. Böyle bir sorun yaşamadı, ancak eğer âdet görememe durumu, bir başka deyişle "stres dönemi" çok uzun sürseydi, böyle bir durumun yaşanma ihtimali olduğunu söylemeliyim.

Yeri geldiği için tekrar hatırlatayım: Her program kanser üretmez. Sadece çok şiddetli, beklenmedik şoklar (travmayı büyüten dört kriteri hatırlayın) bu duruma sebebiyet verebilir.

Rahim ağzı kanseri

Rahim ağzı, rahimden çok farklı bir yerden kontrol ediliyor. Korteksten... Farkındaysanız neredeyse tüm organların çeşitli kanallarının iç bölümünün kontrolü kortekste. Bunun sebebi, tehlike yaşanmasından hemen sonra, eğer beyin kanalları açarak tehlikeye tepki vermeye karar verdiyse, bunun ilk dönemde verilmesi. Yani travmanın hemen sonrasında.

Kanalları açmak, sıvı akabilmesini kolaylaştırmak demek oluyor. Bunun gerçekleşmesi için de, kanalların iç yüzeyinde hücre kaybı yaşanması gerekiyor. Biliyorsunuz eski beyin travmalara hücre üreterek tepki veriyor. Kanalların eski beyinden yönetilmesi pek de mantıklı değil. Sadece yeni beyinden kontrol edilen dokularda travmanın hemen sonrasında, stres döneminde hücre kaybı yaşanıyor. Bu, kanalların iç yüzeylerinin neden yeni beyinden kontrol edildiğini açıklıyor.

Bu ilkel program özellikle kadınlarda her türlü cinsel içerikli travmalardan sonra gerçekleşebilir. Cinsel ilişki sırasında yaşanan bir değersizlik duygusu, bir erkek tarafından aşağılanmak, erkek arkadaşından ayrılmak, boşanmak... Özellikle de yoğun duyguların yaşandığı, şok etkisi yapan olaylarda beynin amacı rahim ağzını açarak, spermin buraya girmesini kolaylaştırmak.

Beynin ne kadar ilkel ve içgüdüsel çalıştığının farkında mısınız?

Erkekle ilgili sorun var, ne yapalım? Haydi rahim ağzını açalım ki, sperm daha rahat girsin...

Stres dönemi

Biraz önce bahsettiğimiz gibi stres döneminde rahim ağzında hücre kaybı yaşanıyor. Bu dönemde smear testi yaptıran bir kadına erken bir kanser teşhisi konulabiliyor.

Diğer önemli semptom âdetten kesilmek. Bunun nedeni, korteksin temporal bölümünde bulunan bu kontrol merkezinin etkilenmesiyle östrojen, yani kadınlık hormonu üretiminin azalması. Stres dönemi boyunca âdet çok düzensiz olabiliyor ya da hiçbir şekilde gerçekleşmeyebiliyor.

Yine uyarmak isterim ki, bu durum âdetten kesilen tüm kadınların rahim ağzı kanserinin stres döneminde olduğu anlamına gelmiyor. Diğer önemli konu da şu: Rahim ağzı kanserinin HPV (human papilloma virus) ile yayıldığı konusunda birçok araştırma bulunuyor. Ancak aynı virüsün Amerikan gençliğinin yüzde 70'inde bulunduğu konusunda başka araştırmalar da var. Benim şahsi görüşüm, bu virüs hastalığın ilerlemesine katkı sağlasa da, yine bu durumu ilk aktive edenin ve virüsün kötü etki yaratmasını sağlayanın beyin olduğu.

İyileşme dönemi

Bu dönem âdetin düzene girdiği ama hücre üretilen bir dönem. Bu arada rahim ağzı kanserinin çoğu zaman kendi başına hayati bir tehlike yaratmayacağını söylemeliyim. Zaten yaşandığı dönemde de aslında beyin travmayı çözmüş oluyor, süreç daha sonra başlıyor... Yani iyileşme döneminde.

Üreme organlarındaki kanserlere karşı yapılması gerekenler

Cinsel temalı kanserlerden prostat ve rahim kanserleri beyin sapından tetikleniyordu. Bu, kanserlerin travma yaşanır yaşanmaz başladığı anlamına geliyor. Bu duruma sebep olabileceğine kanaat getirdiğiniz, ilgili travmaların bir an önce üzerinde çalışmak tedaviye büyük katkı sağlayacaktır.

Bunun yanında eski beyinden tetiklendikleri için, iyileşme döneminde gece terlemeleri görülecektir, bu da iyileşme yolunda olunmasıyla ilgili bir işaret olarak alınmalıdır.

Testis, yumurtalık ve rahim ağzı yeni beyinden tetiklenen kanserler. Bu tür kanserlerin başlaması tamamen beynin travmayı çözmüş olmasıyla ilgili. Bu yüzden sakin olabilirsiniz. Zaten kanser sırasında bile iyileşme dönemindesiniz demektir. Bu kistler biyolojik programın şiddetine göre büyüyebilirler, bu durumda özellikle cerrahi müdahaleler gerekebilir. Ancak bunun dışında rahat ve sakin olmanızı tavsiye ederim. Zira, domino etkisine girmek için hiçbir neden yok.

Biyolojik programları tetikleyen olayların da üzerinde çalışarak, bu olayları temizlemeniz programın kronikleşmemesine katkıda bulunacaktır.

Hastalığın sebebi ayrılık acısıydı!

Başka konularda çalıştığım birçok genç kadından, rahim ağzı kanserini sık sık duydum. Bu kişilerin ilginç bir ortak noktası vardı. Geçmişte hepsinin ilişkilerinde büyük sorunlar, travmatik ayrılıklar, büyük kavgalar yaşanmıştı.

Aralarında biri var ki, zaten bana geliş sebebi dört sene önce ayrıldığı erkek arkadaşına olan takıntısıydı. O ayrılıktan sonra iki uzun ilişki daha yaşamıştı ancak ne olursa olsun, aklı takıntılı biçimde eski sevgilisindeydi.

Detaya girdiğimiz zaman, aslında bu adamın kendisine gerçekten de kötü davrandığı, birçok kez aldattığı ve onu hiç hak etmediği konusunda hemfikirdik. Zaten kafasındaki mesele, bu adamı çözememek, onunla iyi bir ilişki yaşayamamakla ilgili kendisine karşı duyduğu çok ciddi kızgınlıktı. Bu kişiye karşı sevgi hissetmiyordu, onun sorunu daha çok kendi egosuyla ilgiliydi.

Bu arada öğrendik ki, bu ilişkisinden ayrıldıktan altı ay sonra yeni biriyle tanışmış ve onunla yeni bir ilişkiye yelken açmıştı. İşte bu dönemde ona göre talihsiz bir teşhisle karşı karşıya kalmıştı. Rahim ağzı kanseri... Tam da beklediğimiz gibi! Başka birisiyle yeni bir ilişkiye başlar başlamaz beyni belli ölçüde programı iyileşme dönemine götürmüştü.

Tüm bunlara rağmen onun şansı, yaşadıklarının bu hastalığa sebebiyet verdiğine ve hayatını düzelterek bu durumdan çıkabileceğine inanmasıydı. Bu nedenle hayatında sadece pozitiflere odaklanarak kendini asla kanser diye etiketlememe kararını almıştı. Zaten belli oranda, pozitif düşünceye, bütünsel tıp anlayışına inanan ve konu hakkında belli bir farkındalığı olan biriydi.

Bana geldiği zaman, dört sene önce ayrıldığı ilişkisiyle ilgili olarak yaşadığı büyük travmaları ve bu olaylarda özellikle kendine duyduğu öfkeyi temizledik. Yaptığımız şey bir anlamda dört sene öncesindeki aşk acısını temizlemek, formatlamaktı. Uygulama sonunda, bu ilişkiyi sürdürememekle, o dönemde yaşadığı travmalarıyla barıştığında, kendisinin "tutku" ve "takıntı" olarak adlandırdığı duygular çoktan geçmişti...

Rahim ağzı kanserinin, biyolojik program beyinde çözüme kavuştuğunda başladığını söylemiştik. Onun kanseri de beklendiği gibi yeni bir ilişkiye başladığında ortaya çıkmıştı. Ancak, yepyeni bir ilişkiye başlamış olması, programa sebebiyet veren tüm duyguların temizlendiği anlamına gelmeyebilirdi. Zira çalışma sırasında ortaya çıkan olumsuz duygular, onun eski ilişkisini tam atlatmadığının kanıtıydı.

Aslında bizim yaptığımız, bu kanseri başlatan biyolojik programın kronikleşmesini önlemeye yönelikti. Sonuçta kronikleşen bir program, stres ve iyileşme dönemleri arasında gidip geldiği için hücre üretimi de devam edebiliyor. Kendisinden aylar sonra aldığım e-postada, tümörün büyümeyi durdurduğu, hatta belli oranda küçüldüğü bilgisini aldım.

Bu arada bana farklı konularla gelen ve rahim ağzı kanseri olduğunu öğrendiğim bütün kadınlarda, gerçekten sorun başlamadan 2-3 sene önce ciddi bir eş, erkek arkadaş sorunu yaşandığına şahit olduğumu söylemeliyim. İstisnasız...

Diğer kanserler

Kitabımız sadece kanseri ele alan kitap olsaydı bile, bu konuda yazacak binlerce sayfa bulabilirdik. Mümkün olduğu kadar, önemli gördüğüm kanserlerden bahsetmeye çalıştım, ancak ne yazık ki tüm kanser türlerini ele alabilme şansımız bulunmuyor.

Eğer, sizinle paylaşmadığım bir kanserle ilgili bilgi almak isterseniz kitabımın sonundaki "Meraklısına" bölümüne koyduğum "Organlar, biyolojik programlar ve duygular" sayfalarını muhakkak okuyun. Zira bu sayfalarda sizlerle organ dokularının beynin hangi bölümünden yönetildiğini, hangi dönemlerde hücre ürettiğini ve daha da önemlisi o dokulardaki değişikliğin hangi travma temalarından dolayı başlayabildiğini detaylı olarak paylaşacağım.

Size tavsiyem, mevcut tedavilere ek olarak, sizinle paylaşacağım temalardaki, doğru zamanlamaya uygun travmaları tespit ederek onlar üzerinde çalışmanız...

İnanın bana katkısı çok büyük olacaktır!

Kabul ediyorum, kanser oldukça sevimsiz bir konuydu. Ama ne yazık ki gittikçe daha çok sayıda insanın başına geldiğini hepimiz duyuyoruz. Ne olursa olsun, inanın korkmanız için hiçbir neden yok, umutlu olmak içinse nedenimiz çok! Siz sadece sakin olun ve güvenin.

Şimdi diğer konulara devam edelim ve beynimizi arkamıza alarak nasıl sorunlardan kurtulabileceğimizi görelim...

Sindirim sistemi sorunları

Sindirim sistemini tamamıyla anlatabilmek için başlı başına bir kitap ya da kitaplar yazmak gerekir. Ben bu kitabımda sindirim organlarında geçerli olan genel kuralları paylaşacağım. Rahatsızlıklarınızın zihinsel nedenleri üzerinde duracağım ve hap bilgiler aktaracağım.

Beyin sapından kontrol edilen dokular

Sindirim sisteminde, eski beyinde beyin sapından kontrol edilen tüm dokular tahmin ettiğiniz gibi ilk dönemde hücre üretilir. Buradaki amaç sindirilemeyen besinler için ekstra sindirim sıvısı üretmektir. Çoğu zaman tehditler küçüktür ve çok büyük hastalıklara sebebiyet vermezler. İlk dönemde pek bir belirti görülmez, iyileşme döneminde takılan programlar iltihaplanmaya, yani bildiğimiz gastrite yol açar. Tüm bu dokuların ortak tehdit teması "sindirememektir". Sindirilemeyen, içe sinmeyen, öfkelenilen her olay, konu, durum buna dahil olabilir.

Beynin besinin nerede olduğuyla ilgili olarak algısı, hangi organın etkileneceğine karar verir. Mesela, daha az sindirilip reddedilmek istenen durum mideyi, belli ölçüde sindirilip sonradan "Bu işte bir yanlışlık olmalı" denilenler kalınbağırsakları etkileyebilir.

Korteksten kontrol edilen dokular

Yeni beyinden kontrol edilen dokularsa, ilk dönemde tahmin ettiğiniz gibi hücre azaltır. Stres döneminde azaltılan hücreler "ülser" hastalığının (mide yaraları) baş nedenidir. Bu programlar iyileşme döneminde, özellikle iyileşme krizinde kanamalara sebebiyet verirler. Mide kanaması çok acil ve doktor kontrolünde geçirilmesi gereken bir süreçtir. Ancak, bu durum gerçekleştiği zaman aslında program kronikleşmezse sona yakın olduğu için, umut verebilecek bir süreç olarak da görülebilir.

Ülserin ana teması "bölgesel tehdit" olmakla beraber, bir insanın bölgesi olarak görülebilecek tüm olgular buna dahildir. İşyeri, okul, aile, ev, mahalle, ülke... Bu konuda yaşanabilecek tüm sorunlar beyinde, bölgesel tehdit olarak algılanabilir.

Sindirim sorunlarından kurtulmak için

Bilirsiniz, sindirim sistemi psikolojimizi en çok yansıtan organlarımızdır. Zaten sindirim sistemi sorunları deyince hemen aklımıza, "Strestendir" diye otomatikleşmiş bir cevap gelir.

Bu organların psikolojimizden bu kadar çok etkilenmeleri aslında onları daha basit hale getiriyor. Zira bu sorunların nedeni doğru tespit edilir ve etkili şekilde temizlenirse oldukça kolay ve hızlı şekilde normale dönebiliyor.

Yapılması gereken, belirtiler başlamadan önce yaşanmış ilgili temaya uygun, doğru travmayı bulmak ve çözmektir. Detaylar içinde kaybolmanıza gerek yok, sindiremediğiniz, bölgesel tehdit ya da şiddetli öfke içeren travmalar üzerinde çalışıp bu sorunlardan kalıcı olarak kurtulabilirsiniz.

Sorunun nedeni babadan koptuğunu hissetmesiydi!

Hassas bağırsak sendromunu (IBS) çekenler bilecektir. Bir insanın özgürlüğünü kısıtlayıcı şekilde kabızlık ve şiddetli ishalin sürekli birbirini izlediği kronik bir döngüdür. Beyin sapından tetiklenen bu program şiddeti itibariyle, hücre oluşumu ve iltihaplanma yaratmaz. Bunun yerine stres döneminde kabızlık, iyileşme dönemindeyse ishalin (iyileşme krizleri – ishal krizleri) olduğu bir döngü yaratır.

Röportajlarımdan birinde bu sorundan bahsetmem sebebiyle, bu konudan mustarip birçok kişiyle çalışma yaptık. Aldığımız sonuç muazzamdı. Bana danışan kişiler birkaç çalışmayla, yıllardır evlerinden dışarı rahat rahat çıkmalarını engelleyen bu sorundan kurtulabildiler. Tabii doğru travmaları bulabilmek kaydıyla...

Bunlardan bir tanesi 35 yaşlarında bir kadındı. Röportajımı okumuş, bu sorunuyla ilgili olarak gelmişti. Ona şu soruyu sordum:

"Ne zaman başladı?"

"15 yaşlarımdayken de vardı diye hatırlıyorum."

"Ya 10 yaşında?"

"O zaman tam değildi, ama sanki biraz var gibiydi."

"10 yaşına kadar, gerçekten sindiremediğin, kabul etmek istemediğin bir olay yaşadın mı?"

"Aaaa evet! 6 yaşımdaydım. Ben o zamanlar babamla vakit geçirmeyi çok seviyordum. Annem çok umurumda değildi. Varsa yoksa babam. Ama bir gün babam beni kenara çekti ve şöyle dedi. 'Kızım ben seni çok seviyorum, ama senin annenle zaman geçirmen gerekiyor. Benimle değil.'"

Aslında çok fazla babasını taklit etmeye başladığı ve onun bir "prenses" gibi yetişmesi gerektiğini düşündükleri için tek söyledikleri, "Annenle daha fazla vakit geçir" olmuştu. Ama söylediğine göre dünyası yıkılmıştı. Zaten, çalışma yaparken yaklaşık yarım saat durmaksızın ağladı.

6 yaşında yaşadığı böyle küçük bir olayla hayatı değişmişti.

Yaklaşık bir ay sonra, ikinci sefer beni ziyaret ettiğinde, bana sarılarak hayatını kurtardığımı, sorunun neredeyse geçtiğini ama çok çok az bir şikâyeti kaldığını, ikinci çalışmaya o yüzden geldiğini söyledi. İkinci çalışmamızı yaptık ve onu bir daha görmedim...

Sadece bu değil, çalıştığım her vakada, çok da önemli olmayan sindirilmeyen olaylar vardı, çoğu bir çalışmada bile temizlenebildi. Tabii ki doğru analiz ile...

Diyabet

Kimilerine göre dikkat edildiği sürece yaşam süresini kısaltmaz. Ama çekenler bilir ki hayatı en çok etkileyen, özgürlüğü kısıtlayan hastalıklardan biridir. Batı tıbbına göre bu hastalığın en önemli nedeni genetik, beslenme ya da stres faktörleri. Peki genetik ve beslenmenin belli bir etkisi olmasına rağmen aslında diyabet yine beynin tetiklediği bir hastalık olabilir mi?

Zaten çok erken yaşlarda başlayan tip 1 diyabet dışında, çoğu zaman stresli bir hayatın diyabet hastalığının gelişmesindeki en önemli faktör olduğu artık kabul ediliyor. Biraz önce öğrendiklerimizi kullanarak aslında diyabetin beyinden neden ve nasıl başlatıldığını görelim...

Kortekste "glikoz" merkezi

Korteks bölümünde "glikoz merkezi" denilen bölge hem glukagon ismiyle anılan hormonun, hem de adını sıkça duyduğumuz insülin hormonunun üretimini kontrol ediyor. Glukagon çok basit anlatımla kandaki kan şekerinin, yani glikozun artırılmasından sorumluyken, insülinse hepimizin bildiği gibi kan şekerini düşürüyor. (Bu hormonların görevlerini çok basite indirgiyoruz biliyorum, ama bu konuyu anlamamız için bize bu kadarı yeterli olacak.)

Glukagon programı

Daha önce sizinle paylaştığım baskın el testini yapmanız için bir başka neden daha.

Sağlak kadınlarla solak erkekler glukagon programını yaşayabilirler.

Sağlak kadınların korktukları ve iğrendikleri bir travmatik olayla başlayabilecek bir program bu... Korkmak ve iğrenmek derken özellikle cinsel taciz, tecavüz benzeri travmaların ya da bir şekilde içinde korkuyla beraber gerçekten "iğrenme" yaratan bir olayın olması yeterli. İğrenilen bir hayvan, iğrenme yaratan kan, kusmuk, dışkı gibi pis olarak algılanabilecek nesnelerin içinde yer alabileceği bir travma da bunu tetikleyebilir.

"Ya solak bir kadın bu travmayı yaşasaydı" diye sorarsanız, o zaman "insülin" programı başlıyor olacaktı.

Önceki satırlarda söylediğim gibi, solak erkekler de bu "glukagon" programından mustarip olabilirler. Onlar için programı başlatan travmanın ana teması farklı... Bu noktada korkulan ve "direnç" gösterilmesi gereken büyük travmalardan bahsediyorum. Gerçekten de korkutarak, zorla yapılan uygulamalara maruz kalan ve direnmek zorunda olduğunu çok şiddetli şekilde hisseden her solak erkek bu biyolojik programı yaşayabilir.

Şimdi de "ya sağlak erkek bu travmayı yaşasaydı" diye soracağınıza eminim. O zaman tahmin ettiğiniz gibi "insülin" programı başlıyor olacaktı.

Şimdi glukagon merkezinde bir program başladığında biyolojik programın evreleri boyunca ne olduğu inceleyelim.

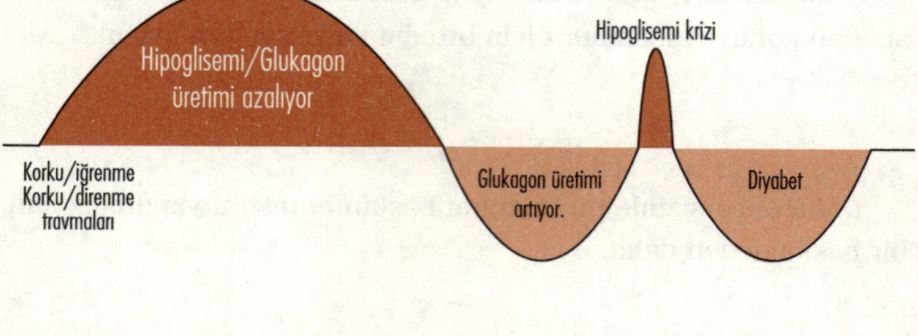

Stres dönemi

Korteksten, yani yeni beynimizden bahsediyoruz, demek ki bu bölümde fonksiyon ya da hücre azalmalı... Evet aynen bu şekilde oluyor. Alfa hücreleri glukagon üretimini azalttıkları için, bu dönemde kan şekerimiz yukarı çekilmekte zorlanıyor. Bu dönem kan şekerimizin düşük olduğu, teknik terimle, "hipoglisemi" yaşadığımız dönem.

Belirtiler derseniz, sürekli acıkma, şekerli yiyeceklere düşkünlük, aşırı iştah, kilo ve obezite bu dönemin en önemli belirtileri. Bu arada "düşük kan şekerinden" mustarip çoğu insan bu durumu fark edemeyebiliyor. Zaten düşük şeker yaşayan insanlar yiyeceklere yüklenerek, bu durumu dengelemeye çalışırken, bir yandan da kilo alıyorlar.

İlk iyileşme dönemi

Eğer beyin biyolojik programı bir şekilde çözmeye karar vermişse, iyileşme sürecinin ilk döneminde kan şekeri yükseliyor.

İyileşme krizi

Daha sonra stres dönemine benzer şekilde ama bu sefer sert düşüşlerin olduğu "hipoglisemi krizleri" dönemi yaşanıyor. Özellikle, bu programın, yüksek şeker sonrasında beklenen hipoglisemi krizlerine dikkat etmek gerekiyor. Zira doktorların gözetiminde olmak, gerekli müdahaleleri yapabilmek önemli.

Son iyileşme dönemi

Eğer beyin tam olarak bu travmayı çözmüşse, şekerin yükseldiği bir dönemden sonra "glukagon programı" tamamen kapanarak, her şey normale dönüyor.

Ancak eğer beyin travmayı tam olarak çözemezse ve bir şekilde iyileşme tam olarak tamamlanamazsa kronik bir diyabet hastalığının yaşanması söz konusu olabiliyor.

Özellikle gençlik döneminde düşük kan şekeri sorunu yaşayan kadınlarda, menopoz sonrası bir anda şeker hastalığı ortaya çıkabiliyor. Bunun nedeniyse, beynin menopoz döneminde artık kadın değil erkek tepkileri vermeye başlaması. Bir başka deyişle, beyinleri onların programını sağlak bir kadından, sağlak erkeğe çevirerek onları menopoz sonrası "şeker hastası" yapabiliyor.

Biraz önce, korku ve iğrenme yaşayan eğer solak bir kadınsa ya da korku, direnme yaşayan eğer sağlak bir erkekse ne olacaktı gibi bir soru sormuştuk. Şimdi gelin buna cevap verelim...

İnsülin programı

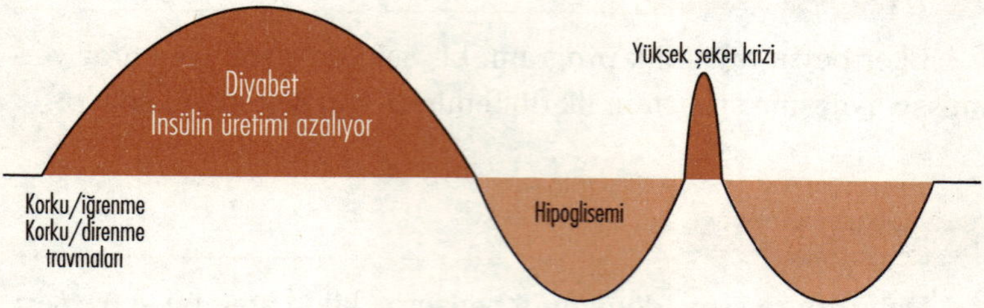

Stres dönemi

Program insülin merkezini ilgilendirdiği için, burada da insülin üretimi azalıyor. Bu, direkt stres döneminde yaşanan şeker hastalığı anlamına geliyor.

İlk iyileşme dönemi

Yine eğer beyin biyolojik programı çözmeye karar verdiyse, iyileşme döneminin ilk aşamasında kan şekeri bir anda düşüyor.

İyileşme krizi

Bu sefer iyileşme krizi döneminde "şeker krizleri" süreci yaşanıyor. Şeker seviyesi, stres dönemine göre çok ani yükselişler gösteriyor. Özellikle, yine şeker krizlerinde azami dikkatli olunması gerekiyor. Doktorun gözetiminde olunması, acil müdahalenin yapılabilmesi çok önemli.

Son iyileşme dönemi

Eğer beyin tam olarak bu travmayı çözmüşse, şekerin düştüğü en son bir dönemden sonra "insülin programı" tamamen kapanarak, her şey normale dönebiliyor.

Neden stres şeker hastalığı üzerinde bu kadar etkili?

Daha önce verdiğim örneği tekrar etmek istiyorum. Aslında ana travmalar, beyinde yanan ateşlerdir. Stres ise gazyağı. Ortaya çıkan ekstra stres, ana travmaları tetikleyerek, bu programların tetiklenmesine sebep olurlar. Bu bütün biyolojik programlar için geçerlidir.

Ben şahsen genel stresi azaltmanın yararına tabii ki tüm kalbimle inanıyor olsam da, sorunu kökten çözmedikçe sadece gazyağını azalttığımızı düşünüyorum.

Sağlık ile ilgilenen herkes iki farklı şeker hastalığı olduğunu bilir. Tip 1 çocuk yaşta başlar ve genelde kişilerin hayatı dışarıdan insülin verilmesiyle devam eder. Tip 2, yetişkin dönemlerde ortaya çıkarak, daha "ılıman" şekilde devam eder.

Burada bahsettiğim programlar her iki tipi de kapsayabilir. Ancak şunu söylemek gerekir ki, tip 1 olarak başlayan şeker hastaları, çoğunlukla sizinle paylaştığım "insülin" programının akışındadırlar. Tabii bu kişilerin beyinleri hiçbir zaman, programı başlatan sebebi beyinde temizleyerek, biyolojik programı sonlandırmazlar.

Bu arada, "Küçük yaşta tip 1 diyabet olmuş bir çocukta nasıl böyle bir program başlar" diye düşünüyor olabilirsiniz. Ancak, şu ana kadar söylediğim gibi aslında çok önemsiz gözüken, hatırlamadığınız ya da şu an gülüp geçtiğiniz olaylar da programların sebepleri olabilirler.

Sonuçta, konu bilinçaltımızın etkilenip kendisini korumaya alıyor olması. Ne yazık ki 6 aylık bir çocuğun bilinçaltı, 60 yaşında bir bilgeliğe sahip değil. Saçma sapan önemsiz olayları ciddiye almaması için bir sebep bulunmuyor.

Bu arada, belirtmek isterim ki tüm şeker hastalıklarının bu programların akışıyla olduğunu düşünmüyorum. Şeker hastalıklarında belli oranda genetik faktörlerin de belirleyici olduğu görülüyor.

Şeker hastalıklarına karşı ne yapabiliriz?

Bize göre şeker hastalığının hiçbir gerçek çözümü yok. Bu süreç sadece kötüye doğru ilerlemek, yavaş yavaş organları bozarak, şiddetini artırarak devam etmek zorunda.

Burada teorik olsa da bu programların bitebileceğinden bahsediyoruz. Gerçekten de inanılmayacak bir şeyden bahsettiğimi düşünüyor olabilirsiniz! Bu, mantığımızı ve şu ana kadar bildiklerimizi çok zorlayan yepyeni bir fikir.

Bütün şeker hastalıklarının iyileşeceği gibi bir iddiam olduğu düşünülmesin. Ancak dünyada birtakım yöntemlerle bu travmaları çözen insanların "mucizevi" bir şekilde insülin iğnelerini bir kenara koyarak hayatlarını devam ettirdiği birçok vaka mevcut. Zira, son 20 yıl içerisinde birtakım yöntemlerle travmalar çok daha etkili olarak beyinden temizlenebiliyorlar. İşte bu yüzden, dünyada bu mucizeleri (aslında biz artık nedenini anladığımız için mucize olmaktan çıkıyorlar) yaşayan birçok insan var.

Özellikle de, tip 2 olarak ilerleyen yıllarda ortaya çıkan şeker hastalıklarında, durumu tetikleyen travmayı bulup beyinden temizleyerek bu hastalıktan kurtulmak mümkün. Bulunması gereken travma, sorun başlamadan birkaç sene öncesine kadar yaşanmış olmalı. Erkekler için travmanın özelliği, korkulan ve direnç gösterilmesi gereken şoklar. Kadınlar içinse, korkulan ve içinde iğrenme durumu bulunan travmalar.

Tabii ki, bu özellikteki herhangi bazı travmaların bulunarak temizlenmesinden değil, beyinde biyolojik programı başlatan olayın temizlenmesinden bahsediyorum.

Bu arada hangi yöntemle olursa olsun, şeker hastalığına psikolojik açıdan, özellikle de ana travmaları temizleyerek çözüm bulmaya çalışan insanların çok dikkatli olmasında yarar olduğunu söylemem gerekiyor. Zira, iyileşme krizleri oldukça şiddetli olabilir. Bu açıdan, böyle bir karar alınacaksa bile bunun kesinlikle ama kesinlikle sıkı doktor gözetimi altında yapılmasının şart olduğunu söylemeliyim.

Deri hastalıkları

Pürüzsüz bir cilt ister misiniz?

Biliyorum, bir anda ağır sağlık konularından güzellik konularına geçmişiz gibi geldi, değil mi? Ama vücudumuzun tamamını kaplayan derimizin sağlığı da çok çok önemli bir konu.
Eğer akne sorunu yaşıyorsanız bu sayfaları dikkatle okumanızı tavsiye ederim. Ne alaka demeyin. Her konuyu beyine bağladık, sizce akneyi bağlamışız suç mu? ☺

Suç değil, çünkü gerçekten burada da konu beyinde başlıyor...

Bir saatlik bir çalışma akne sorununu ortadan kaldırdı

Yurtdışında yaşayan, bana aslında akneden farklı bir konu için gelmiş yirmili yaşların sonunda bir hanımefendiyle tanışmıştım. Bir şekilde konuşmamızın konusu akne sorununa geldi ve bu sorundan çok "mustarip" olduğunu, her türlü kozmetik kullanmasına rağmen hiçbir şekilde sonuç alamadığını söyledi. Ona eğer isterse bana geldiği konu yerine akne konusunda çalışabileceğimizi söyleyince, tereddüt etmeden kabul etti.

Hemen o gün çalışmamızı yaptık. Aylar sonra bana geldiği zaman, o günden itibaren yüzündeki sivilcelerin tamamen iyileşmeye başladığını ve hâlâ buna inanamadığını söyledi. Yıllardır, her türlü ilacı, tedaviyi denemişti. Yaklaşık 1 saatlik çalışmanın sonucunda, yüzündeki akne problemi bir anda geçmeye karar vermişti!

Daha sonra kendisi, yabancı yakın bir arkadaşını, "saç dökülmesinden" şikâyetçi olduğu için Türkiye'ye getirmişti. Arkadaşıyla da çalıştık. Dökülen

saçların çıkması biraz daha uzun zaman alıyor, ama hiç de imkânsız değil.

Tüm bunlar nasıl olur diye sormayın. Zaten artık tahmin ettiğinize eminim. Her iki sorun da beyinlerin verdiği bir karardı. Sadece geri alınmaları gerekiyordu. Nasıl olduğuyla ilgili detayları ise biraz sonra bulacaksınız.

Şimdi kronikleşen deri hastalıklarının nasıl beyinden tetiklendiğini anlama zamanı...

Konunun detaylarına girmeden önce çok ama çok basitçe derimizin yapısını anlayalım. Derimizin farklı bölümleri arasında ikisi oldukça belirgin. İçderimiz "dermis", dışderimiz "epidermis"...

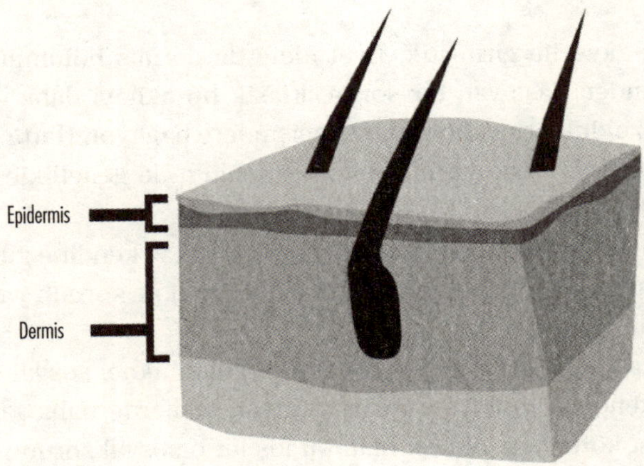

Derinizin katmanları

İçderimiz

Çok basit bir mantıkla, içderimizin evriminin dışderimizinkine göre çok daha erken bir dönemde gerçekleştiğini söyleyebiliriz. Ana amacı da tamamen güvenlik, özellikle de dış etkenlerden, saldırılardan ve güneşten korumak.

İşte bu yüzden, beynimize dışarıdan soyut ya da fiziksel bir saldırı ya da tehdit olduğu zaman, genelde tepkilerini içderiyi kalınlaştırarak veriyor. Gerçekten bir kalkanın kalınlaşması gibi düşünebilirsiniz bu durumu.

Savunma amaçlı olarak, çok erken bir dönemde oluştuğu için, kontrol merkezi eski beyinde "beyincik"te bulunuyor. Eski beynimizin ilk dönemde hücre, doku ya da fonksiyon artırdığını biliyorsunuz. Bu da mantığımıza tamamen uyuyor.

Saldırı var! Hemen tehdit sonrası deriyi kalınlaştır ki, saldırı iç organlara ulaşamasın!

Ana mesele, fiziksel temalar kadar "iğrenme duygusu" da olabiliyor. Zaten burada da iğrenilen maddeden kaçınmak söz konusu. Bir başka deyişle iğrenç maddenin vücuda değmesini istememek için deriyi kalınlaştırmak!

Pire için yorgan yakmak diye buna derim işte!

Akne

Konuya akne ile girmiştik. Evet akne de dermis bölümünde yağ bezlerinden başlayan bir sorun. Klasik tıp akneyi daha çok hormon bozukluklarına, hormonal değişimlere bağlıyor. Hatta daha çok gençlerde akne görülmesinin sebebinin de genellikle bu olduğunu ileriye sürüyor.

Aknesi olanlar alınmasın ama, siz hiç inanılmaz kendine güvenen, çok karizmatik bir arkadaşınızın ciddi bir akne sorunu yaşadığını gördünüz mü?

Hiç olmaz demem tabii. Ancak, çoğu zaman akne, sosyal sorunlar ve kendine güven sorunları yaşayan kişilerde daha fazla görülür. İşin kötü yanı, aknesi olan bu kişiler o sosyal sorunu da daha fazla yaşamak zorunda kalırlar. Akneli yüzlerine kızıp, geçirmeye uğraştıkça da daha büyük bir kısırdöngü içinde bulurlar kendilerini...

Aknesi olan herkes defalarca şu sözleri duymuştur: "Aman sıkma, aman dokunma, yoksa yayılır."

Siz gerçekten aknenin sadece dokunulduğu ve akne sıvısı başka noktalara değdiği için, bir bulaşıcı hastalık misali yayıldığını mı düşünüyorsunuz?

Genel hissiyat bu yönde olsa da size akne sorununu çok farklı şekilde anlatmak istiyorum.

Yaşınız 12. Tam kişiliğinizi oluşturmaya başladığınız, kendinizi bulduğunuz yaş. Karşı cinsin gözünde iyi görünmeyi, herkesin sizden hoşlanmasını istiyorsunuz. Ne kadar güzel ya da yakışıklı olduğunuz konusunda pek bir geribildirim almış değilsiniz. Zira, hayatınızda henüz kimse reddetmemiş sizi. Denemeye fırsatınız olmamış...

Kime sorsanız kabul edermiş gibi geliyor ya da en azından öyle olduğunu umuyorsunuz.

Ve o gün geliyor. Sizi inciten, düşündüğünüz kadar çekici olmadığınızı size yüksek sesle bağıran ilk olayı yaşıyorsunuz. Ve kafanıza dank ediyor...

"Yeterince çekici değilim, yüzüm demek ki çok da güzel ya da yakışıklı değil!"

Ya da belki o dönem, (hormonal dengesizlikten oldu diyelim) yüzünüzde birkaç tane sivilce çıktı. Oldukça küçük, masum sivilceler.

Böyle bir durumda hissedecekleriniz, gerçekten de kimliğinize, yüzünüze karşı yapılan bir saldırı varmış gibi olacaktır. En azından beyniniz, pek de fazla bilge olmadığınız bir dönemde, bu yaşadıklarınızı çok ciddiye alabilir.

"Çekici değilmişim, üstüne üstlük yüzümde iğrenç sivilceler çıkmaya başladı..."

Sivilcelerinizden iğrendikçe, hatta herkesin yüzünüzde bunları gördüğünün farkındalığıyla, onların bakışlarını daha fazla tehdit olarak görmeye başlayacaksınız. Gelsin daha fazla sivilceler!

Kısırdöngünün nasıl işlediğinin farkında mısınız?

Sivilcelerden iğrenmek, başkalarının oraya baktığını hissetmek ana travmaları besliyor.

Peki diyelim ki, hem sivilceyi hem de reddedilmeyi yaşayan başka bir çocuğu ele alalım. Çok fazla mükemmeliyetçi olmayan, kendisiyle genel olarak olduğu haliyle barışık bu çocuk ne yaşarsa yaşasın, bu kısırdöngüye girmeyecektir. Sivilceleri farkında olmadığı, olsa bile umursamadığı için zaten kendiliğinden geçeceklerdir.

Bu örnekten yola çıkarak, ilkel programı kısaca da olsa inceleyelim.

Yaşanılan ilk travmanın bir saldırı olarak ya da iğrenilecek bir şey olarak algılanması gerekiyor.

Stres dönemi

Sivilceler, derinin dermis bölümünde bulunan “yağ bezlerinden” tetikleniyorlar. Yağ bezlerinin normalde amacı, gerektiği oranda deri yüzeyine parlaklık, canlılık ve kayganlık verebilmek.

Ancak, bir saldırı olduğu zaman, yağ bezleri gereğinden fazlasını yapmaya karar veriyor. İşte bu dönemde yağ bezlerinde ekstra hücre üretiliyor. Tek bir yerde değil tabii ki, özellikle bilinçaltının saldırıyı hissettiği noktalarda. Yüzde çıkmasının en büyük sebebi, yüzün bizim en önemli, bize özgü, “eşsiz” yanımız olması.

İyileşme dönemi

Bu dönem biliyoruz ki, bol ağrılı, ödemli ve sivilcelerin şiştiği bir dönem. Tam da sivilceler baş vermeden önceki dönemde olduğu gibi. Zaten bu dönemde bakteriler de işbaşında. Bu programda temizlik yapmak bakterilere düşüyor. Bu bakterinin özel bir adı da var: *propionibacterium*.

İyileşme hep sıvı ortamda gerçekleşir diyoruz. İşte sivilcenin sıvı ortamında iyileşme gerçekleşiyor. Tabii biliyoruz ki, ortada bozulan bir durum yoktu ki iyileşmesi gereksin. Trajikomik bir durum. Ama ne gelir elden!

İyileşme krizi

Kabul ediyorum. Kalp krizine göre oldukça şiddeti düşük bir kriz bu. Ama, sivilcelerin başının çıkması vücudun iyileşmeyi tamamlamak için, sıvıdan kurtulmak istemesi aslında.

Bu programın ne kadar ilkel ve “absürd” olduğu çok açık. Ama işte beynimiz, ekstra “korumacı” ve kraldan çok kralcı modda çalışıyor.

Akneden kurtulmak için

Şimdi konuya giriş yaparken, size anlattığım hikâyeye geri dönelim. Kısa bir çalışmayla, çektiği bu sorunu temizleme şansımız aslında, sivilcelenmeye başlamadan önce yaşadığı, kişiliğine saldırı gibi hissettiği olayı bulmakla oldu. Kitabın sonunda sizinle paylaşacağım sistemle, bu travmanın yaşattığı duygusal etkiyi beyninden temizledikten sonra, sivilceler yüzde çıkacak bir neden bulamadılar. Artık, yüzünün korunmaya ihtiyacı kalmamıştı.

Eğer böyle bir travmatik olay yakalayamamış olsaydım, onu sivilcelerle bilinçaltı seviyesinde barıştırmayı denerdim. Sivilcelerine ve sivilcelerinin hayatına, çekiciliğine olan negatif etkisiyle ilgili öfkesinden kurtulmasına öncelik verir, çalışmayı bu yönde gerçekleştirirdim. Belki ana travmayı, bir başka deyişle programa sebebiyet veren ana olayı çözmek kadar hızlı çalışmayabilirdi. Yine de, onu kısırdöngüden çıkardığım zaman, sivilcelerinde çok hissedilir bir azalmayı tek bir çalışmada bile yaşayabilirdi.

Zona ve melanom

Dermis bölümünde yaşanan ve eski beyinde beyincikten tetiklenen tüm deri hastalıklarında benzer bir ana tema söz konusu. Saldırı ve iğrenme...

Zona hastalığı ve bizim tehlikeli cilt kanseri olarak bildiğimiz "melanom" kanseri de, aynı tema ile ilgili olarak dermis dokusunda yaşanıyor. Akneye benzer bir programla beyincikten tetikleniyor.

Bu hastalıkları yaşatabilecek, vücuda bir saldırı olmuş gibi algılanabilecek birçok olay bulunabilir. Sözlü ve fiziksel saldırılar, cinsel saldırılar, evliler arasında olsa bile istenmeyen cinsel yaklaşımlar, sözlü tehditler...

Ayrıca ameliyat kararları da vücutta tehdit olarak algılanabilir. Bunun en belirgin örneklerini kanserli hastalara yapılan ameliyatlarda görüyoruz. Mesela, cilt (melanom) ya da meme kanserine yakalanan bir hastayı düşünün. Hayatının en büyük travmalarını yaşarken, yeni bir travmayla daha karşı karşıya kalıyor. Bir fiziksel saldırı travmasıyla...

Tabii ki gerektiği yerlerde cerrahi müdahale yapılırken hastaların psikolojisini de göz önüne almak, travmaların domino taşı etkisi yaratmasını engellemek gerekiyor.

Mevcut tedavilere ek olarak, saldırı ya da dokunmaya maruz kalarak iğrenme hissedilen travmaların bulunarak temizlenmesi, kökten iyileşmeye de yardımcı olacaktır.

Dışderimiz ve saçlarımız

Dışderimiz, içderimizden yüz binlerce yıl sonra ortaya çıkmış. İşte bu yüzden, tahmin edebileceğiniz gibi kontrol merkezi, beynin gelişmiş olan korteks bölgesinde bulunuyor.

İnsanoğlunun sosyalliğinin baskın olduğu bir dönemde oluşan derinin teması dokunmak, sevmek, sevilmek. Dışderimiz yani "epidermis"in tepki verdiği travmaların ana teması da bu yüzden terk edilmek, ayrı kalmak, dokunamamak...

Dışderimiz dokunamadığı zaman tepki veriyor.

Bununla beraber, bazen de tam tersi şekilde dokunmayı istemediği, kurtulmak istediği konularda da bu program tetiklenebiliyor. Biraz sonra bahsedeceğimiz herhangi bir dışderi rahatsızlığının nedenini arıyorsanız, ayrı kalmanın dışında, ayrılmayı istemek ya da kurtulmak gibi temaların da aklınızda bulunmasını tavsiye ediyorum.

Stres dönemi

Eğer sevdiğimizden acı ve yoğun bir travmayla ayrılırsak, beynimiz bu acıya dışderimiz üzerinden tepki veriyor. Amacı ayrı kaldığımız süre boyunca, derimizdeki hassasiyeti azaltarak "acı çekmemizi önlemek".

Korteksten kontrol ediliyor olması zaten, ilk dönemde hücre ya da fonksiyon kaybını aklımıza getirmeliydi. Burada yaşanan da tamamen beklentilerimiz dahilinde.

Dışderinin farklı bölümleri, stres döneminde tepki verdiği zaman, travmanın şiddetine göre farklı rahatsızlıklar ortaya çıkabilir. Ama stres dönemindeki rahatsızlıkların ortak noktası kurumuş, döküntülü bir derinin ortaya çıkması. Bazen çok yoğun travmatik olaylarda stres döneminde deride fark edilir derecede his kaybı olabilir.

Vitiligo hastalığı, ayrılık travmasının stres döneminde çıkan bir rahatsızlık. Eğer başlayan program epidermis katmanının altında, yine yeni beyinden kontrol edilen, deriye rengini veren pigmentleri etkilerse vitiligo ortaya çıkıyor. Ne yazık ki, vitiligo bu cilt rahatsızlıkları arasında eskiye en zor dönebilenlerden biri. Zira, stres döneminde beyaz olan pigmentler, iyileşme dönemine girilince pembeleşiyorlar. Rahatsızlığın şiddetine göre, iyileşme döneminin sonuna gelinip program bittiği zaman bu pembelikler, tam normal rengine dönemeyebiliyorlar ya da dönmeleri uzun zaman sürebiliyor.

Ve saç dökülmesi... Saç dökülmesi derken, erkeklerin özellikle genetik şekilde saçlarının yavaş yavaş dökülmesinden değil, belli bir yerdeki vücut tüylerinin normalin dışında dökülmesinden bahsediyorum. Dökülen, saçlar olabileceği gibi, yüz ya da koldaki tüyler de olabilir. Özellikle saçları etkilediği zaman, bu durum oldukça rahatsız edici görüntüleri ortaya çıkarabiliyor.

Saç dökülmesi, programın stres döneminde ortaya çıkan bir sorun. Bir türlü çözülemeyen kelliklerde, programın stres döneminde takıldığı, hiçbir zaman çözülmediği anlamına geliyor. Eğer ayrılık programı çözüm sürecine ulaştırılabilirse saçların eski haline dönmemesi için hiçbir engel yok. Tek yapılması gereken, saçlar dökülmeye başlamadan kısa süre önce yaşanan travmayı doğru tespit ederek çözüme ulaştırmak.

İyileşme dönemi

Aslında kronik deri hastalıkları dediklerimiz çoğu zaman iyileşme döneminde ortaya çıkan belirtiler.

Mesela, egzamayı düşünün, hem sulu hem kızarık bir görüntü. Tamamen iyileşme döneminde beklediğimiz belirtiler. Belli bir süre sonra egzama geçse de, çoğu zaman bu sorun kronikleşir. Ve hayat boyu çeşitli zamanlarda, bu şikâyeti yaşayanın kapısını çalmaya devam eder.

Bir iyileşme dönemi rahatsızlığı olduğu için, beyin bu programı başlatan travmayla ilgili olarak "rahatladığını" hissettiği zaman, deride de egzama belirtileri başlar. O yüzden sorunu başlatan travmayı tespit edebilmek için, hayatınızda ilk kez egzama çıkmasından çok az süre önce, "O dönem kimle yeniden birleştim, kime kavuştum ya da kimden ayrıldığımı artık unuttum?" benzeri sorular sormakta yarar var.

Eğer başlangıcı hatırlamıyorsanız, bunu son egzama rahatsızlığınızdan öncesi için de düşünebilirsiniz. Son egzamanızın başlamasından kısa süre önce "kime kavuştunuz, kiminle yaşadığınız ayrılık acısını artık unuttunuz?" Bu, egzamanızdan çok daha sonra tanıştığınız bir kişi de olabilir. Ama en azından, bu kişinin hayatınızdaki rolü size ilk travmanın doğası hakkında bilgi verebilir.

Hayatınızda hiç, bir deri rahatsızlığınız için kortizonlu krem kullandınız mı?
Eğer kullandıysanız, çoğunlukla kortizonlu kremin kronik rahatsızlığı yok ettiğini, daha sonra bu durumun tekrarladığını tecrübe edersiniz. Öncelikle, uygulanan kortizon rahatsızlığı nasıl geçirdi? Ama rahatsızlık sonra neden nüksetti?
Kortizon aslında çok güçlü bir "sempatik" (aslında pek de sempatik değil ☺) ilaç. Sempatik derken, uygulandığı zaman sempatik sinir sistemini, bir başka deyişle "stresi" aktive ediyor. Bu da uygulandığı bölgedeki deri rahatsızlığının tekrar "stres dönemine" geçmesini sağlıyor. Beyinde iyileşme olmadan, sanki zamanı geri alır gibi ikinci dönemden ilk döneme geçiş yapılıyor.
Biraz önce, çoğu deri rahatsızlığında ilk dönemde çok bariz belirtiler olmadığını söylemiştik. Zaten bu yüzden kortizon kullanımında deri rahatsızlığı geçici olarak tekrar stres dönemine geçtiği için belirtiler bir anda kayboluyor. Peki ne zamana kadar?
Beyin tekrar iyileşme dönemine geçene kadar. İşte bu döngü böyle devam ediyor...

Bazal hücre karsinomu epidermis katmanında ortaya çıkabilen bir tür kanser çeşidi olarak biliniyor. Bu biyolojik program da "ayrılık" teması ve ilerleyişi bakımından diğer epidermis rahatsızlıklarından pek farklı değil. Şunu da belirtmek isterim ki, sırf farklı bir hücre grubunu etkilediği ve iyileşme dönemi tam tamamlanamadığı ve geçmediği için bu rahatsızlığa karsinom demenin, çok gereksiz bir "olmayan yangına körükle gitme" vakası olduğunu düşünüyorum.

Rosacea kelimesini duymamış olabilirsiniz. Yanakların şişmesi ve kızarmasıyla ilgili, erişkin aknesi olarak bilinen bir rahatsızlık. Ancak eğer bu konuda mustarip birini tanıyorsanız, başlangıcını tetikleyen olay yine bir ayrı kalma, dokunamama ya da dokunmayı istememe travmasıdır. "Neden yanaklar?" diye bir soru geçiyorsa aklınızdan, bu konuyu da birazdan detaylıca inceliyor olacağız.

Bir diğer deri sorunu olan siğil, görüntü olarak diğerlerinden çok daha farklı. Ayrıca diğerlerinden daha fazla virüsleri çağrıştırır. Ancak şunu söylemeliyim ki, özellikle elde ve ayakta çıkan siğillerle ilgili olarak "ayrılık travmasının" bulunduğu ya da bunun farkına varıldığı anda, bu siğillerin bir daha çıkmamak üzere tamamen geçmeye başladığını çok gördüm. Burada "ayrılık" derken aklınıza sadece bir sevgiliden, eşten, aile yakınından ayrılmak gelmesin. Bir yerden başka bir yere taşınma, bir şehri, bir yeri terk etme de bize ayrılık travması yaşatan durumlardır.

Vücutta deri sorunlarının olduğu yer ne anlama geliyor?

Eğer ayrılık travması söz konusu ise genelde deri sorunlarının yaşanabileceği yerler özellikle bu kişiye dokunduğumuz, onun bize dokunduğu noktalar. Mesela, bir büyük için başımızın üstü (eğer başımızı okşamışsa) beynimizin bu kişiyi ilişkilendirdiği nokta olabilir. Ve onu büyük bir travmayla kaybetmek, saç dökülmesi başlatabilir. Yanaklarımız, ellerimiz, kollarımızın içi, göğsümüz ve vücudumuzun çok farklı noktaları da derimizde "ayrılık" programının başladığı yerler olabilir.

Diğer önemli nokta, korteksten yönetildiği için, baskın el kuralı dışderi (epidermis) için geçerlidir. Mesela, saçların tek tarafının dökülmesi, vücutta sadece tek tarafta sorun yaşamasıyla baskın el kuralı akla gelmeli. Böylece ayrılık temasının anne/çocuk mu, yoksa baba/eş mi kaynaklı olduğu ortaya çıkacaktır.

Başka bir önemli nokta da şu: Özellikle kolların ve bacakların iç kısımları sevilen birisinden ayrılmakla ilgiliyken, dış kısımlar "ayrılmaya çalışma, kurtulamama, dokunmayı istememe" travmasını akla getirmeli.

Bu arada yukarıda bahsettiğim kurallar, içderimizi de büyük oranda kapsıyor. Eski beynin yeni bölümü tarafından, yani beyincikten kontrol edildiği için baskın el kuralı burada da hâlâ geçerli. Ve yine, sorunun yaşandığı bölgelerin, bilinçaltının saldırı ya da kirlenmişlik hissettiği yerler olması oldukça mümkün. Bu açıdan, içderi programlarındaki ana travmayı ararken benzer değerlendirmeler yapabilirsiniz.

Size bölümün başında bir akne ve saç dökülmesi vakasından bahsetmiştim. Sözünü ettiğim kadın danışanımda akneyi başlatan olay yurtdışında yaşanan, içinde biraz da "yabancı düşmanlığı" barındıran pek de önemli olmayan bir olaydı. Ancak, beyin o ana takılarak çok gereksiz bir süreç başlatmıştı.

Akne sorununu çözdüğümüz kadın tarafından bana yönlendirilen yabancı danışanımda ise saç dökülmesi söz konusuydu. Bu kişinin durumunda ayrılık teması, çocukken babasının başka bir evde başka bir kadınla olduğunu öğrenmesi ve onları orada bizzat yan yana görmesiyle başlamıştı. Bir şekilde, babasının yaşadığı farklı bir evi daha vardı. Hissettiği, çocuk beyni için hiç beklemediği çok ama çok büyük bir şoktu. Onun beyni, yaşadığı olayı "babasını kaybetmek" olarak algılamış ve muhtemelen babasıyla en çok ilişkilendirdiği noktayı, babasının onu küçük bir kızken okşadığı kafasını hedef almıştı.

Nezle-grip

"Yok artık! Nezle ve grip de mi beyinden kaynaklanıyor?" dediğinizi duyar gibiyim. Çünkü nezle ve grip denince doğal olarak hepimizin aklına hemen mikroplar, bakteriler, virüsler gelir. Zaten bildiğiniz gibi grip "influenza" isminde bir virüsle anılır.

Sizi uyarayım! Burada inanç sisteminizi biraz olsun zorlayacağımı biliyorum. Ama şu ana kadar öğrendiklerinizi biraz sonra okuyacaklarınızla harmanlarsanız hastalık meselesinde çok daha iyi bir noktaya geleceğinize eminim.

Hayatınızda hiç kötü bir dönemin ardından artık daha çok grip olmaya başladığınızı fark ettiniz mi? Ya da kendinizi yılın aynı zamanında sürekli tekrarlayan benzer bir hastalık döngüsünün içinde buldunuz mu?

Peki hiç merak ettiniz mi? Tüm "salgınlara rağmen" neden bazıları hiç grip olmaz?

Ortamdaki mikroplar ya da virüsler neden sadece belirli zamanda aktive olurlar? Bunun açıklaması sadece bağışıklık sisteminin zayıflaması mıdır?

Kitabımın başlarında her durumu bağışıklık sistemine bağlamak konusunda detaylı eleştirimi yapmıştım.

Peki aslında grip olacağınıza inanarak, bunu başarabileceğinizi biliyor musunuz?

Ya da tersi şekilde, grip olmadığınız ve olmayacağınız konusunda bir inanç geliştirirseniz size nasıl faydaları olacağını?

Hiç tatile gittiğiniz zaman nezle ya da gribe yakalandınız mı? Peki, o gribin nedeni sadece uçağın, otobüsün ya da arabanın kliması mıydı?

Size en son sorum... Hayatınızda hiç nezle ya da grip semptomunu tamamen alerjik şekilde saniyeler içinde yaşayabilen insanlar gördünüz mü?

Ben gördüm! Alerjik olarak bu belirtileri saniyeler içinde yaşayan insanlar var. Demek ki, aslında bu olayın beyin tarafından gerçekleştirilen farklı bir yanı olmalı. Sonuçta mikroplar sanki "terörist baskını" gibi saniyeler içinde işi bitirip gidemezler.

"Ben bilmem, yine beyin bilir!"

Şimdi yukarıda sorduğum soruları basitçe cevaplayalım...

Mikrop ve virüslerin nezle ya da gribin ilerleyiş sürecinde önemli bir görevinin olduğu inkâr edilemeyecek bir gerçek. Ama bu süreci tetikleyen ana etken yine beynimiz! Bu da farklı bir biyolojik program. Korteks (yeni beyin) tarafından yönetilen sinüs kanallarımızı açma ve kapamayla ortaya çıkan bir durum.

Bu arada sadece insanlar nezle olmuyor. Köpekler, kediler, tavuklar, hepsi nezle oluyor... Köpekleri düşünün. Onların savunmasını kolaylaştıran en önemli unsur nedir?

Tabii ki koku duyuları. Tehlikede olan hangi hayvan olursa olsun, eğer daha iyi koklayabilirse, buna karşı önlem alması kolaylaşacak, bu şekilde hayatta kalma ihtimali artacaktır. Aslında programı başlatan mesele de tamamen bu işte! Tehdit olduğu zaman daha dikkatli olunabilmesi için sinüs kanallarını açmak. Beynimiz tüm tehditlerde bu programı aktiflemiyor. Tehdidi daha iyi koklayarak önleyebileceğini düşündüğü zaman böyle bir yola giriyor.

Stres dönemi

Sinüslerin korteks tarafından kontrol edilmesi zaten bizim sistemimizle tamamen tutarlı. Vücutta kanalları korteks açıyor. Tıp adamlarının kuluçka dönemi dedikleri de, zaten bizim stres dönemi adını verdiğimiz dönem. Nezle ya da gribin kuluçka süreleri genelde 2-3 günden 2 haftaya kadar çıkabilir.

İyileşme dönemi

Daha önce söylediğimiz gibi, “iyileşme hep sıvı ortamda, ödem ile gerçekleşir”. Sizce burundaki o sıvı ne olabilir?

Çok bariz öyle değil mi? Tabii ki “sümük”.

İyileşme dönemlerinin ortak özelliği nedir?

Baş ağrısı olabilir. Vücut ısısı yükselebilir, ateş olabilir. Zaten farkındaysanız, bunlar nezle ya da griplerin de en önemli belirtileri. Aslında yaşanan belirtiler sadece vücudun iyileştiği anlamına geliyor. Bizim hastalık diye düşündüğümüz evre zaten vücudun, gerçekleştirdiği değişikliği geriye alması.

Peki neden özellikle de griplerde başımız ağrıyor derseniz, cevap yine tahmin ettiğiniz gibi. Beynimizdeki ilgili kontrol merkezlerinde olan ödem.

İyileşme krizi

Baş sadece ödem olduğu için değil, ödemi atabilmek için de ağrır. Hatta bu yüzden yaşanan iyileşme krizleri ağrının da arttığı dönemler olabilir.

Hapşırma nedir biliyor musunuz? Burun deliklerindeki yabancı maddelerin dışarı atılmasını sağlayan bir refleks. Bu programın iyileşme krizlerinde, ara ara gerçekleşen hapşırıklar sinüslerdeki iyileşme sırasında biriken sıvının dışarı atılmasını sağlıyor.

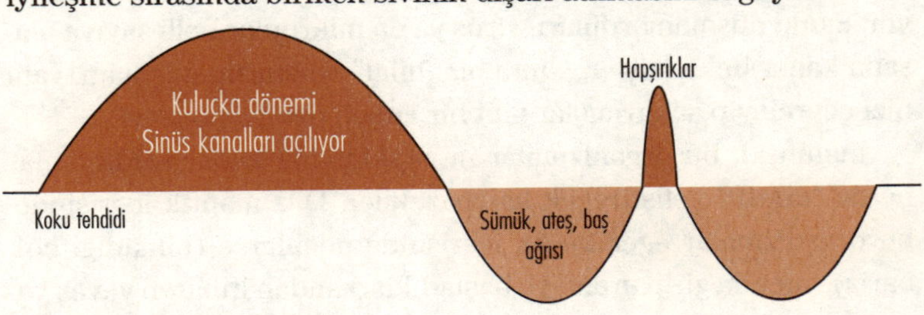

Grip? Nezle? Farkı ne?

Grip ve nezle de, korteksten yönetilen sinüs kanallarının bu ilkel programıyla ilgili. Tek farkları şiddeti. Eğer şiddetliyse ve ateş varsa grip, bunlar yoksa nezle diyerek geçiştiriyoruz.

Ya mikroplar?

Tüm bu senaryo içinde bulaşıcılık etkisi, mikroplar, virüsler nerede duruyor derseniz hemen yanıt verelim: Onlar zaten vücudumuzda her zaman belli oranda var. Beyin belli dönemlerde onları artırmaya ve "kullanmaya" karar veriyor. Yanlış okumadınız. Ben de yanlış yazmadım! İşte kitabımın en ezber bozan cümlelerinden birini daha okudunuz. "Kullanmak" dedim! Tashih, editörden kaçmış bir hata yok!

Koku tehdidi başlar başlamaz, beyin bir biyolojik programa karar verirse stres döneminde mikrop ve virüslerin sayısı vücutta artıyor. Onlar vücudun ilgili yerinde üremeye başlıyorlar. Bu, kuluçka dönemine denk geliyor.

Mikroplar ve virüsler bu dönemde asla aktif değiller. Aktif olmaları tamamen beyine bağlı. Beyin, programın iyileşme dönemine girilebileceğine karar verirse bunu gerçekleştiriyor.

Şunu sorgulayın... Kuluçka döneminin sonlarına doğru, hastalığın tam anlamıyla kendini belli etmesine birkaç saat kala vücudumuzda çok daha fazla mikrop ya da virüs var. Neden o an hastalık belirtisi yaşamıyoruz?

Burada klasik tıbbın verdiği açıklama, ünlü Türk komutanı Alparslan'ın savaşlarda kullandığı meşhur "hilal taktiğini" andırıyor. Sanki düşman orduları, virüs ya da mikroplar belli sayıya ulaşana kadar beklemişler, sonra bir "hilal" oluşturup düşmanı, yani bizi çevreleyip saldırmışlar gibi bir anlam ortaya çıkıyor!

İnanın ki, bu organizmalar ne açıklandığı kadar saldırganlar ne de "taktik" geliştirecek kadar zekiler. Düz mantık içerisinde, bu organizmalar eğer taktik içerisinde değillerse (olmadığı çok bariz), vücuda girip üremeye başladıkları andan itibaren yavaş yavaş artacak şekilde, hastalık belirtilerini başlatırlardı.

Yaşanan asla böyle değil. Bu organizmalar, gayet sessiz ve sakin bir şekilde, "o zaman" gelene kadar vücutta bekliyorlar. "O zaman" ne zaman derseniz, beynin karar verdiği an!

Aslında bu yaşanılan hastalık, beynin başlattığı ve aşamalarına kendi karar verdiği bir program. Mevcut bilgilerinizi çok zorladığımın farkındayım. "Beyin nasıl böyle bir şeye karar verebilir, kendini neden hasta ediyor?" diye düşünüyorsunuz, biliyorum. Ama en baştan anlattığım gibi beyin aşırı korumacı şekilde, ilkel tehditlere yönelik tepkiler veriyor.

Şimdi bölümün başında sorduğumuz bazı soruları cevaplamaya çalışalım. Mesela, neden yılın tümüne baktığımızda belli bir mevsimde hasta oluyoruz?

Aslında çoğumuzun beyni kış aylarını tehlikeli görüyor! Özellikle bu mevsimi sevmeyen, daha önce de hastalanmış kişilerde, "Yeniden hasta olacağım, dikkat edeyim" korkusu zaten bir koku tehdidi yaratıyor. Yani korkunun kendisi bir koku tehdidi olarak algılanıyor ve böylece beyinde bahsettiğimiz biyolojik programı başlatıyor. İşte bu yüzden genelde bunu aklına bile getirmeyenler çok daha sağlıklı bir kış geçiriyorlar. Kısacası korkulan başa geliyor.

Bu konuda dikkatli olma isteği bazen işi kronikleştirebiliyor. Ancak sonunda 1-2 sezonu sağlıklı geçiren bir kişi, o döngüden çıkarak çok daha az grip olan birine dönüşebiliyor. Yılın belli zamanlarında hasta olmak, inanın en çok bununla ilgili... Kalıbı kırıp ters inancı bilinçaltı seviyesinde geliştirdiğiniz zaman, işe yarıyor.

Bu arada çevrenizde birisinin gripli olması da zaten bir şekilde, "Hava üzerinden bana da bulaşacak" gibi bir "koku tehdidini" tetikliyor. Ve korkulan başa geliyor. Ancak, "Ben asla grip olmam" diye kalpten inanan biri; başkalarının, "Bağışıklık sistemi ne kadar da güçlü" diye bahsettiği biri olarak hayatına devam ediyor.

Bu onun başka hastalıklar yaşamayacağı anlamına gelmiyor. Eğer aile büyüklerinde başka hastalıklar mevcut olduğu için onları geçirebileceğine inanıyorsa ve bol travmalı zor bir hayatı varsa onun da "o güçlü bağışıklık sistemi" pek bir işe yaramıyor.

Daha önce bahsettiğimiz gibi, bağışıklık sistemi, öyle "portakal suyu" içerek, vitamin takviyesiyle tavana vurdurulabilecek bir "endeks" değil!

Bunun yanında uçak yolculuklarında hastalanmamızın sebebi de sadece virüsler, mikroplar ve havalandırma değil. Aslında çoğu zaman bulunduğumuz şehirden ayrılınca, sorunlarımızdan uzaklaştığımız için, beyin o an eğer varsa mevcut olan koku tehdit programını çözüme ulaştırıyor. Ve sonrasında neyin tetiklendiğini biliyorsunuz...

Nezle ve gribe karşı ne yapabiliriz?

Aslında size bu konuda tavsiyem, klasik inançlardan uzak durmanız. Soğukta dikkatli olayım, kimseyle öpüşmeyeyim, her yeri dezenfekte edeyim, kışın grip olabilirim... Aslında beyni nezle ve griple ilgili en çok tetikleyen faktör zaten, bir şekilde "koku tehditleri".

Tam da bu yüzden yılın belli bir döneminde hastalanıyoruz, sonraki senelerde döngü devam ediyor. Yine aynı sebepten, "Ben hiç hasta olmam" diyen biri hayatına gayet sağlıklı, "gripsiz" bir şekilde devam edebiliyor. Sürekli grip olurum diye korkan biri zaten, farkında olmadan beyninde eskiden yaşadığı "koku tehditlerini" tetikliyor. Grip olacağı konusunda korkutulan biri de, ironik bir şekilde sürekli hastalanıyor.

Ayakta? Yatarak?

Şimdi ağır bir gribi nasıl geçirmek lazım onu konuşalım. Bu aslında tam bir kişisel tercih! Evet evet, yine yanlış okumadınız. "Hadi canım, ben mi istedim bir hafta yatak döşek yatmayı yani?" dediğinizi duyar gibiyim. Size tavsiyem şu olabilir: Eğer evde geçirip, bolca dinlenir, grip belirtilerini sonuna kadar yaşarsanız belki çok zor bir dönem geçirsiniz, ancak program hızlı şekilde sonlanır.

Ancak iyileşmeden dışarı çıkarak, kendinizi özellikle de takviyelerle "stres döneminin" enerjisine bırakırsanız daha az şiddetli rahatsızlık belirtileri yaşasanız da hastalığınızın süresi uzayacaktır. Hangisini tercih edeceğiniz tamamen size kalmış.

Alerjiler

Alerji vücudun, aslında zararlı olmayan bazı maddelerden veya hava şartlarından etkilenmesi ya da psikolojik etkenler sonucu bazı maddelere aşırı reaksiyon göstermesidir.

Alerjileri olanlar bilir. İnsanın hayatını mahvedebilme potansiyeline sahip bir rahatsızlıktır!

Kutudan her şey çıkabilir. Hem alerjiyi birçok farklı etken tetikleyebilir, hem de vücutta birçok farklı rahatsızlık belirtisi yaşanabilir.

Farkındaysanız alerjinin iki farklı unsuru bulunuyor.

- Tetikleyici
- Vücuttaki etki

Öncelikle tetikleyiciyi ele alalım. Neden bazı maddeler vücudumuzda başka şeylerin yapmadığı etkiler yaratıyorlar?

Aslında her şeyin suçlusu yine Pavlov ve o köpek!

Tabii ki öyle değil. Ancak tercihlerimizi şartlandırmalarımız belirliyor. *Beynine Format At* ve *Yıka Beynini* kitaplarımda çok detaylı olarak şartlandırmaların nasıl hayatımızı, tercihlerimizi belirlediğinden bahsetmiştim.

Geçmiş sayfalarda da, programları bu şartlanmaların yeniden başlattığını anlattık. Hatta programların tamamlanamadan kronikleşmesinin sebebi, beynimizin travmaları ilişkilendirdiği insanlar, yerler, nesneler tarafından yeniden tetiklenmesiydi.

Çok ama çok şiddetli travmalarda, duyguların şiddeti çok yoğunken, bu ilişkilendirmeler normalden çok daha güçlü şekilde yapılıyor. Bunun nedeni daha önce söylediğimiz gibi, beynin travma sırasında bütün ortamı detayıyla süzerek, çok hızlı bir şekilde kaydetmesi. Böyle bir korumaya girmesinin sebebi, benzer durum ortaya çıkarsa verdiği tepkiyi yeniden verebilmek. Aslında alerjiyi başlatan da bu fazla korumacılık.

Peki beyin ortamda travmayı tetikleyici olarak hangi faktörleri seçiyor?

Bunun belli bir kuralı yok. İşte bu yüzden alerjilerin tetikleyicileri, beynin travma sırasında ilişkilendirdiği her şey olabilir. Bir koku, tat, dokunuş, hava durumu, sindirilen bir besin, havadaki polen, toz. İnsanlar bile alerjik tepki yaratabilir. Ya da yerler.

Tetikleyicilerin her şey olabileceğini söylüyoruz, peki ya yaşananlar? Mesela neden gözler yaşarabiliyor, deride pişikler çıkıyor? Neden hapşırık, nezle ve hatta çok daha ciddi belirtiler oluşabiliyor?

Cevap şu ki, biz genellikle sadece fark edebileceğimiz kadar hızlı ve gözle görülecek kadar bariz biyolojik programlara alerji adını veriyoruz. Sadece bazı vücut bölümleri bu kadar hızlı ve çok net görülen tepkiler verebiliyorlar. Mesela,

- Deri
- Solunum sistemi (ağız, burun, yutak, gırtlak, soluk borusu, akciğer, bronş)
- Konjonktiva (göz küresinin ön yüzünde ve kapakların iç kısmında bulunan ince zar)

Aslında travmatik anlarda kaydedilen her şey, tüm biyolojik programları tetikleyebiliyor. Çoğu zaman tetiklenme durumu vücutta çok net ve hızlı bir şekilde hissedilmediği için biz onları alerji olarak adlandırmıyoruz.

Alerjilerden kurtulmak için

İşin mantığını anladık. Peki alerjilerden nasıl kurtulacağız?

Bunu yapmanın en basit yolu, aslında ilk travmayı tespit etmek. Nasıl bir program yaşadığımızı, alerjinin hangi organı etkilediğini anlayarak orijinal travmayı bulabiliriz.

Bazen sadece travmayı tespit etmek, farkındalığı yaşamak bile bu gereksiz ilişkilendirmenin beyinde kopmasını sağlayabilir. Ancak, bu yetmiyorsa yapılması gereken, kitabın sonunda paylaşacağım sistemle bu travmanın duygusal etkisinin beyinden silinmesi olacaktır.

Çilek alerjisini başlatan travma yıllar öncesine gidiyordu

Çalıştığım kişilerden 40 yaşlarında üç çocuk annesi bir kadının çilek alerjisi vardı. Ne zaman çilek yese, damağında çok ağrı veren aft yaraları çıkıyordu.

Aslında bana kilo sorunuyla ilgili olarak gelmiş olsa da, konuşmamız arasında bu sorundan da bahsetti. Kendisine çilekle ilgili, bir yerden çilek alıp yemesiyle ilgili herhangi bir travma yaşayıp yaşamadığını sordum.

Bu arada işin ilginç tarafı, çilek yediği zaman sadece ağzının sağ tarafında bu yaralar çıkıyordu. (Biraz sonra bu durumun önemini anlatacağım.)

Yıllar önce bir Ege köyünde aile ziyaretindeyken komşunun bahçesinden çilek çalarken yakalanması üzerine çok utandığını hatırladı. Biz sadece bu olayın üzerinden giderek, yaklaşık 20 dakika süren bir çalışma yaptık.

Bu çalışmadan sonra, ilerleyen günlerde ondan haber aldım. Çilek alerjisinden eser kalmamıştı!

Peki neden çilek yemek ve neden ağzın sağ tarafı, şimdi bunu anlayalım...

Ağız ve gırtlak bölgesi

Bir önceki sayfada size bahsettiğim, ne zaman çilek yese ağzında aft yaraları çıkan danışanımın durumu tabii ki alerjik bir reaksiyondu. Ama neden bu tepkiyi ağız yarası olarak yaşıyordu?

Şimdi ağzımızı ve gırtlak bölgesindeki organları beraber ele alalım.

- Ağız
- Damak
- Dil
- Tükürük bezleri
- Yutak (farenks)
- Tiroit bezleri

Bu organları beraber ele almamızın sebebi hepsinin kontrol merkezlerinin beyin sapında bulunması ve aynı temadaki tehdide tepki vermeleri.

"Besin lokması"

Ağız ve gırtlak bölgesinde yukarıda bahsi geçen tüm organların tehdit teması bir "besin lokması" ile ilgilidir. O lokmayı içeri alamamak ya da atamamak.

Bir örnek verelim. Çok sevdiğiniz bir yiyeceği düşündüğünüz zaman ağzınızda yaşadığınız en belirgin tepki nedir?

Türkçemizde iki tane deyim var ki, bu durumu çok iyi açıklıyor.

"Ağzı sulanmak" ya da "salyaları akmak". Farkındaysanız bu deyim sadece yiyecekler için kullanılmıyor.

Peki sizce neden ağzımız sulanıyor ya da salyalarımız akıyor? Tabii ki tükürük bezleri devreye giriyor. Buradaki ilkel tepki, istediğimiz besini tükürük ile içeri çekme refleksi. Üzgünüm ama kurbağa benzeri canlıların sinekleri avlama tepkisinden pek de farklı değil bu refleksimiz.

Yine de size şunu söylemek isterim: Sadece biraz önce size verdiğim liste için geçerli olmak üzere, bu organların sağ tarafı bir besin lokmasını "içeri" almakla ilgiliyken, sol taraf o lokmalardan kurtulmakla ilgilidir.

Ağız ve gırtlak bölgesinin sağ tarafı içeri almak, sol tarafı dışarı atmakla ilgili.

Beynimizin bu kuralı milyonlarca yıl öncesinin fiziksel gerçeklerine dayansa da, şu an uygulama şekli mecazi olarak "edinilmek" ya da "kurtulunmak" istenen her konuyla ilgili olabilir. Mesela, işte yükselmek, beğendiğimiz birini hayatımıza katmak, para kazanmak, üniversiteye girmek gibi tüm hedefler ilkel beynimiz (beyin sapı) tarafından "besin lokması" olarak değerlendirilebilirler.

Ya da patrona teslim etmemiz gereken bir iş, kurtulmak istediğimiz bir ilişki, ayrılmak istediğimiz bir okul da yine beyin sapı tarafından kurtulunmak istenen bir lokma olarak değerlendirilebilir. Bunun yanında, söylemek istediklerinizi söyleyememek de, ağzın sol tarafını etkileyen en büyük duygusal çatışmaların başında geliyor. Kelimelerin bir türlü dışarı çıkarılamaması, tıpkı bir besin gibi algılanarak, ağız ve gırtlak bölgesinin sol tarafında sıkıntıların yaşanmasına sebep olabiliyor.

Biliyorsunuz baskın el kuralı bir tek beyin sapından kontrol edilen organlar için geçerli değildi. Burada sadece ağız bölgesinde bulunan ve beyin sapından kontrol edilen organlar için farklı bir kural devreye giriyor. Sağ tarafın "içeri alınan", sol tarafınsa "dışarı atılan" besinlerle ilgili olması kuralı.

Zaten ağzımızın ya da tükürüğümüzün sadece besinleri içeri alma görevi bulunmuyor. Hatırlamalıyız ki, bize zararlı olabilecek besinlerin sindirime hiç girmeden anında geri tükürülmesi gerekiyor. Sert, bozulmuş, zararlı besinlerin anında dışarı atılmasının bizim sağlığımız ve böylece beynimiz için ne kadar kritik olduğunu söylemeye gerek olmadığını düşünüyorum.

Neden sağ ve sol taraflar bu şekilde paylaşılmış derseniz, bunun nedeni tekhücreli ilk organizmalara dayanıyor. Sizi sıkabileceğini düşündüğüm ve daha pratik bilgilere eğilmek istediğim için bu durumun detaylarını şimdilik atlıyorum.

Bu arada ağzımızın tüm bölümlerinin eski beyinde, beyin sapı tarafından kontrol edilmesi gibi bir durum söz konusu değil. Sonradan oluşmuş bazı dokular da korteks tarafından kontrol ediliyorlar.

Tüm bu organların detaylarına girmesek de önemli gördüğüm için tiroit bezlerini kısaca inceleyelim.

Tiroit sorunları

Tiroit bezleri "tiroksin" isimli hormonun üretimini gerçekleştirdiği, metabolizmanın hızını etkilediği için vücudumuz açısından çok önemlidir. Tiroksinin görevi besinleri enerjiye çevirmek. Tiroksinin fazlalığı hipertroidi, azlığı ise hipotiroidi hastası olunması anlamına geliyor. Bildiğiniz gibi hipertiroidi olan kişiler oldukça enerjik olmalarının yanında, yediklerini fazlasıyla yakarlar. Hipotiroidi sorunu olanlarsa, yediklerini yakamadıkları için kilo sorunu yaşarlar.

Ulaşılamayan bir hedef ya da bir türlü kurtulunamayan bir durumun yaşandığı travmalarda, enerjiyi artırmak adına tiroksin hormonunun üretimi de artıyor. Buradaki amaç fazla tiroksin üzerinden daha fazla enerji vererek, bu durumdan kurtulunması.

Stres dönemi

Stres döneminde tiroksin üretiminin artırılması için tiroit daha aktif bir şekilde çalıştırılıyor. Gerektiği yerde, özellikle büyük travmalarda, bu süreç ekstra hücre üretimiyle destekleniyor. Bu dönemde yaşanan duruma hipertiroidi adı veriliyor. Aslında, fazla enerji, ideal kilo gibi herkesin hoşuna gidebilecek belirtiler.

İyileşme dönemi

Beyin belirli bir süre sonra, hedefe ulaşıldığına ya da kurtulunmak istenenden kurtulunduğuna kanaat getirdikten sonra hem tiroit bezlerinin etkinliğini azaltıyor, hem de oluşturduğu ekstra hücrelerden kurtulma yoluna gidiyor. Hipotiroidi denilen rahatsızlık, bu ilkel iyileşme dönemine rast geliyor. Peki iyileşme dönemi sonrasında sağlığımıza kavuşabiliyor muyuz?

Bu durum biyolojik programın kronikleşip kronikleşmediğine bağlı. Eğer sürekli tetiklenmeye devam ederse, tiroit bezi dokusunda gereğinden fazla doku kaybı yaşanabileceği için, program hipotiroidi döneminde takılı kalabiliyor. Bu da kronik şekilde, hormon takviyesi almak zorunda kalmak anlamına geliyor.

Tiroit kanalları

Ağzımızdaki tüm dokuların beyin sapından kontrol edilmediğini biraz önce söylemiştim. Tiroit bezi kanalları korteksten kontrol ediliyor.

Tiroit bezi kanallarının ana teması "güçsüzlük", tiroksinin ilk dönemde daha rahat kanaldan geçebilmesi için hücre kaybı; ama iyileşme döneminde kanalların tıkanması bir çeşit guatra sebebiyet verebiliyor.

Tiroit sorunlarına karşı ne yapabiliriz?

Tabii ki yapabileceğimiz, zaman geçirmeden ulaşamadığımız ya da kurtulamadığımızın ne olduğunu belirlemek ve bu konuyla ilgili ya geçerli aksiyonu almak ya da travmaya ait duyguları beyinde temizlemek. Üzerinde çalışmanız gereken travmatik olayı ararken, biraz önce sizinle paylaştığım sağ ve sol tarafın önemini hatırlamanızı tavsiye ederim.

Özellikle ne yaparsanız yapın kilo veremeyen bir yapınız varsa, tiroit testlerini vakit geçirmeden yaptırmanızı, tüm tıbbi tedavilerinizle beraber size tavsiye ettiğim çalışmaları yapmanızı şiddetle öneririm.

Kemik ve kaslarımız

Şimdi gelelim ağrılarımızın en büyük kaynağı olan kemik ve kaslarımıza...

Aslında bu bölümde aşağıdaki tüm yapıları da kapsıyor olacağız.

- Kıkırdak
- Tendonlar
- Bağlar (dizdeki çapraz bağlar gibi)
- Yağ dokusu
- Bağdokuları
- Lenf sistemi
- Damarlar (kalp krizinde incelediğimiz koroner damarlar haricindekiler)

Bunun nedeni tüm bu yapıların yeni beynin "singulat kıvrımı" bölümünden kontrol edilmesi ve aynı ana temaya tepki vermesi: "değersizlik!"

Kemik ve kaslarda kendini değersiz, yetersiz, işe yaramaz hissetmek, rezil olmak gibi temalar öne çıkıyor.

Peki değersiz, yetersiz, işe yaramayan bir yapının ne yapılması gerekiyor?

Beyin bu yapıların daha da güçlendirilmeleri gerektiğini düşünüyor. Değersizlik travması hangi yapıyı etkilediyse o yapıyı güçlendiriyor. Eğer değersizlik travması çok şiddetliyse, bunun daha çok kemiklerde, orta şiddetliyse kaslarda, daha "ılımanların" ise lenf sistemi ve belirttiğimiz diğer yapılarda kendini göstermesi muhtemel oluyor.

Yeni beyin dediğimiz zaman aklınıza stres döneminde hücre, doku veya fonksiyon kaybı gelmeli. Peki travmanın hemen sonrasında tehdide hücre ya da fonksiyon kaybıyla cevap vermek acaba ne kadar mantıklı?

Aslında bu fenomene, daha önce değinmiştim. Daha sonra bu durum yine yumurtalıklar ve testislerde karşımıza çıkmıştı. Beynimiz singulat kıvrımından kontrol edilen programlarda, vermek istediği tepkiyi stres döneminde değil iyileşme döneminde veriyor. Mesela, kemiklerin güçlendirilmesi gerekirse, önce kemikleri bozuyor. Ya da kasları kuvvetlendirmek istiyorsa, önce kısmi bir güçsüzlük yaşatıyor. Niye böyle yapıyor diye sorarsanız yine cevabım, beynin bir şekilde "sıfırdan" başlamak istemesi olabilir.

Yeni beyin aklımıza başka bir durumu daha getirmeli. Baskın el kuralı, yani sorunun vücudun sol ya da sağ tarafında olmasının bir anlamı olduğunu size hatırlatmalı. Sadece baskın el kuralı değil, aslında hangi kemiğimizde ya da kasımızda sorun yaşandığı da "değersizlik" travmasının içyüzünü detaylı olarak bize gösterecek. Mesela, kafa, omuz, kol, el, bacaklar... Hepsinde sorun yaşanmasının belirli nedeni var. Beynimizin kendi içinde şu anın koşullarına göre oldukça "mantıksız" ama kendi içinde tutarlı olan bir mantığı bulunduğunu biliyorsunuz. O çok güçlü, tutarlı ve muhteşem bir bilgisayar gibi, ama pek de bilge sayılmaz.

Eğer belli bir noktada, dışarıdan gelen bir etkiyle, bir kazayla meydana gelmemiş bir sorun yaşıyorsanız, bunun bir nedeni var. Ve o nedenleri bularak, farkına vararak, temizleyerek, çoğu zaman bu rahatsızlıklardan kurtulabilirsiniz.

Şimdi değersizlik programının farklı organlardaki işleyişini görelim.

Kemikler

En şiddetli değersizlik travmalarının kemikleri etkilediğini söylemiştik. Anlaşılan beyin, böyle durumlarda doğrudan iskeletle uğraşmayı seçiyor.

Stres dönemi

Bu dönem, beklediğimiz gibi kemikte hücre kaybı var. Bunun çok güçlü bir kemik erimesi olmasına gerek yok. Ancak çok yoğun şekilde olursa, bu zaten "kemik erimesi" olarak teşhis ediliyor.

Kemik erimesi en çok menopoz sonrası kadınlarda teşhis ediliyor. Peki kemik erimesi menopoz sonrasında tüm kadınlarda görülüyor mu?

Cevabımız hayır! Peki bu sorunu tetikleyen nedenler ne diye

sorarsanız, beslenme, spor, genetik benzeri birçok faktör bulacaksınız. Ancak şunu söylemeliyim ki, kadınlarda menopoz ve yaşlanmaya olan bakışın aslında bu konudaki en önemli unsur olduğunu düşünüyorum. Menopoza girmek ve yaşlanmak büyük "değersizlik" ve "kendine güvensizlik" travmaları yarattığında kemiklerde bu program aktive oluyor. Aynı biyolojik program romatizma için de geçerlidir. Küçüklerde de olmasına rağmen daha çok yaşlılarda görünmesinin nedeni bu insanların kendilerini artık "işe yaramaz" ve "değersiz" hissetmeleridir.

Program stres döneminde takılırsa, sürekli devam eden bir kemik erimesi sorunu ortaya çıkıyor. Bunun nasıl engellenmesi gerektiği çok bariz. Travma yaşamamak ya da yaşanılanları temizlemek.

İyileşme dönemi

Unutmayın, iyileşme her zaman sıvı ortamda gerçekleşir. Bu dönemde programın kemikte gerçekleştiği bölge şişerek, kemik zarına (periost) baskı yaptığı için ağrılar hissediliyor. Ağrı olması için, çok büyük bir şişme olmasına da gerek yok. Kemik zarı, gerçekten de çok hassas sinirleri barındırdığı için, bu baskı yoğun ağrıları ortaya çıkarabiliyor.

Eğer bu program bir eklemi etkilediyse, ortaya "romatoid artrit" çıkıyor. Eğer, üzerinde böbreğin ekstra bir su tutma programı, yani "ödem sendromu" aktifse, belirtiler çok daha şiddetlenip "gut" diye bilinen hastalığı ortaya çıkarıyor. Eğer bu hastalıklardan mustaripseniz, gerçekten nerede büyük bir stres ve "değersizlik" duygusu yaşadığınızı düşünmeye değer...

Değersizliğin tanımı oldukça geneldir. Aslında ağrının vücudun hangi bölgesinde yaşandığı bize çok daha fazla bilgi sağlayabilir.

Ağrı yaşanan bölge travmanın temasını açığa çıkartabilir

Öncelikle tekrar uyarmak isterim ki, burada kendiliğinden, anlamsız bir şekilde başlamış kronik sorunlardan bahsediyorum. Sonuçta, yaralanmalarla oluşan kas ve kemik sorunlarının duygusal bir nedeni olamaz. Ayrıca, burada paylaştığım bilgiler sadece kemikler için değil, kaslarımız için de geçerli olacaktır.

Öncelikle yeni beyin demek, baskın el kuralının geçerli olması demek... Bu hep aklınızda bulunsun. Size birazdan vereceğim ipuçları, bulmanız gereken temalara ekstra bir boyut kazandıracaktır.

Aşağıdaki tabloda vücut bölgelerini ve karşılarında daha daraltılmış travma temalarını bulacaksınız. Aklınızda hem "değersizlik", hem vücudun bölgesine yönelik paylaştığım tema, hem de baskın el kuralı olsun (anne/çocuk, eş/baba). Baskın el kuralı, mesela aslında sorunun belki de çocuğunuzun yaşadığı bir değersizlik travmasından kaynaklandığını ortaya koyabilir ya da size değersizlik yaşatan kişinin kim olduğuyla ilgili ipucu verebilir.

Kafa	Entelektüel değersizlik
Gırtlak, boyun	Adaletsizlik
Omuzlar	Aileye bakamamak, suçluluk
Eller	Âciz kalmak, tutamamak, savunamamak, manuel bir işlemi gerçekleştirememek
Bel	Kimliğinizle ilgili değersizlik
Leğen kemiği	Cinsel değersizlik
Kasık kemiği	Cinsel değersizlik
Bacaklar	Zorluğa karşı ayakta duramamak
Diz	Esnek olamamak, spor benzeri aktivitelerde düşük performans
Ayak bileği	Karşı koyamamak, kaçamamak
Ayaklar	İleri gidememek
Topuklar	Yeterince hızlı olamamak

Kemik sorunlarından ve ağrılarından kurtulmak için ne yapabiliriz?

Amacımız doğru travmayı tespit etmek. Eğer beynimiz, sorunla onu yaşama nedeni arasındaki bağlantıyı tespit ederse, bazen hiçbir çalışma yapmadan bile biyolojik program doğrudan iyileşme dönemine girerek, bu süreci kalıcı olarak tamamlayabilir.

Eğer doktorunuz tarafından ağrılarınız için fibromiyalji teşhisi koyulduysa, ağrıları yaşadığınız bölgeye göre, sizinle biraz önce paylaştığım temayla ilgili kötü duygular ve travmalar üzerinde çalışma yapmanızı tavsiye ediyorum. Bu arada şunu söylemek gerekir ki, bazen sadece yaşanan ağrıyla sebebi arasında bağlantı kurmak bile bu ağrıyı tamamen ya da kısmen temizleyebilir.

Bununla beraber, daha önce *Yıka Beynini ve Beynine Format At* kitaplarımda NeuroFormat® sistemiyle ağrılardan kurtulmanın detaylarını paylamıştım. Bazen, ağrıların sebebini bilmeden de, sadece bu uygulamaları doğru bir şekilde tekrar etmekle ağrınız temizlenebilir. Her iki kitapta da, ağrılarla ilgili birbirini tamamlayan bilgiler var. Bu açıdan hiçbir şekilde ağrılarınızdan kurtulamıyorsanız, NeuroFormat® uygulamalarını yapmak bile hayat kurtarıcı olacaktır!

Çoğu zaman kalıcı çözüm, sizinle bu kitabımda öncekilere nazaran daha kısa biçimde paylaşacağım yöntemle travmaların beyninizdeki duygularını temizlemek olacaktır.

Kemik zarı (periost)

Kemik zarına girdiğimize göre gerçekten ciddi anlamda artık detaylara indiğimizi düşünüyor olabilirsiniz. Ancak biraz sonra bu bilgileri, çok yaygın olarak duyduğunuz rahatsızlıkları açıklamakta kullanıyor olacağız. O yüzden lütfen sabredin.

Periost veya diğer adıyla kemik zarı, kemiğin enlemesine büyümesini sağlayan zardır. Ayrıca kemik kırıldığında kemiği onarır ve besin ihtiyacını karşılar. Periostta, doğrudan alttaki kemiğe giden kan damarları ve sinir dalları yer alır. Kemik ağrılarının en büyük sebebi, kemik zarının sıkışması ya da genleşmesiyle bu sinirlerin tetiklenmesindir.

Kemik zarı, yeni beyinde korteks tarafından kontrol edilir. Derimizin dış katmanında olduğu gibi kemiğimizin dışını, yani kemik zarını etkileyen programın konusu yine bir "ayrılık travması". Ancak, özellikle çok şiddetli gerçekleşen ayrılıklarda kemik zarının etkilendiği görülür. Bununla beraber, ayrılık süresince kişinin kendisine ya da başkasına fiziksel olarak acı çektirmesi beyinde bu programın aktif hale gelmesine sebep olabilir.

Bunların yanında bazen, büyük bir acıdan kurtulmayı, yani "ayrılmayı" istemek de bu programı aktif hale getirebilir. Farkındaysanız, kemik zarının etkilenmesi için ayrılık ve acının bir arada olması gerekiyor.

Stres dönemi

Stres döneminde kemik zarında hissizlik (yeni beynin fonksiyonu azaltma çabası) yaşanıyor. Bu da kendini özellikle de beynin o kişiyi ilişkilendirdiği vücut bölümünü etkileyebiliyor (baskın el kuralına göre ya da ayrılık yaşanan kişinin acıyı hissettiği yer). Ayrıca kişi özellikle hissizlik yaşadığı bölgede ciddi bir soğukluk ya da üşüme hissedebiliyor.

İyileşme dönemi

Bu dönemde ise her şey tersine dönüyor. Uyuşukluk ve soğukluk, karıncalanmaya ve sinirlerde aşırı bir hisse (romatizmal ağrılara) dönüşüyor.

Aslında kemik zarındaki bu programı anlatma nedenim, bunları yaşayan çoğu insanın bu sürecin belirtilerinin MS'i (Multipl Skleroz) andırması nedeniyle ciddi bir korkuyla doktora gitmesi; "Aman Allahım, sakat mı kalıyorum, hayatımı tekerlekli sandalyede mi geçireceğim?" düşüncesiyle biraz sonra sizinle paylaşacağım "hareket edememe" travmasını yaşayarak korkusunu "realize" etmesi.
Evet, korktuğumuz başımıza gelebiliyor! Bu sürecin sonunda, bu kişilerde üç farklı program aktif hale gelerek, tipik MS hastalığı belirtileri ortaya çıkıyor.

Kaslar

Kaslarımızın beyinde iki tane farklı kontrol merkezi bulunuyor. Bunlardan ilki, tıpkı kemiklerimizinki gibi yeni beyinde, singulat kıvrımında bulunuyor ve kasların dokusunu kontrol ediyor. Diğer kontrol merkeziyse, korteksten kasların hareketlerini kontrol ediyor.

Kas dokusunun programı

Singulat kıvrımından kontrol edilen, kas dokularının ilkel programının konusu yine "değersizlik". Beynimizin genelde daha düşük şiddetli değersizlik travmalarını kaslarda gösterdiğini söylemiştik. Bu programın asıl amacı yine önce kas dokusunu azaltıp, iyileşme döneminde çok daha güçlü bir kas dokusu ortaya çıkarmak.

Stres dönemi

Stres döneminde doku kaybı yaşanıyor. Daha önce bahsettiğimiz gibi, burada beynin bu bölümünün gereksiz bir "sıfırdan başlama" isteği söz konusu. Önce stres dönemi boyunca her şeyi yıkıp, iyileşme döneminde yeniden başlamak istiyor. Asıl amaç, iyileşme döneminde güçlendirilecek kasları önce bozmak. Buna tıp dilinde "kas atrofisi" deniyor.

İyileşme dönemi

Singulat kıvrımından kaynaklanan programlarında, asıl hedefe yönelik tepkinin iyileşme döneminde verildiğini söylemiştik.

Şimdi kasları güçlendirme vakti. Özellikle de, program iyileşme döneminde takılırsa, güçlendirme biraz kontrolden çıkarak "hipertrofi" ismi verilen aşırı kas büyümeleri görülebiliyor.

Kas hareketlerinin programı

Kas hareketleri biraz önce bahsettiğimiz gibi korteksten kontrol ediliyor. Bu program diğer kas dokusunun biyolojik programına göre daha fazla önem arz ediyor. Zira yaşadığımız bazı önemli sorunların merkezinde bulunuyor.

Bu biyolojik programı başlatan ana tema "hareket edememek, kaçamamak, kendini savunamamamak". Hiçbir şekilde aksiyon alınamayan, karar verilemeyen durumlarda da bu programın tetiklenmesi mümkün olabiliyor.

Stres dönemi

Bu program başlar başlamaz kaslarda güçsüzlük ya da kısmi felç yaşanıyor. Tam olarak güçsüzlük mü ya da ne kadarlık bir kısmi felcin yaşandığını, travmanın ve şokun büyüklüğü belirliyor.

Peki beynimiz neden kaçamadığı zaman böyle bir tepki vermeye programlanmış?

Bunun oldukça ilginç bir cevabı var. Kitabın başında ani bir tehlikeye maruz kalan bir canlının yaşadığı savaş/kaç tepkisinden bahsetmiştik. Peki ya her ikisini de gerçekleştiremezse? Bir başka deyişle, ne kaçabilir ne savaşabilir ve en önemlisi hangisini yapacağına karar bile veremezse?

Yeryüzünde canlıların uyguladığı, daha az bilinen üçüncü bir tepki de donmak, "ölüyü oynamak!" Bunu başarıyla uygulayan, birçok canlı türü var. Ölü taklidi yaparak, saldırgandan kurtulmak mümkün çünkü. İşte beynimizin de kaçamadığı ya da kendini savunamadığı zamanlarda bu çok eski içgüdüyle, kasların "paralize" olmasını sağladığı düşünülüyor.

Peki vücudun hangi bölgesinde program başlayabilir diye sorarsanız, bu tamamen hareket edemeye bölgeyle ilgili. Travma anında hareket ettiremediğini düşündüğü noktalar bu programdan etkilenebilir. Mesela;

Bacaklar: Travma sırasında kaçamadığını, tuzağa düşürüldüğünü, hapsolacağını hissetmek ya da hayatı boyunca bir tekerlekli sandalyeye mahkûm kalacağından korkmak, bacaklarıyla gitmesi, çıkması gereken noktalara çıkamadığını hissetmek.

Eller ve kollar: Fiziksel olarak bir cismi ya da mecazi bir şekilde bir insanı tutmayı başaramamak, kendini elleri ve kollarıyla korumayı başaramamak, bir cismi (fiziksel ya da mecazi olarak) elleriyle uzağa itememek.

Omuzlar ve sırt: Yeterince hızlı bir şekilde yana doğru hamle yapamamak, kaçamamak.

Yüz: Rezil olmak, yüzünü kaybetmek.

Kaçamayan bir fetüs?

Hamile kadınların da, benzer bir tehdidi bebeklerine yaşatmamaları aslında çok ama çok önemli. Özellikle, korkutucu çok yüksek sesler (matkap, yüksek sesli teknolojik cihazlar) bebeğin tehdit algılamasını sağlayarak, beyninde benzer bir programa sebep olabilir. Anne adayları, duygusal hayatları kadar hamilelik döneminde özellikle yüksek ses konusuna da azami şekilde dikkat etmelidir.

İlk iyileşme dönemi

İlk iyileşme döneminde belirtiler beklenenin aksine daha da kötüleşiyor. Bunun sebebi, kasların hareketini yöneten beyin kontrol merkezindeki ödemin, "hissiyatı" daha da azaltması.

İyileşme krizi

Geleneksel tıp anlayışı, programın iyileşme krizinde yaşanan belirtiler eğer çok şiddetliyse bunu, bir nevi "epilepsi nöbeti" olarak algılıyor. Belki tüm epilepsi nöbetlerinin nedeni bu program olmayabilir ancak, bu iyileşme krizindeki belirtileri çok şiddetli olarak yaşayan kişilerin epilepsi hastası olarak tedavi görüyor olduğunu söyleyebiliriz.

Bu krizin ne işe yaradığını hepimiz biliyoruz. Beyindeki ödemin hızlı bir şekilde dışarı atılması. Kasları etkileyen programların ortak noktasına, kalp kasından kaynaklanan kalp krizini incelerken değinmiştik. Kasılmalar, titreme ve seğirmeler.

Bizim kültürümüzde göz seğirmesine folklorik anlamlar yüklenmiştir. "Gözüm seğiriyor, para gelecek", "Gözüm seğiriyor, yola gidiyorum galiba" denir. Ama gerçekte muhtemelen göz seğirmeleri de çok ama çok küçük çaplı birer iyileşme krizidir.

Son iyileşme dönemi

Bu dönemde her şey normale dönüyor.

Felçlere, kas güçsüzlüklerine, epilepsi krizlerine karşı ne yapabiliriz?

Bu bölümde yazdıklarımı MS hastalarının da dikkatli okumasını tavsiye ederim. MS hastalığının içinde de, bu biyolojik program aktif olarak çalışıyor.

Tüm kas güçsüzlükleri ya da felçler bu biyolojik programa bağlı olarak gelişmese de, bu sorunların önemli bölümünde bu programın aktif olduğu söylenebilir. Böyle bir durumla karşı karşıya kalan birinin buna sebep olan travmayı tespit ederek, üzerinde çalışarak temizlemesiyle bu biyolojik program çözüm dönemine sokulabilir.

Doğru ve etkili bir uygulama yapıldıysa, biyolojik program seyrini tamamlayacak, durum kısmen ya da tamamen düzelebilecektir. Bu arada düzelirken ilk iyileşme döneminde, sorunun daha da kötüleşeceği, seğirmelerin, kas spazmlarının olduğu bir iyileşme krizi yaşanabileceğini öngörmek, böyle bir duruma hazırlıklı olmak yeni travmalar yaşamamak adına çok önemli.

Biyolojik program kendiliğinden de çözüme ulaşabilir. Çözüm döneminden sonra belirtilerin kötüye gittiğini görenler ya da iyileşme krizini ilk kez yaşayan insanlar bu durumlardan çok korkabilir. Özellikle, daha önce bildikleri ve gördükleriyle yorumladıkları için, bu durum ekstra bir travmaya sebebiyet verebilir. Ya da bu programın süresiz bir döngü içinde yeniden tetiklenmesini sağlayabilir.

Aslında bilinmesi gereken şudur: Hem güçsüzlük ya da kısmi felç belirtilerinin kötüleşmesi hem de iyileşme süresinde yaşanan belirtiler programın iyileşme döneminde olduğu anlamına geliyor. İyileşme dönemindeki kasılmaların, titremelerin ve seğirmelerin tamamen programın sonuna yaklaşıldığının, kaslarda yeniden hareket başladığının göstergesi olarak algılanması gerekiyor.

Korkusuz ve tam bilinçli olarak, bunun sadece beynin ilkel bir programı olduğunu ve sona ereceğini düşünmek programı bitirecek ve yeniden tetiklenme riskini çok daha azaltacaktır.

Ya epilepsi krizleri? Peki onlardan kurtulmak mümkün mü?

Teorik olarak evet ama uygulamanın doktor kontrolünde yapılması gerekmektedir.

Diğer bir konuysa, bu biyolojik programı tetikleyen faktörleri tespit etmek olacaktır. Eğer siz ya da bir yakınınız böyle bir durumdan mustaripseniz, bu krizi tetikleyen bir obje, bir ses, bir koku var mı diye sorgulamanızı tavsiye ederim. Zira, sadece bunun farkında olmak bile, krizlerin şiddetini azaltabilir.

Eve sarhoş gelen baba epilepsi krizini tetiklemişti

Yurtdışında bir eğitimde bulunduğum sırada, kendisini eski bir epilepsi hastası olarak tanımlayan biriyle tanışmıştım. Bu sorunu 6 yaşındayken babasının eve alkollü olarak gelmesi ve onu bir köşede sıkıştırıp uzun süre hareket etmesini engelleyerek, zorla ağzına bir şeyler tıkmaya çalışmasıyla başlamıştı. Yaşadığı olayın onu pek etkilememesi gerektiğini söylese de, aslında bu olayı terapiyle çözmeye çalıştığında ne kadar ağladığını fark etmesiyle bu travmanın önemini anlamıştı.

Sorunu çözerken, aslında epilepsi krizlerini tetikleyenin bira kokusu olduğunu fark etmişti. Özellikle de terapi sırasında bira kokusu ve benzeri kokuların aslında tehlikeli olmadığı fikri üzerinde çalışmıştı.

Bu farkındalık ve kendi üzerinde yaptığı çalışmalarla artık epilepsi krizi yaşamadığını mutlulukla herkese anlatıyordu.

Şimdi bu programları detaylı olarak anlatma nedenimize gelelim...

Parkinson hastalığı

Parkinson hastalığı deyince aklımıza ellerin istemsiz bir şekilde sürekli titremesi gelir. Aslında bu hastalığın sadece ellerden başladığı gibi bir genelleme yapılamaz. Kafadan, koldan ya da bacaklardan da başlayabilir.

Parkinson hastalığı biraz önce bahsettiğimiz "kas hareketleri" biyolojik programının iyileşme krizinde takılması aslında. Sadece uykuda duran ama uyanıkken sürekli devam eden bu titreme, beynin travmayı ilişkilendirdiği organda başlıyor.

Programın iyileşme krizinde takılmasının en büyük sebebi, kortekste kas hareketlerini düzenleyen merkezin dışında, kas dokusunda da "değersizlik" travmasının sürekli işlemeye devam ediyor olması. El titrediği için, kendini işe yaramaz hisseden birinin nasıl bir kısırdöngüye girebileceğini düşünebiliyor musunuz?

Parkinson hastalığının bile geriletilmesi, artık yürüyemeyen bir hastanın yürüyebilir hale gelmesi aslında mümkün. Bunun başarılı uygulamaları yurtdışında var. Yapılması gereken, bir önceki bölümde paylaştığım "kaçamama, savunamama, sıkışıp kalma, hareket edememe" temalarını barındıran orijinal travmanın beyinden temizlenmesi. Ayrıca, kişinin titremelerle başlayıp, doktor teşhisinin yarattığı travmayla devam eden süreçte hissettiği "işe yaramazlık, değersizlik" benzeri duyguların da temizlenmesi gerekiyor.

Parkinson hastalığına karşı ne yapabiliriz?

Yapılacak şey basit, kas hareketleri biyolojik programını başlatan travmatik şoku ya da duygusal çatışmayı bulmak ve de çözmek.

Ancak iş bununla bitmiyor. Parkinson'u böylesine kısırdöngüye sokan durumun, söz konusu organı kullanamamamanın yarattığı "yetersizlik" ve "işe yaramazlık" hissi olduğunu biraz önce söyledim. Bir başka deyişle, soruna üzülmek, kendini işe yaramaz, hayatında başarısız hissetmek, başkalarına rezil olduğunu düşünmek sorunu kalıcı kılıyor. İşte bu nedenle, Parkinson'u kademeli ya da tamamen temizleyebilmek için bu iki biyolojik program üzerinde de uzun süren çalışmalar gerekecektir.

Bazen kısa sürede, bazen de sebat ederek gelişme yaşayacağınızdan eminim...

MS-multipl skleroz

Size bazı programların sıkça beraber çalışabildiğinden, sık görülen programlar beraber oldukları zaman bu durumda yaşanan belirtilere bağımsız hastalık isimleri verilebileceğinden bahsetmiştim. İşte buna örnek verme zamanı...

Son zamanlarda sıkça duyduğumuz bir rahatsızlık MS. Bu hastalığının da çeşitli terapilerle temizlendiği birçok vaka bulunuyor. Çünkü MS bir kader değil ve yine sorunun kaynağı beynin biyolojik programları.

Aslında MS hastalığı birçok belirtinin beraber görüldüğü bir teşhis. En sık görülen MS belirtileri güçsüzlük, yorgunluk, hissi belirtiler (karıncalanma, uyuşukluk, ağrı), fonksiyon bozuklukları (katılık, titreme, idrar kaçırma, kabızlık, cinsel sorunlar) ve denge sorunlarıdır (dengesizlik, baş dönmesi, yalpalama).

Bir başka deyişle, bir kişinin MS olarak teşhis edilmesi için bu belirtilerden bazılarının birlikte görülme şartı aranıyor. Benzerlikler gösterse de, hiç kimsenin MS hastalığı birbirinin aynısı değil.

Parkinson hastalığında iki tane aktif biyolojik program olduğundan bahsettik. MS hastalığında, bunun yanına bir program daha eklemek gerektiğini söyleyebiliriz. Bunlar sırayla

- Kas dokusu – Değersizlik
- Kas hareketleri – Hareket edememe, kaçamama
- Kemik zarı – Şiddetli ayrılık travması

Bu üç biyolojik programın yan yana çalışması zaten, yukarıda saydığımız belirtilerin bir araya gelmesine sebep oluyor.

MS hastalığının nasıl olabileceği konusunda, bir senaryo oluşturalım. Mesela şiddetli ayrılık travması yaşayan birinin, kemik zarı programının başladığını, bu programın kronikleşerek stres ve iyileşme dönemi arasında gidip geldiğini farz edelim. Bir başka deyişle, vücudunun belli yerlerinde uyuşmalar, karıncalanmalar, hissizlikler ve nörolojik ağrıların gelip gittiğini düşünelim.

Bunları yaşayan biri, ilk kez bu durum başına geldiği için oldukça korkarak, aklına birçok kötü olasılık getirebilir. Özellikle de bilgi çağının etkisiyle belki internete girerek bu belirtilerin ne olabileceğini araştırıyor olacaktır. Ve muhtemelen "felaket" anlamına gelen hastalık isimleri karşısına çıkacaktır. Belki doktora gidip yine çeşitli felaket senaryoları olup olamayacağını konuşacaktır.

Bu kişi, hareketsiz kalma, felç olma, hayatı boyunca tekerlekli sandalyeye mahkûm kalma gibi görüntüleri zihninde canlandırarak hayatının en kötü günlerini geçirebilir. İşte , "kas hareketleri" programının başladığı zaman da bu nokta olabilir.

Tüm bunların üzerine, kişi hareketsiz kalma korkusuyla ve bunu belki bizzat yaşıyor olduğundan dolayı "değersizlik" travması yaşayacak, işin içine kas dokularını da katabilecektir.

Domino taşı etkisini görebiliyor musunuz?

Kemik zarıyla başlayan bir program, korkuyla kas hareketlerinde, daha sonra da kas dokusunda biyolojik programları tetikleyebiliyor.

Tabii ki MS'i başlatabilecek tek senaryo bu değil. Ancak, MS'li insanların ortak biyolojik programları bu üç biyolojik programı kapsıyor.

MS'e karşı ne yapabiliriz?

MS'ten kurtulabilmek adına bu üç programı başlatan travmaları ve kötü duyguları temizlemek gerekir. Bu temizlik yapıldığında insanların MS'ten tamamen kurtulduğu, yatalak duruma geçmiş MS hastalarının bile

bile ayağa kalktığına dair dünyada birçok örnek mevcut.

MS'in kötüleşmesi için en büyük neden, kişinin hayatının sonuna kadar tekerlekli sandalyeye mahkûm kalma korkusunu çok şiddetli olarak yaşamasıdır. Böyle bir korku zaten, kas hareketlerinin biyolojik programının "hareket edememe, kaçamama" ana temasını besliyor.

Kısırdöngüyü bozabilmek için kişinin hastalıkla ilgili kötü imajını kırabilmek gerekmektedir. MS deyince aklına ne geliyor? Nasıl olacağından korkuyor? En kötü ne olabilir? Bu doğrultuda korku ve endişelerin temizlenmesi gerekiyor.

Bunun yanında üzerinde çalışılması gereken diğer nokta, kişinin MS'in başlamasından dolayı artık yapamadıklarıyla ilgili olarak "işe yaramazlık" ve "yetersizlik" duyguları. Eskisi kadar hareketli ve güçlü olamamasıyla, hayatta artık pek bir işe yaramayacağıyla ilgili olan tüm duygular üzerinde çalışılmalı.

Hasta psikolojisinin ne kadar önemli olduğunu söylemeye gerek yok. Bunu sağlamaları için doktorlarımızın, hemşirelerimizin, tüm sağlık personelimizin üzerine çok büyük bir görev düşüyor. Özellikle teşhis travmasının neler yapabileceğinin farkında olmak ve bunu bilerek sorun yaşayan kişilerle konuşmak gerekmektedir.

Bunun yanında rahatsızlığı yaşayan kişiye de görevler düşüyor. Sadece MS için değil, her rahatsızlık durumunda ÇOK SAKİN OLMALIYIZ! Özellikle de, "Başıma ne geldi acaba" diye internette arama yapmak, olabilecek en kötü senaryoları öğrenmek, resimlerine bakmak ciddi şok yaratan travmalar yaşanmasına sebep olacaktır. Teşhis etkisinin ana sorunu çok şiddetli bir şekilde kötüleştirdiği en net durumlardan biri MS'tir. Kısırdöngüden ne yapıp edip kurtulmalıyız.

Ve yaşadıklarımızın aslında ilkel programlar olduğunu ve temizlenmesinin de mümkün olduğunu tüm kalbimizle bilmeliyiz.

Boşanma kararını veremediği için MS olmuştu

Aslında gereğinden fazla iddialı olabileceği için hiç bahsetmediğim bir konudur MS. Ancak, önemli bir TV programında canlı yayında "MS'liler hakkında ne düşünüyorsunuz, bu hastalığın da geçme ihtimali var mı?" şeklinde bir seyirci sorusuna, "Teorik olarak MS de temizlenebilir, yurtdışında

MS'ten tamamen kurtulmuş birçok vaka bulunuyor" cevabını verdikten sonra bu konuya daha fazla eğilmem gerekeceğini anlamıştım.

O programda söylediğimi büyük bir umut ışığı olarak algılamış, hayatını tekerli sandalyede geçirmekten korkan, bunun için bütün imkânları denemek isteyen insanlarla tanışma ve çalışma fırsatını yakaladım. Bunlardan biri 40 yaşlarında bir kadındı. Çocuklarının küçük olması, ailesinde birtakım huzursuzluklar yaşaması ve ekonomik özgürlüğe sahip olmaması nedeniyle 20 yıldır mutsuz bir evlilik içinde yaşamak zorunda kalan bir kadından bahsediyorum.

MS belirtilerinin ne zaman başladığını öğrenmeye çalıştım. Teşhisin konulmasından bu yana 5 yıl geçmişti. Neden 5 yıl? Sonuçta 20 yıldır bu mutsuzluğun içindeydi. 6-7 yıl önce yaşanmış olabilecek büyük bir travma aradım. En önemlisi de, "hareket edememe, kararsız kalma, kaçamama ya da kendini savunamama" duygusunu yaşatan bir travmanın peşine düştük, olayları listeledik.

Aynı dönemde kemik zarı biyolojik programının yaşanmış olması da muhtemeldi.

Büyük bir acıya neden olan çok şiddetli bir ayrılık travması bulmamız zor olmadı.

7 sene önce babasını kaybetmiş ve çok büyük bir acı yaşamıştı. Babası onun için hayatındaki en önemli insandı. Bu olayın bir etkisi daha vardı. Oradan kendisine gelecek mirasla belirli bir ekonomik güce ulaşacaktı. Hatta maddi olarak kocasından daha iyi durumda olacak olması, boşanma fikrini ciddi bir şekilde değerlendirmesine neden olmuştu. Bir yıl boyunca, boşanmayı istemiş ama bir türlü başaramamıştı.

İşte bu dönemde elinde ayağında karıncalanmalar, kas güçsüzlükleri yaşanmaya başlamış. Doktora gittiği zamansa hemen MS olduğunu söylemişler. Teşhisin ardından belirtileri daha da kötüleşmiş. Birçok yöntemden fayda gördüğünü, pozitif olduğu sürece belirtilerin daha az olduğunu, ancak hiçbir şekilde bunu sonlandıramadığını benimle paylaştı.

Onunla babasının ölüm travması ve daha sonra eşiyle ayrılma konusundaki tüm kararsızlıklarıyla ilgili kapsamlı bir çalışma yaptım. Bunun yanında MS teşhisiyle ilgili de zaman harcadık. Beynindeki ilerleyen yıllarla ilgili kötü fikirlerin, duyguların temizlenmesi gerekiyordu. Kısa sürede, MS'in şiddeti azaldı. Dolayısıyla, hareketlerinde de gözle görülür bir rahatlama, kaslarında güçlenme, ayağa kalkma ve yürüme hareketlerinde yine hissedilir bir gelişme olduğunu söylemeliyim.

Çalışmalarımıza rağmen, MS'in nedeni olan durumun hayatında olması, bunun sadece geçmişte yaşanmış ve bitmiş bir olay olmaması çalışmalarımızın verimliliğini biraz azaltmış olabilir. Zira hâlâ o bu evliliğin içinde ve hâlâ tam anlamıyla bir karara ulaşmış değil.

Ayrıca, MS çalışmalarında hızı yavaşlatan en büyük etken, hareketleri kısıtlanmış kişinin bu duruma olan öfkesi, hissettiği yetersizlik ve değersizlik hissi. Daha önce paylaştığım gibi, bu duygular zaten biyolojik programlara sebep olan ana travmayı tetikliyorlar. İşte bu noktada bu hastalıktan mustarip olan kişiye günlük hayatta yaşadığı yetersizliklere sinirlenmemek, sürece inanmak, pozitif olmaya devam etmek adına büyük iş düşüyor.

Size hikâyesini anlattığım bu danışanım eskiye göre çok ama çok daha iyi durumda, ama ben hâlâ daha da iyi olacağını düşünüyorum. Onunla çalışmaya devam ediyor olacağız...

Migren

Biraz önce kas ve kemik ağrılarının nerede hissedildiğine göre nasıl bir duygusal travmayla başladığı bilgisini sizlerle paylaştım. O listeye göre, doğal olarak ağrısını kafanızda hissettiğiniz migrenin nedeni "entelektüel değersizlik" olmalı diye düşünüyor olabilirsiniz. Ancak bu doğru değil. Ben o listede kafatasınızla, yani kemiğinizle ilgili yaşadığınız ağrıların kaynağının entelektüel değersizlik olabileceğini söyledim.

Bizim bakış açımızdan, migrenin çok daha farklı bir nedeni var. Siz hiç "hafta sonu migreni" diye bir terim duydunuz mu?

Genelde çalışanların, öğrencilerin sıkıntılı bir haftanın sonunda tam rahatlayıp keyiflerine bakmak üzereyken çektikleri bir migren türüdür. Normal mantık bize, migrenin stresliyken yaşanması gerektiğini söyler. Ancak burada da asıl belirtiler, stres döneminde değil, stresten kurtulduğumuzda yaşanır.

Migren, özellikle korteksin ön tarafında (alnımıza yakın noktalarda) başlayan programlar sırasında yaşanıyor. Bu kontrol merkezlerinde, hemen çözüm sırasında ödem ile beraber migren başlıyor. Nedeni ne dersiniz?

Tabii ki bildiniz! Beynin kontrol merkezindeki ödem ve beynimizin iyileşme kriziyle o ödemden kurtulma isteği...

Stres dönemi

Bu dönemde migren bir belirti vermiyor. Bu zaten kişinin hayatına devam edebildiği dönem.

İyileşme dönemi

Program beyinde çözülme dönemine girer girmez belli ölçüde ağrı başlıyor. Bunun nedeni kontrol merkezinde hızlı şekilde ödem birikmesi.

İyileşme krizi

İşte migrenin tepe yaptığı nokta da burası. Beyin o ödemden kurtulmak için uğraştıkça çok şiddetli ağrının hissedildiği migren krizleri yaşanıyor.

Migren krizleri aslında iyileşme krizleridir. Ağrı hissedilmesinin sebebi beyin kontrol merkezindeki ödemin dışarı atılması için uygulanan basınçtır.

Migrenden kurtulmak için neler yapabiliriz?

Tahmin ettiğiniz gibi migrenden kurtulmak için, migrene sebebiyet veren biyolojik programı sonlandırmak gerekiyor. Ne yazık ki burada, belirli bir travma teması söyleyemiyoruz. Migrenin birçok kontrol merkezinde ortaya çıkabilecek olması, bizim travma temasını daraltmamıza izin vermiyor.

Migreninize sebep olabilecek travmayı bulabilmek için, migreninizin ilk başlangıcından yaklaşık bir yıl öncesine kadar yaşanmış büyük olayları gözden geçirin (belirtiler hafif de olsa ilk başlangıç olması önemli). Tabii ki duygusal yoğunluğu, şoku, yalnızlık hissi ve çaresizliği yüksek olan bir travmadan bahsediyorum.

Bununla beraber, migreninizin sürekli tekrar ettiği bir *pattern*, yani kalıp bulmanızı öneririm. Mesela, migren krizleri hafta sonları başlıyorsa muhtemelen buna sebep olan olay işyerinde ya da okulda yaşanmıştır. Siz iki gün tatil yaparken biyolojik program geçici olarak çözüme ulaşıp migren krizlerine sebep olabilir.

Bir başka deyişle, migreniniz başlamadan önce hayatınızda tam olarak ne çözülüyor? Belki birisini gördüğünüz an migreniniz başlıyor da olabilir. Buradan çıkarılabilecek sonuç, migreninize sebep olan olay, şu an migreninizi tetikleyen kişiyle yaşadığınız bir ayrılık travması da olabilir.

Bu arada son olarak aklınızda bulunsun. Bazen kişi stres dönemini çok kısa bir süre yaşayabileceği için, ana travma tetiklendikten hemen sonra da migren krizlerini yaşayabilir. Örnek vermek gerekirse, işyerinde ana travmayı yaşayan kişi, işyerine gittikten yarım saat sonra migren krizi yaşayabilir. Bu onun stres dönemini yarım saat yaşayıp, hemen sonra iyileşme dönemi yaşadığı anlamına gelecektir.

Biraz zor ve karışık oldu belki!.. Ama üzgünüm, beynimiz de öyle... Karışık...

Migreni hafta sonunun gelmesini bekliyordu sanki

Migren konusunda çalıştığım kişilerin arasında çok tipik şekilde, yukarıda anlattığım gibi gerçekten de hafta sonuna girdiği an migreni tutan ve tatil günleri bu yüzden mahvolan bir kadının hikâyesini paylaşmak istiyorum.

40 yaşlarındaydı. Verdiğim röportajlardan birinde çok kısaca adı geçtiği için bana gerçekten de migreni için gelmişti. Şu ana kadar klasik tıptan başlayarak tüm metotları denediğini, ilaçlarla sadece ağrıyı azaltabildiğini ama migreninin hayatını berbat ettiğini, küçük bir umut da olsa değerlendirmek istediğini söyledi.

Migreninin ilk olarak ne zaman başladığını bulmaya çalıştık. Kariyerinin ilk yıllarında başladığından emindi. Ona bunun muhtemelen işyerinde yaşadığı bir olayla ilgili olduğunu söyledim. Sonuçta, migreni kurulmuş saat gibi hafta sonu tutuyordu. O yıllarda işyerinde neler yaşadığı, daha çok patronuyla yaşamış olabileceği sorunlar üzerinde duruyorduk. Herhangi bir sonuç ortaya çıkabilecek gibi değildi. Çok büyük bir olay yaşamamıştı.

Daha sonraki çalışmalarımızdan birinde o yıllarda aynı binada farklı bir işyerinde çalışan birisiyle çıktığını ve onunla her öğle yemeğini beraber yediğini anlattı. Hafta içini beraber geçirdiklerini söyledi. Migreni, beraberlik yaşadığı erkeğin yurtdışına gitmesi ve bir gelecek gördüğü ilişkinin aniden bitmesiyle başlamıştı. Aslında, tam bittiği zaman değil, beklediğimiz gibi erkek arkadaşı yurtdışına gittikten yaklaşık 6 ay sonra başlamıştı. Artık biliyorsunuz, migren stres döneminde değil iyileşme döneminde yaşanan bir belirtidir. Onun da ilk migreni, bu ilişkiyi unutmasıyla, beyninin biyolojik programı iyileşme dönemine sokmasıyla başlamıştı.

Migreni neden her hafta sonu başlıyordu derseniz? Her hafta başı işyerine gittiğinde biyolojik programın stres dönemine giriyor, hafta sonu geldiğindeyse kendini iyileşme döneminin "migren" krizlerinde buluyordu.

Tabii ki, bunun farkında değildi. Beyni hafta içi öğle yemeklerini, eski erkek arkadaşıyla ilişkilendirmişti. O dönemi, ani ayrılık acısını çalıştık...

Migreni bir daha uğramadı...

Diğer hastalıklar

Konu itibariyle bu kitabın ansiklopediler kadar kalın olması gerektiğini anladığınızdan eminim.

Ancak ne yazık ki bu mümkün olmayacak... Bahsetmediğim rahatsızlıklarla ilgili size de biraz iş düşecek. Ama merak etmeyin, pek fazla değil.

Şu ana kadar sizin aradığınız hastalıktan ve ona neden olan biyolojik programdan bahsetmediysem de, bu hastalığınızı başlatan travmanızı bulamayacaksınız anlamına gelmiyor bu. Sizinle kitabın sonunda "Meraklısına" bölümünde paylaştığım sayfalarda organlar ve dokuların biyolojik programlarıyla ilgili detayları bulacaksınız.

- Organlar ve dokular
- Beyindeki kontrol merkezleri
- Biyolojik programları başlatan travma ve duygusal çatışma temaları
- Stres ve iyileşme döneminde ortaya çıkabilecek belirtiler ve rahatsızlıklar

Tek yapmanız gereken, çözüm bulmaya çalıştığınız rahatsızlığın hangi organ ve dokusundan kaynaklandığını bulmak.

Gerisini tablodan öğreneceksiniz...

ÇÖZÜM

Çözüm

Kitabın bu sayfasına kadar ulaştınız. Tebrik ederim! Belki bazen anlamakta zorlandınız, belki kafanız karıştı. Belki sizi ilgilendirmeyen konularda sayfaları atlamayı tercih ettiniz. Hiç sorun değil. Bu konuda alınganlık göstermeyeceğimden emin olabilirsiniz.

Doktor olmadığım gibi gayet iyi bildiğiniz üzere edebiyatçı da değilim. Kitabımı satır satır okuyun, sonra sözlü yapacağım diyecek halim yok. ☺ Şaka bir yana yine de yepyeni ve aslında oldukça karışık bir konu olduğunun farkındayım. Ama süreci anlamanın hayatınızı ve sağlığınıza bakış açınızı değiştireceğinden, bunun size çok önemli bir katkısı olacağından emin olabilirsiniz.

Bir kere "hastalık" diye tanımladığımız durumla ilgili algınızın değişmesine bir katkı sağlamak bile benim açımdan kitabımın hedefine yaklaşması demektir.

Sizden istediğim tek bir şey var: Hastalıktan korkmayın! Çünkü korkacak bir şey yok!

İnanın bana gerçekten de artık birçok şey yapabiliriz. Hem kurtulmak, hem de önlemek adına...

Eğer bir rahatsızlığınız varsa, bu yeni bilgilerin ışığında bu rahatsızlıktan kurtulmanız mümkün olabilir. Belli konulardan bahsederken, sizlerle mucize sayılabilecek (tabii ki nedenini anlamayanlar için) bazı vakalar anlattım. Bunlar bizzat şahit olduğum olayların çok az bir kısmıydı. Bunun yanında sizi temin ederim ki, bu bakış açısıyla yaklaşanlardan duyduğum, literatürden okuduğum niceleri mevcut. Yaklaşık 30 yıldır sağlık sorunlarına bu bakış açısıyla bakan doktorlardan mantık zorlayacak birçok vaka hikâyesini bizzat duyduğumu ve okuduğumu söyleyebilirim. Bunları sizlerle paylaşmıyorum.

Sadece bu bilgilerle değil, bir şekilde inanarak, dua ederek, muskayla, reiki yaparak, biyoenerjiyle ve benzer birçok şekilde Batı biliminin dışındaki yöntemlerle sonuç alan, hatta mucizelere şahit olan milyonlarca insanın olduğunu da biliyoruz. Zaten sonuç alınmasaydı, bu yöntemler dünyanın her yerinde bu kadar popüler olmazdı inanın.

"Mucize" kabilinden bu tür sonuçları nasıl aldıklarıyla ilgili naçizane fikrimi sizlerle biraz sonra paylaşacağım. Ancak benim anlatmak istediğim, bir şekilde inanmak suretiyle, beyni işin içine katarak, detaylar çok bilinmese de gerçekten de sonuç alınabildiği.

Tabii ki bütün rahatsızlıkların hepsinin geçeceğini, her şeyin sütliman olacağını söyleyemem. Zira hepimizin yaşadıkları, sağlık durumu birbirinden farklı... Yine de, tüm bunların ışığında mevcut sorunlarımızdan kurtulmak için gerçekten ümidimiz hiç olmadığı kadar var.

Şimdi mevcut rahatsızlıklardan önce, gelecek için ne yapabileceğimizi kısaca konuşalım. Aslında biliyor musunuz, ben size zaten hissettiklerinizden pek de farklı bir şey söylemedim. Benim günlük hayatta sohbet ettiğim istisnasız herkes, hastalıkların çok önemli bir bölümünün beyinden kaynaklandığını söylüyor. Ben sadece neden ve nasıl kaynaklandığını detaylandırdım. Siz de sadece kalpten inandığınızı daha içselleştireceksiniz.

Hastalıkların önemli bir bölümü beyinden, tehditlere karşı tepki olarak tetiklenir.

Bu açıdan, tüm tıp sisteminin yaptığının aksine ben kesinlikle her sorunla ilgili SAKİN OLMANIZI istiyorum! En korkutucu görünen hastalıklarla ilgili olarak bile. Bu, gerekli önlemleri almamanız gerektiği anlamına gelmesin. Ancak inanın, insanların başına en kötü durumlar korktukları için geliyor! Farkındaysanız başlarına ne gelirse gelsin, sakin ve mutlu kalanların sağlıkları hep iyidir.

Hastalıklar aslında bir lanet ya da düşünüldüğü kadar saldırgan değiller!

Darwin ile başlayan, "Güçlüler ayakta kalır, güçsüzler yok olur" düşüncesinin aslında insanların hayatı sürekli saldırgan olarak algılamasına sebep olduğunu düşünüyorum. Bence hayat doğada ve insan dünyasında pek de acımasız sayılmaz. Ama bir yandan da, hayatı daha kötü yapan, "Ben ezmezsem, onlar beni ezerler" düşüncesi ve korkusu değil mi? Tüm insanlar birbirlerine kötü davranmak için aynı gerekçeyi öne sürmüyorlar mı?

Zaten farkındaysanız dünyada tüm insan toplulukları, milletler, dinler bir tek kendilerinin doğru ve haklı olduğunu savunur. Birkaç istisna dışında en büyük saldırganlığı gerçekleştirmiş insan toplulukları bile kendilerini savunacak, gerekçelendirebilecek bir neden bulurlar. Din, açlık, eşitsizlik, tarihi kin...

Neyse konumuz bu değil. Size söylemek istediğim sadece, aslında beynimizdekini yaşıyoruz. Kişisel hayatımızda ve hatta sağlığımızda genellikle tahayyül ettiğimiz gerçekleşiyor.

Domino etkisini durdurmak

Hepimiz hayatımızda kontrol edemediğimiz bir travmadan ya da farklı bir nedenden dolayı, sağlığımızda bazı sorunlar yaşayabiliyoruz. Ancak, işlerin gerçek anlamda koptuğu nokta genellikle korkuyla başlayan domino etkisi. Hatta çoğu zaman, korkuyla yaşanan çaresizlikler, sorunu başlatan travmalardan çok ama çok daha etkili olabiliyorlar. Zira unutmayın ki sağlık, hayatımızdaki en önemli alandır. Şöyle bir örnekle durumu açıklayayım: Mesela, hayatında iş alanında yaşadığı bazı sorunlardan dolayı kötü bir dönem geçiren, işiyle ilgili belli bir travmadan dolayı sağlık sorunları yaşayan birini ele alalım. Sonra bu kişinin sağlığıyla ilgili kötü bir haber aldığını varsayalım.

Sizce hangisi daha büyük bir travma oluşturabilir?

İş hayatında yaşadığı sorun mu, yoksa büyük bir sağlık sorunu olduğunu öğrendiği andaki travma mı?

Doğru cevap muhtemelen sağlıkla ilgili olandır. Zira hem varlığını doğrudan tehdit edeceği, hem de hiç beklemediği bir durum olacağı için sağlık travması diğerinden katbekat büyük olabilir.

Peki sizce hangisi daha büyük bir rahatsızlık yaratabilir?

Evet bildiniz! Yine ikincisi...

Yeni biyolojik programlara sebebiyet vermemek için ne olursa olsun sakin kalmalıyız...

Size bu kitap boyunca, aslında çoğu hastalığın beyinden tetiklendiğini söyledim. Kim ne derse desin, bu dünyada sağlık konusunda her şey mümkündür. Bu kitabı yazarken amacım dünyada sağlık alanında yaşanan mucizeleri sayıp dökmek, size umut aşılamak falan değildi. Ancak, eğer siz ya da çok sevdiğiniz bir yakınız böyle bir durumdaysa, yine de bu hikâyeleri bulun, okuyun, seyredin ve seyrettirin. Ve inanın ki, bu hikâyelerin çok yüksek bir yüzdesi gerçektir.

Konuya bir de sağlık personelimiz açısından bakalım. Aranızda hastane ortamlarından keyif aldığını söyleyebilecek biri var mı?

Bu sorumu sorarken, son zamanlarda sayıları hızla artmakta olan, beş yıldızlı otel konseptindeki lüks hastanelerin lobilerinden bahsetmiyorum. Dileğim elbette ki hepimizin en çağdaş ve modern şekilde sağlık hizmeti alabilmesi, bu merkezlerden faydalanabilmesi. Ama benim asıl gelmek istediğim nokta son 30 senedir ülkemizdeki ortalama hastane şartları.

Bu arada aranızdan, "Ben keyif alıyorum aslında" diyen ama meslek olarak sağlık alanını seçmemiş kişiler varsa üzülürüm. Gerçekten yanlış meslek seçmiş olabilirsiniz çünkü. ☺

Gelelim aslında hayatlarında büyük fedakârlıklar yaparak doktorluk mesleğini icra edenlere. Her ne kadar doktorların, biraz sıkıntı çektikten sonra bir eli yağda bir eli balda yaşadığı gibi (çoğu doktorumuz için doğru olmayan) bir imaj olsa da doktorlarımız gerçekten bulundukları yerlere hiç kolay gelmiyorlar. Hayatının önemli bir bölümünü okuyarak, mecburi hizmet, doktorlar arasındaki hiyerarşi, nöbetler, karşısındakine yardımcı olabilme stresi, geçim derdi gibi birçok sorun içerisinde geçiren doktorlarımıza sevgimiz ve saygımız her zaman sonsuz olmalı.

Eğer doktor ya da sağlık personeliyseniz ya da yakın çevrenizde böyle biri varsa bu yazdıklarımı dikkatle okumanızı rica ediyorum. Yazacaklarımı ilk kez duymuyorsunuz, ancak sağlık sisteminin de bu konunun altını yeterince çizdiğini düşünmüyorum.

Erken teşhis sakin kalmak kaydıyla hayat kurtarabilir.

"Sakin kalmak" ifadesini öylesine kullanmış değilim. Ama "korku" travmasının nasıl domino etkisiyle daha da korkutacak sonuçlar doğurabildiğini anlattım zaten. Maalesef çeşitli nedenlerden dolayı tam tersi bir uygulama yapılıyor; erken teşhis gibi iyi niyetli bir çaba korkuyu besleyen bir mekanizmaya dönüşüyor. Tüm sistem insanların sağlıksal sorunlarını erken tespit etmek adına kurulmuş. Bu da insanları maksimum şekilde bilinçlendirmekle mümkün olur diye düşünülüyor. Erken teşhisi sağlamak, insanları *check-up* ve doktorlara yönlendirmek için "korkutmak" çoğu zaman daha da etkili bir yol olabiliyor. Burada sağlık sisteminin, maksimum seviyede iyi niyetli olduğunu varsayıyorum. Bu varsayımın ne kadar doğru olduğunu da sizin değerlendirmenize bırakıyorum.

Şüphesiz ki sağlıklı insanlar kadar, hastalar ve hasta yakınları da gerçekten sistem tarafından korkutuluyorlar. Sistem aslında bu çaresiz insanları korkutarak onlara ne kadar büyük bir kötülük yaptığının farkında değil!

Sadece, hastaneler ve doktorlar değil tabii, tüm medya da "bilinçlendirme" adı altında, insanlarda büyük korku dağları yaratmaya başlıyor. Zaten tüm gelişmelere rağmen hâlâ birçok hastalığın daha da artmasının en büyük sebeplerinden biri de bu korku. Teknolojide ve insani bakım şartlarında dünyada yaşanan tüm gelişmelere rağmen, gittikçe daha fazla insan hastalanıyor. İşte bu yüzden zaten yıllar öncesinde seyrek olan hastalıklar, çok daha yaygın olarak görülüyor.

Yaratılan korku dağları, hastalıkların azalmasına pek katkı yapmış gibi durmuyor.

Eğer sağlık sektöründe çalışıyorsanız, sizden ricam ağzınızdan çıkacak tüm sözlere ya da hareketlerinizle vereceğiniz tüm mesajlara daha da fazla dikkat etmeniz. Tabii ki, kötü haberleri vermek kadar zor bir durum olamaz. Elçiye zeval olmaz ve sizler de aslında elçisiniz, bu da doğru... Ancak, yine de çok çok önemli bir konumdasınız. Karşınızdaki insanlar çaresizler ve konumunuzdan dolayı söylediklerinizi çok ama çok önemsiyorlar. Onlara söyleyeceğiniz bir cümle hayatlarını, hatta hayat sürelerini bile değiştirebilir.

Biliyoruz ki çoğu hasta, çaresiz bir durumda belki birkaç doktora gitme gibi yol izliyor. Yine de tek bir kötü görüş bile büyük travmalar oluşturabiliyor. Bir hasta ya da yakını için onlarca moral verici doktorun yanında tek bir "kötü konuşma" bile sorun yaratabilir. Bu, insan psikolojisidir. Kişi, "Ya en kötüyü konuşan doktorun söylediği gerçekleşirse" diye korkmaktan kendini alamaz.

Size şu kadarını söyleyeyim: Bir insan korkarken, travma yaşarken, matematiksel gerçekleri anlaması gerektiği gibi anlayamaz. "Yüzde bir ölüm ihtimali var" gibi bir cümle bile karşı tarafta, "Ölüm olabilir" şeklinde algılanacaktır. İnsanların bu dünyada küçük risklerden bile kaçmak için neler yapabildiğinin kanıtını görmek için çevrenize bakmanız yetecektir.

Hayatta ölüm de var.
Ama çok zorlu bir durumda olsa bile, öleceksin demenin hastaya hiçbir yararı yok!

Çoğu zaman fazla bilgi hayatta başa beladır. Bu durumun en bariz şekilde geçerli olduğu durum da hastalık teşhisleridir. Sağlık sisteminde, hastanın moralini yüksek tutma gerekliliği zaten bilinen bir konu. Ama inanın, sağlık personelimizin ne yazık ki çok az kısmı, moralli olmanın kişinin sağlığında yaratabileceği büyük etkinin farkındaymış gibi davranıyor.

Sadece sağlık çalışanları bazında değil, tüm sistemin, insanı önceden kestirilebilir bir makine olarak görmekten vazgeçmesi, hepimizi psikolojisi, beyni ve vücuduyla bütün olan, "eşşiz" ve farklı bireyler olarak görmesi gerekiyor.

Önemli rahatsızlık ihtimallerinde internet aramalarından uzak durun.

Sadece doktorlar değil, çoğu zaman teşhis travmasına en fazla sebep olan senaryo, kişinin yaşadığı belirtileri arama motorlarına yazıp, çıkan hastalık olasılıklarını okumak.

Aramalarınızda karşınıza çıkacak olanlar uç örnekler ve resimleri olduğu için bunun sizi çok korkutabileceği aşikâr. Çok zorda kalmadıkça, önemli konularda internet aramalarından uzak durun derim. Bazen fazla bilgi, hem gereksiz, hem zararlı. Bu kötülüğü kendinize asla yapmayın.

İnanmanın gücü

Hepimiz plasebo kelimesini duymuşuzdur. Ama bu sayfaları farklı kesimlerden birçok kişinin okuduğunun bilincindeyim. O yüzden öncelikli olarak "plasebo" neydi onu hatırlayalım.

Plasebo aslında inanmanın gücüdür. Tıp literatürü, hastalara ilaç olduğu bilgisiyle verilen şeker hapları sayesinde, insanların bu "ilacın" onları iyileştireceğine inanmaları koşuluyla gerçekleşen mucizevi iyileşme hikâyeleriyle doludur. Özellikle yeni ilaçlar piyasaya çıkarken, ilacın etkili olup olmadığını belirlemenin yollarından biridir plasebo. Deneyler sırasında belirli bir gruba gerçek ilaç verilirken, diğer bir gruba aynı görüntüdeki şeker hapları verilir ve aradaki fark izlenir. Şunu da bilmelisiniz ki, birçok deneyde plasebo hapları, gerçeğinden de iyi sonuçlar verebilir!

Beyin bir ilacın iyi geleceğine inanırsa, bunda çoğu zaman başarılı olabilmektedir. Peki ama neden?

Sayfalardır sizlerle paylaştığım bilgiler zaten çoğu hastalığın beyinden tetiklenmesiyle ilgili detaylardı. Plaseboyu anlayabilmek adına aslında elimizde oldukça fazla bilgi var.

İyileşeceğine inanmak domino etkisini engeller.

Mucize bir ilaçla iyileşeceğine inanmak, daha sonra yaşanabilecek travmaları ve karışıklıkları engelleyeceği için, sorunun çok daha basitçe ve kısa sürede iyileşmesini sağlayacaktır. Kişi çok sakin kalacağı için beyni, hiçbir ekstra ilkel programı gereksiz yere başlatmayacaktır. Domino etkisi yaşanmayacak, vücut kısa sürede kendini toparlayabilecektir.

Mesela, daha çok korku ve endişeyle tetiklenen, vücudun ekstra su tutmasını sağlayan "ödem sendromu"nun yaşanmaması, iyileşmeyi önemli ölçüde hızlandıracaktır.

Tüm bunların yanında, plasebo rahatsızlığın ana nedenini de ortadan kaldırabilir. Bu arada plasebodan bahsederken, sadece "yalancı" ilaçlardan değil, bir şekilde iyileşeceğine inanmanın gücünden bahsediyorum!

İyileşeceğine inanmak, beyinde programı kendiliğinden çözüme ulaştırabilir ya da kronikleşmeyi engelleyebilir.

Aslında, sağlık konusunda kendini güvende hissetmek sadece domino etkisini engellemekle kalmaz, ilkel programları başlatan programları çözüme de ulaştırabilir. Ne yazık ki, bunun bir garantisi olduğunu söyleyemeyiz. Yani çoğu zaman, sağlık sorununun beyindeki nedenini temizlemek için onun farkına varmak ve de üzerinde çalışmak gereklidir. (Bu konunun detaylarına birazdan gireceğiz.) Yine de, sadece güvende olduğuna kalpten inanmanın bile, beyin kontrol merkezlerindeki programları çözüme kavuşturduğu hiç de azımsanmayacak bir sıklıkla görülmüştür.

Şükretmek beyine, "Her şey yolunda" mesajı verir

Güvende olduğuna inanmak kadar önemli bir konu da "şükretmek". Bütün dinlerin ortak öğretisi olan "şükretmek" de beyine, "Her şey yolunda" mesajını verdiği için önemlidir. Hayatlarını sürekli şükretmeyi bilerek geçirenler beyinlerini bir anlamda gereksiz müdahalelere girmekten alıkoymuş olurlar. Başa ne gelirse gelsin kendi kendine yine de şükretmeyi hatırlatan kişilerin biyolojik programları çok uzun sürmeden sonlanabilir.

İnanmak ama neye?

Cümlelerimi çok dikkatli kullanmak zorundayım. Zira burada yazacaklarımla kimseyi üzmek ya da kırmak istemem. Size bu bölümde söyleyeceğim tek şey...

Neye inanıyorsanız, hangi inançlarla kendinizi güvende hissediyorsanız onları uygulamaya devam edin.

İtiraf etmek gerekirse, ben şahsen dünyayı mantığıyla, görebildikleriyle, anlayabildikleriyle yorumlamayı seven, bunu gerçekleştirebilen biriyim. Tabii ki analitik olmamın, mühendislik eğitimi almış olmamın bunda etkisi büyük...

Şu an Türkiye'de ve dünyada toplumların 20-30 sene öncesine göre "post-inançlı" bir dönemde olduklarını düşünüyorum. Sağlıklarını da, Batı tıbbı kadar, farklı yöntemlerle iyileştirmek isteyen milyarlarca insanla karşı karşıyayız. Ben kim hangi yöntemi kullanırsa kullansın, gerçekten işe yarayıp yaramadığından bağımsız olarak kullanılmaya devam edilmesi gerektiğini düşünüyorum.

Dua, muska, ibadet, hacı, hoca, melekler, kuantum, reiki, biyoenerji, ne olursa olsun.... Dediğim gibi hangisinin neden ya da ne kadar işe yarayacağını tartışmayacağım. Bu çok farklı kitapların, ucu sonu gelmeyecek tartışmaların konusu. Ama hepsinin de "sadece inanmanın gücü sayesinde" bile olsa yararı olacağına tüm kalbimle inanıyorum.

Yaptığınızı daha çok yapmaya, kendinizi daha iyi hissettireni daha çok uygulamaya devam edin...

Ya nosebo?

Biraz önce plasebo üzerine konuştuk. Beynimiz çok güçlü, ama sayfalardır bahsettiğimiz gibi doğru şekilde yönlendirilmesi gerekiyor. Bir başka deyişle her zaman iyiye hizmet etmiyor...

Hayatınızda "nosebo" diye bir kelime duydunuz mu?

Duymadıysanız, çok basitçe plasebonun olumsuz olarak çalışanı diyebilirim... Yani kötüleşeceğine inandığı için, beynin bunu gerçekleştirmesi. Sizinle daha önce duymuş olabileceğiniz bir hikâyeyi paylaşmak isterim. Donacağına inandığı için gerçekten donan bir gemicinin hikâyesini...

1950'li yıllarda bir İngiliz şilebi Portekiz'den aldığı Madura şaraplarını İskoçya'ya götürür. Demir attığı limanda yükünü boşalttıktan sonra, şilepte çalışan denizcilerden biri, unutulan şarap kolisi kaldı mı diye denetlemek üzere soğuk hava deposuna girer. Onun içeride olduğunu fark etmeyen başka bir denizci ise, kapıyı dışarıdan kapatır. Soğuk hava deposunda mahsur kalan denizci var gücüyle bağırır, çelik duvarları yumruklar, ama kimseye sesini duyuramaz.
Mahsur kalan denizci, depoda açlıktan ölmeyecek kadar yiyecek bulur. Ama deponun dondurucu soğuğuna fazla dayanamayacağının bilincindedir. Kapıyı açamayan çakısıyla, çelik duvarlara kendisini bekleyen ölüm sürecini yazmaya, daha doğrusu kazımaya başlar. Günbegün, adeta bilimsel bir titizlikle soğuğun vücuduna önce uyuşturucu, sonra yavaş yavaş öldürücü etkilerini, el ve ayaklarının

nasıl duyarsızlaştığını, donan burnunu ve buz gibi havanın dayanılmaz yakıcılığını anlatır.
Şilep Lizbon'a demir attığında, soğuk hava deposunun kapısını açan kaptan, zavallı denizcinin cesediyle karşılaşır. Duvarlara kazıdığı acılı sonunu okur, kendisi de hayretten donakalır.
Çünkü soğuk hava deposunun derecesi 19'dur. İskoçya'ya götürdükleri Madura şaraplarının 18 derecede taşınması gerekmiş, şilep yükünü boşalttıktan sonra soğutma sistemi zaten kapatılmış, kendi haline bırakılan deponun sıcaklığı 1 derece de yükselmiştir.
Yani denizci biraz boş yere ölmüştür...

Bu arada hikâye diyorum, çünkü aynı hikâyenin farklı dillerde birçok farklı versiyonu mevcut. Bu açıdan doğru olup olmadığı konusunda net bir bilgiye sahip değilim. Yine de nosebonun etkileriyle ilgili kayıtlı birçok inanılmaz vaka bulunduğunu ve nosebonun da en az plasebo kadar etkili olduğunu söyleyebilirim.

Kanser kelimesi yasaklanmalı!

Ben kanser kelimesinin dünyada bir daha kullanılmaması gerektiğini düşünüyorum. Neden mi?

Kanser kelimesinin gereğinden çok ama çok fazla kirlendiğini düşünüyorum. Örneklerle izah edeyim...

Kullandığımız kelimeler aslında kitabın başından beri bahsettiğimiz Pavlov deneyinin zilleri. Hayatımızın başlarında bizim için pek bir şey ifade etmeyen kelimeler yaşadıklarımızla beraber, beynimizde anlamlar kazanıyorlar. Mesela, küçük bir çocukla konuşurken kanser kelimesini kullanın. Onun için pek bir şey ifade etmeyecektir. Ne zaman ki büyür, ünlü insanların kanserden öldükleriyle ilgili haberlere maruz kalır, işte o zaman beyninde bu hastalığın tehlikeli olabileceğiyle ilgili bir düşünce gelişecektir. Özellikle de, eğer yakın çevresinde böyle bir duruma maruz kalırsa, kanser gerçekten onun için kötü bir anlama gelecektir.

Daha keyifli bir örnekle açıklamaya devam edelim. Mesela, oğlunuza bir isim arıyorsunuz. Ve pek kimsenin kullanmadığı, bu isme sahip ünlülerin de oldukça güçlü ve karizmatik olduğu bir isim buluyorsunuz. Diyelim ki "Alparslan" ismini seçiyorsunuz. Alparslan ismi ünlü Türk komutanını hatırlatıyor ve belki birkaç futbolcu dışında pek de bir çağrışım yapmıyor bu ismi koyduğunuz zaman.

Ama birkaç yıl sonra bir televizyon dizisinin başrolünde bütün kötü alışkanlıklara sahip bir "Alparslan" karakterinin oynadığını düşünelim. Hem katil, hem alkolik, hem tecavüzcü, hem uyuşturucu bağımlısı... Ve bu dizinin yeni bir fenomen dizi olup, 15 sene boyunca Türkiye'de reyting rekorları kırdığını varsayalım.

Yıllar sonra, insanların kafasındaki Alparslan isminin imajının nasıl değişebileceğini kafanızda canlandırabiliyor musunuz?

Bu arada kitabımı okuyan tüm Alparslan'lardan özür dilerim. Hâlâ oldukça güçlü ve karizmatik bir Türk komutanını akla getiren bir isminiz var. ☺

Beynimizdeki tüm değerlendirmelerimiz, bu şekilde ilişkilendirmelerden oluşuyor. Kanser kelimesi o kadar kötü durumlarla ilişkilenmiş ki, birisinin başına geldiği an, çok tehlikeli bir kanser olmasa bile çok büyük bir travmatik etki yaratıyor. Tüm organlarda yaşanabilen, hücrelerin kontrol dışı arttığı tüm vakalara "kanser" denildiği için, bu kelime gerçekten de inanılmaz korkutucu bir hal almış durumda.

Kanser kelimesi nosebo yaratıyor.

Nosebo etkisini en fazla artıran da bu kelimenin ta kendisi!.. Daha tehlikesiz görülebilen bir tiroit kanserini geçiren biri de sonuçta kanser olmuş oluyor.

Gerçekten de, domino etkisinden kurtulabilmek adına kanser kelimesinin kullanılmaması, organ bazında farklı kelimelerin geliştirilmeye başlanması, kullanılan kelimelerin de "kanser" kelimesiyle uzaktan yakından alakası olmaması gerektiğini düşünüyorum.

İlerleyen yıllarda tıpta özellikle de kanser konusunda büyük paradigmal değişiklikler yaşanacağını düşünüyorum. Ama o zaman gelene kadar, şunu lütfen unutmayın: Tabii ki kimse bunun kendisinin ve yakınlarının başına gelmesini istemez. Ancak bilin ki her kanser (ne yazık ki ben de kullanmak zorunda kalıyorum) birbirinden farklıdır. Tek bir genel kelimenin kullanılması da büyük şanssızlıktır.

İyi bir hastane sadece altyapısı, teknolojisi ve doktorları iyi olan hastane değildir. Gelecekte en iyi hastaneler, gerçekten de hastaların psikolojisiyle sistemli bir şekilde ilgilenecek olan hastaneler olacaktır.

Tedavisi sırasında, kişinin varlığını güvende hissetmesinin tedavinin başarısına direkt bir etkisi olduğuna tam anlamıyla vâkıf olan bu hastanelerin, benzerlerinden çok ama çok daha ileri seviyede sonuçlar alacağına eminim. Hastalara kendilerini evlerinde gibi hissettiren, tüm faktörlerin kontrol altında olduğu duygusunu yaşatan bu kurumların başarısının en büyük nedeni, bu kişileri yeni travmaların yaratacağı domino etkisinden ve bütün hastalıkların şiddetlenmesinde başrol oynayan böbrek "sendromundan" koruması olacaktır.

Hasta yakınları olarak onların yanında olmak gerekiyor.

Yine "sendrom", yine böbreklerin fazla su tutması... Bu durum tahmin ettiğinizden çok ama çok önemli. Özellikle, hem organlarda hem de beyinde fazla ödemin bulunması, tüm belirtileri şiddetlendiriyor. Bunun yanında, iyileşme krizindeki asıl amacın iyileşme döneminde beyinde bulunan ödemden kurtulmak olduğunu söylemiştik. Ve de, iyileşme krizlerinin şiddetinin bu ödemin büyüklüğüne bağlı olduğundan bahsettik. Şimdi size, bir hastanın normale dönebilmesindeki en kritik noktanın iyileşme krizleri olduğunu söylemeliyim. Ne yaparsak yapalım, çok şiddetli iyileşme krizlerinden korunmalıyız.

Bunun da en önemli yolu, vücuttaki ödemden kurtulmaktır. Bir başka deyişle, hastalarımızı yalnız bırakmamak, morallerini yüksek tutmak, onları güvende hissettirmek... Böylece onları, terk edilme, varlığının tehlikeye girmesi, evden uzakta olma temalı travmalardan, dolayısıyla da bu sendromdan korumuş oluruz.

Bu kadar bilgiden sonra, tepkinizi tahmin edebiliyorum. İki farklı tepki geliştirmiş olabilirsiniz.

Birincisi, klasik, "Hadi canım sen de!" tepkisi. Diğeriyse, "Çok dikkatli olmalıyım!" tepkisi.

Amacım sizi paranoyak yapmak değil. Bu kitabı okuduktan sonra, yaşadıklarımızın, hatta bazı anların da sağlığımızdaki önemini algılamanızı istiyorum. Ama bu sizde kendinizin ve yakınlarınızın hayatını ve yaşadıklarını sürekli olarak kontrol etme isteği yaratmamalı.

Sadece sağlıklı ve uzun bir hayatın yolunun, mutlu bir hayattan geçtiğini bilmek ve hayatımızı buna göre ayarlamak oldukça mantıklı. Bunu zaten siz de biliyorsunuz. Benim yapmaya çalıştığım, bu önemli konunun daha sağlam biçimde idrak edilmesine katkı sağlamak.

İyi dilek cümlelerinin en klişesi nedir? "Sağlıklı, mutlu ve başarılı bir .... dilerim." Hatta neredeyse hep bu sırada söylenir. Hepsi birbirine o kadar bağlı ki.

Mutluluk olmadan sağlık olmaz! Sağlıksız kısa bir hayattaysa başarılı olsanız ne yazar!

Bu da bizi dünya tarihinin gelmiş geçmiş en büyük klişelerinden birine doğru götürüyor.

Carpe diem!

Ya da anı yaşa! Merak etmeyin, yıllardır duyduğunuz cümleleri bir kez de benden duymayacaksınız. Ama siz yine de anı yaşayın ve hayattan keyif alın tabii. ☺

Sizinle, şu ana kadar yazdıklarım ışığında travmatik şokların sağlığınızı etkilememesi için aklınızda bulunması gerekenleri paylaşmak isterim. Bunun için travmaları büyüten dört ana özelliği ele alalım.

Dramatiklik

Belli bir travmanın dramatikliğini azaltmak için aklınızda bulunması gereken tek şey, bütün bu olayları sadece sizin yaşamadığınızı hatırlamak. Dünya tarihinin gelmiş geçmiş en güçlü insanlarının bile şu an nerede olduğu aşikârken, yaşadığınız kötü olayları kişisel algılamayın!

Şok

Özellikle hiçbir şekilde öngöremediğiniz ve şok yaşadığınız olaylara dikkat etmenizi öneriyorum. Bu tarz şoklar, beyni en çok değiştirebilen olaylardır. Onların etkisini beyinden en kısa sürede temizlemek gerekir.

Travmalarınızı onları yaşar yaşamaz beyninizden temizleyin.

Her travma hasta etmez, ama bazılarının size "yol, su ve elektrik" olarak dönmemesi için onları bir şekilde bir an önce çözün!

Geceleri sizi "tavşan uykusuna" sokan ya da uykusuz bırakan bir olay yaşadıysanız, sürekli üşüme hissettiğiniz soğuk bir stres dönemine girdiğinizi düşünüyorsanız bu durumun kaynağını derhal temizlemelisiniz.

Bunu doğal yolla yapabilirsiniz. Bastırmak yerine sorunun üzerine giderek, sürüncemede bırakmadan konuyu, daha sonra hiçbir korkuya yer vermeyecek şekilde çözmeye çalışın.

Tabii ki bazen, doğal yollarla devam eden bir sürece çare bulmak mümkün olmayabilir. İşte bu yüzden, sizlerle paylaşmak üzere olduğum NeuroFormat® sistemini kritik gördüğünüz bir olayı yaşar yaşamaz uygulayın, vücudun gereksiz karışıklıklara girmesine derhal engel olun.

Yalnızlık

Paylaşım, paylaşım ve yine paylaşım! Sosyal paylaşım sitelerinde yazıp çizilenlerden değil, kötü gün dostlarından, ailenizden, güvenebileceğiniz insanlardan bahsediyorum. Bunların hayatınızda olması, sağlığınız için o kadar önemli ve gerekli ki!

Travmatik şokları olduğu an paylaşmak, bastırmamak, dışarı çıkarmak, birilerinin yardım edebileceğini bilmek, insanlara güvenmek... İnanın ki sağlığınız açısından çok ama çok önemli.

Gerçekten şok olduğunuz, çaresiz kaldığınız, sizi çok üzen bir olay olduğu zaman, bunu yakınlarınızla paylaşın.

Ne yaparsanız yapın ama paylaşın! Bu şekilde beyninizin ilkel programlara başvurmasını belli oranda engelleyebilirsiniz.

Önceki sayfalarda, özellikle kanserin arttığından bahsettik. Bunun nedenini açıklamak adına tıp dünyası birçok unsur öne sürüyor... Peki hastalanmamızın sebepleri acaba sosyolojik bazı faktörler olabilir mi?
Mesela, milyonlarca insanın içinde kimseyi tanımamaktan, kimseye güvenmemekten, milyonlarca insanın içinde aslında yalnız olmaktan olabilir mi? Bunun en büyük nedeni toplumdaki yalnızlaşma olabilir mi?
Bir yandan "paylaşım"lar sosyal medyada "paylaşım" rekorları kırarken, biz hayatımızda acaba gerçek "paylaşım"lar yapmayı unutuyor olabilir miyiz?

Her travmatik olayda zaten hedefimiz bir çare bulabilmektir. O yüzden size, "Çaresini bulun" demeyeceğim. Ancak sizden ricam, çare bulamasanız da ilkel savaş/kaç tepkisinden çıkabilmek için sakin kalmaya çalışmanız. Tabii siz ya da sevdikleriniz için gerekli tedbirleri aldıktan sonra...

Tevekkül edin...

Hani bize çocukken öğretilen bir şeyi o an pas geçer ama yıllar sonra o öğretinin, o sözün ne kadar önemli olduğunu anlarız. Size de olmuştur değil mi?

Tevekkül etmek, gerekeni yapıp sonra ulu Yaradan'a, ilahi güce sığınmak... Benim için de böyledir. Bunun ne kadar önemli bir öğreti olduğunu, beyinle, beynin sağlık üzerindeki etkisiyle bu kadar haşır neşir olunca anladım.

Hangi dine, inanışa sahip olursak olalım, çaresiz anlarımızda tevekkül etmek, sadece din açısından değil, özellikle de sağlığımız açısından vazgeçilmez...

Sorumluluk almak

Bu bölümü çok kısa tutacağım. Çünkü zaten söylemek istediğimi hemen anlayacaksınız.

Belki tüm insanoğlu gibi hayatta birçok hatası, yanlışı, günahı olan benim de bunu söylemeye hakkım yok. Ama hepimiz iyi birer insan olmak zorundayız. Zira bizler birbirimizin hayatını düşündüğümüzden çok daha fazla etkiliyoruz.

Kabul ediyorum. Şu ana kadar bahsettiğim travmaların bazıları kaçınılmaz. Ama önemli bir bölümü de, insanların birbirine doğrudan ya da dolayı olarak yaşattığı kötü olaylardan kaynaklanıyor. Ve bunlara sebep olan insanlar, aslında karşıya ne kadar zarar verebildiklerinin farkında değiller. İşin daha ilginç tarafı, bu kötü olayları yaşayanlar da...

Evet, yaşadığımız, yaşattırdığımız büyük travmalar sadece hayatlarımızı değil, yaşam sürelerimizi dahi etkiliyor... Hem bizim, hem karşımızdakinin...

Üzgünüm ama gerçek bu...

Sorunları temizlemek

"Bilincinize getirmediğiniz her şey karşınıza kader olarak çıkar."
Carl Jung

Hatırladığınız gibi ilkel biyolojik programlar, özellikle çok şiddetli bir şok durumunda, kendimizi yalnız ve çaresiz hissettiğimiz hallerde beynimiz tarafından başlatılıyordu. Biz bu şoklar sırasında ve sonrasında belli bir süre kendimizi çok kötü hissetsek de, bir şekilde kendimizi toparladık. Ve gerçekten de "hayat" ve "şov" her zaman devam etti...

Belki karakterimizde, hayatımızda bazı kalıcı izler bıraksalar da, biz o izleri bile kanıksadık. Karakterimizin normalde de, en başından beri öyle olduğunu düşündük. Eskiden aslında farklı olduğumuz konusunda kendimizi bile ikna etmekte zorlandık. Ancak, bu kalıcı izlere rağmen sonuçta bu kötü olayları unuttuk gittiler.

Daha önceki kitaplarımda bu travmaları beynimizden temizleyerek, aslında birçok korkuyu, endişeyi, fobiyi, kilo sorunlarını, takıntıları ama daha çok psikolojik olarak bildiğimiz sorunları beynimizden silip atacağımızdan bahsetmiş ve bunu yapmanın yolunu detaylarıyla sizlerle paylaşmıştım.

Bu kitaptaysa, yaşadığımız ama çoğu zaman unuttuğumuz bu olayların aslında nasıl sağlığımızı doğrudan etkilediğini "klavyem yettiğince" açıklamaya çalıştım. Şimdiyse bu travmaları beynimizden temizlemeyi öğrenme zamanı...

Çözüme ulaşabilmek için bazen hatırlamak bile yeterli olabiliyor.

Bazen sadece nedeni hatırlamak bile bir programın tamamen kapanmasını sağlayabiliyor! Aslında Carl Jung şunu söylemeye çalışıyor: Unutup bastırdığınız, bilincinizde temizlemediğiniz travmalar, karşınıza psikolojik ve fiziksel hastalıklar olarak çıkar.

Tam olarak bizim söylediğimiz şeyin aynısı! Jung'un yaşadığı dönem daha çok "derin" konuların konuşulması ve bilinçüstü seviyeye getirilmesiyle ilgiliydi. Onun ölümünden yarım asırdan daha da uzun bir süre sonra elimizde çok daha farklı yöntemler var. Biz çok daha fazlasını yapabiliyoruz. Ama inanın, bazen hatırlamak bile yeterli olabiliyor.

Travmanın nedeni müstehcen bir anı

Bununla ilgili olarak çok kısa bir anekdotu sizinle paylaşmak isterim. Twitter üstünden bana soru soran, anladığım kadarıyla 30 yaşlarında bir erkek okurum, kafasında hiç susmayan bir şarkıdan bahsetmişti. Hani bunu bir şekilde hepimiz yaşarız ya. Bir şarkı kafamıza takılır ve ne yaparsak yapalım geçmez. Ama ben böyle bir durumdan değil, neredeyse 15 senedir tek bir şarkının çok şiddetli bir şekilde kişinin kafasında çalmasından bahsediyorum.

Bana çıldırmak üzere olduğunu, ne yapılabileceğini sordu. Ona tek bir soru sordum...

"Bu şarkı başlamadan yıllar önce olsa bile yaşadığın ve çok utandığın, özellikle cinsel içeriği olan bir olay var mı?"

Bir gün sonra yazdı ve kafasındaki şarkının 15 senedir ilk kez sustuğunu söyledi. O gün yazdığım soruyu okurken, beyninde bir şey olduğunu, sabahleyin kalktığında şarkının çalmadığını anlatarak, büyük bir mutluluk içinde bu durumu benimle paylaştı. Bu duruma sebep olan hatırladığı olay neydi biliyor musunuz?

Çocukken evlerinde bir akrabası olan teyzeyi çıplak olarak görmek. Sadece bu...

Bu arada kendisiyle aylar sonra tekrar konuştum. Şarkının birkaç hafta sonra tekrar ama daha düşük düzeyde başladığını, daha sonra *Beynine Format At* kitabımda yazdığım hikâye tekniğiyle, tamamen temizlendiğini anlattı. Son yazışmamızda "temizlik" çalışmasının üzerinden uzunca bir süre geçmişti ve o şarkı bir daha hiç uğramamıştı!

Anlatmak istediğim, beyin yıllar önce utandığı için çekmeceye kaldırdığı bir olayı, hatırlayarak belli bir oranda kendiliğinden çözüme ulaştırmıştı. Ama, şokun tamamen temizlenmesi sizlerle biraz sonra kısaca paylaşacağım sistemle mümkün olmuştu.

Herhangi bir olayı değil, doğru olayı hatırlamak gerekiyor.

Bu kitabım en genel haliyle "sağlık" üzerine odaklanıyor. Biz burada takıntı olarak adlandırılacak problemlerden bahsetmedik. Umarım ilerleyen yıllarda, bazı psikolojik sorunların da nasıl ortaya çıktığını, size bu kitapta paylaştığım şekilde detaylı olarak anlatma şansını yakalarım. Size şimdilik sadece şu kadarını söyleyebiliyorum: Psikolojik sorunlar da fiziksel hastalıklara benzer mantıkta çalışıyorlar. Biraz önce verdiğim bu örnek, sorunun nedeninin farkına varmanın çözümdeki etkisini elle tutulur bir şekilde ortaya koyuyor.

Ancak ne yazık ki çoğu zaman bu yeterli olmuyor. Doğru nedeni bulsak bile, beyindeki duygu yükü (bilgisayarlı tomografi görüntülerini ve atılan röleleri hatırlayın) temizlenmediği için kronikleşmiş sorunların tam olarak çözülmesini engelleyebiliyor.

Şimdi bunu yapma zamanı! Yaşadığımız travmaların etkisini mümkün olduğu kadar hızlı ve etkili bir şekilde beynimizden temizlemeyi öğreneceğiz.

Ya küçük çocukların yaşadıkları sağlık sorunları?

Yazdıklarımı okurken, aklınıza çok mantıklı bir sorunun geldiğini biliyorum. Haklı olarak, bebeklerin, küçük çocukların neden hasta olduğunu düşünüyorsunuz. Sonuçta onlar sadece bebek, nasıl travmalar yaşayabilirler ki? Neden büyüklerin yakalandığı hastalıklara yakalanıyorlar?

Tabii ki tüm hastalıkların yaşanan travmalardan dolayı olduğunu iddia etmek oldukça bilgisizce ve mantıksız bir yorum olacaktır. Asla böyle bir iddiam olamaz. Ama sizi temin ederim ki, bebekler bizden daha sık ve daha büyük travmalar yaşıyorlar. Bunun nedeni, onların bilinçli beyinlerinin dünyayı tanıma sürecinde, yaşadıklarını doğru değerlendirme imkânları bulunmuyor.

Zira, bir bebeğin yaşadığı deri sorunu pekâlâ annesinin 2-3 saatliğine ondan ayrılması ve daha sonra geri dönmesiyle ortaya çıkabilir. Bebeğin beyni annesinin ondan ayrılması sonrasında, her seferinde geri döndüğünü görüp alışana kadar o pişiği yaşamasına sebep olacaktır.

Zaten biliyorsunuz, çocukların 0-3 yaşları tüm açılardan hayatlarının en önemli yıllarıdır. İşte bu nedenle çocuğumuzun bu yılları zaten hatırlamadığı, yaşayacaklarını zaten unutacağı, o yüzden de bir önemi olmadığı şeklinde bir görüşe asla sahip olmamalıyız. Çocukların beyni olayları unutsa da, olaylardan aldığı dersleri ve başlatılan biyolojik programları sürdürmeyi unutmaz.

Tüm bunların ışığında cevabım, tüm hastalıkların tabii ki biyolojik programlardan kaynaklanmadığı, ancak büyükler için geçerli olan birçok noktanın bebekler için bile geçerli olduğudur.

Sorunumuza neden olan travmayı bulamıyorsak

Özellikle de, sorunun ilk başlangıcı çok küçük yaşlara dayanıyorsa, buna neden olan travmatik şok çok küçük yaşlarda, hatırlamadığımız dönemde yaşanmış olabilir. Bu da pek tercih edilen bir durum değil açıkçası.

Zaten çözümde en zorlanılan konular da, çok küçük yaşlarda başlayan, belirli bir başlangıcı hatırlanmayan rahatsızlıklar.

9 + 9 + 12 = 30 aylık süreç

Bununla beraber son dönemlerde irtibatta olduğum çeşitli yabancı profesyonellerden, ekstra bir bakış açısından da yarar gördükleri konusunda bilgi alıyorum. Onlara göre, eğer hiçbir şekilde "istenilen özellikte" orijinal travmatik şok bulunamıyorsa, sorun daha da geçmişten gelebiliyor.

Hamile kalınmasından 9 ay önceye kadar anne ve babanın yaşayabileceği, hamilelik sırasında 9 ay boyunca annenin ve ilk 12 ay boyunca bebeğin yaşayabileceği yoğun travmatik şoklara azami önem gösteriyorlar.

Bu konudaki tavsiyeleri özellikle, sorunu yaşayanlar ebeveynlerse bunların konuşulup öğrenilmesi. Bunu öğrenen kişinin beyninin, şoku ve tehlikeyi zaten kendisinin yaşamadığını, kendi beyninin herhangi bir tepki vermesinin gereksiz olduğunu idrak ederek, yaşanan sorunu kendiliğinden çözdüğünü benimle sıkça paylaştılar.

Üç kuşağı da taramak

Yine benzer şekilde, travmatik şokların bulunamadığı durumlarda, geçmiş üç kuşağa bakarak, aranılan özellikte travmaları onlarda aramak gerektiği savunuluyor. Mesela, çocuklukta yaşanan bir deri sorunu için "ayrılık travması" aranıyor ve bulunamıyorsa, üç kuşak boyunca tüm dedeler ve nineler taranıyor. Onların yaşadığı yoğun ayrılık travmaları öğrenilerek, kişiye, "Bu senin travman değil, beynin bu reaksiyonu bırakabilir" mesajını veriyorlar.

Aslında genetik olarak geçen hastalıklara farklı bir bakış açısı getiren bu tez konusunda kafamın çok net olduğunu söyleyemem ama bu sistemi de kullanarak çalışan uzmanların çok iddialı olmaları ve bu sistemle çözüldüğü anlatılan vakalar nedeniyle paylaşmak istedim.

NeuroFormat® sistemi

İşte geldik bizi çözüme doğru götürecek hamleleri yapmaya! Psikolojik çözümleme yoluyla sağlık sorunlarını çözen bir sistemde iki ana unsur vardır. Bunlardan ilki analiz, diğeriyse uygulama tekniğidir.

Analiz

Analiz derken, kişinin size gelmesine yol açan sorunu neden yaşadığını bulabilmelisiniz. Herkesin beyni, yaşadıkları, hayatı kendine özeldir. O kişinin neden o sorunu yaşadığını bulabilmek için, onun hayatında ne yaşandığını analiz edip, sorunu yaratan parçaları çekip çıkarabilmelisiniz. Bunu yapabilmenin yolu, hem çok ciddi teorik bilgi, hem pratik tecrübe, hem de çoğu zaman ciddi uğraştan geçer. Analiz başarının gerçekten olmazsa olmazıdır.

Uygulama tekniği

Çoğu zaman sadece doğru analizi yapabilirseniz, sorunları çözmek mümkün olabilmektedir. Ancak analiz yapmak da yeterli olmayacaktır. Doğru şekilde tespit edilen nedenin etkili şekilde beyinden temizlenmesi gerekir. Temizlemek derken, o kişinin yaşadığı soruna sebebiyet veren her neyse bunun önemli olmadığını onun beynine, bilinçaltına anlatmaktan bahsediyorum.

Eğer doğru nedeni bulup çıkararak, beyine bu nedenin artık geçerli olmadığını anlatabilirsek kişinin sorunu ne olursa olsun çözme ihtimali oldukça yüksektir.

İlk kitabım *Yıka Beynini*'de sizlere daha çok sistemin uygulama tekniğini oluşturan parçaları anlatmıştım. Daha sonra ikinci kitabım *Beynine Format At*'ta uygulama tekniğini, benim ve ekibimin kullandığına benzer şekilde aktardım.

Bu kitabın şu ana kadar olan tüm bilgileri analiz üzerineydi. Bu noktadan itibaren sizinle, beyinde travmaları ve hastalıklara yol açabilecek duyguları temizlemekte kullanacağımız uygulamanın basit halini paylaşıyor olacağım. NeuroFormat® tekniği ismini verdiğim bu uygulamanın daha detaylı halini *Beynine Format At* kitabımda bulabilirsiniz.

Daha önceki kitaplarımı okuyup uygulayanlara

Beynine Format At kitabımı okuduysanız ve hatta uyguluyorsanız, teknikte bazı detayları atladığımı, bazılarınıysa değiştirdiğimi düşünebilirsiniz. Sizinle birazdan paylaşacağım uygulamada NeuroFormat® duruşunu atladığımı göreceksiniz. Bunun nedeni, bu kitapta daha basit bir anlatım yapmak ve konsantrasyonu, duyguların çıkarılması için kullanılan ifadelere ve göz taramalarına vermek istemem.

Size tavsiyem, eski uygulamalara devam etmeniz; burada paylaşacağım bazı yenilikleri de çalışmalarınıza entegre edebilirsiniz.

Şimdi gelelim tekniğin detaylarına...

NeuroFormat® tekniği

NeuroFormat® tekniği, göz taramalarını ve çeşitli nörolojik noktalara vurmayı içeriyor. Ben ve ekibim çok açık bir şekilde tekniğin bu şekilde uygulanışının mucizelerine her gün şahit oluyoruz.

Özellikle travmaları gayet iyi hatırlayan, hatırladığı zaman kötü duygu hissedebilen, konsantrasyon sorunu yaşamayan kişilerde herhangi bir travmanın etkisi beyinden çok kısa süreler içinde temizlenebiliyor. Genelde 1 saatlik bir çalışma yapıyoruz ve bir sonraki randevuda artık bu olayın kişiyi eskisi gibi etkilemediğine şahit oluyoruz. Onu tekrar uygulamayla test ettiğimiz zaman, ya hiç kötü duygu hissetmiyor ya da hissettiği duygu eski hissettiğinden çok ama çok az oluyor. İkinci sefer geri kalan duygular ilk çalışmadakinden çok daha hızlı bir şekilde temizlendiği zaman, kişinin hayatında bu travmanın etkileri silinip gidiyor.

NeuroFormat® tekniğinin prensibi

- Çözmek istediğin problemi oluşturan, sana kendini çok kötü hissettiren bir nedene odaklan
- O nedene odaklanırken, gözlerinle tara, sana kendini "en kötü" hissettiren göz pozisyonlarını bul
- Bulduğun her göz pozisyonunda, nörolojik noktalara yavaşça vurarak kötü duyguyu temizle
- Problemi oluşturan her nedeni, tüm göz pozisyonlarında birer birer temizleyerek, problemin tamamını temizle

Bu kitapta sizinle, geçmiş olayları temizlemekte kullandığımız

"NeuroFormat® hikâye tekniği"nin ve problem yaşadığımız kişilerle bilinçaltı seviyesinde barışmamıza yardımcı olacak "NeuroFormat® yüzleşme tekniği"nin detaylarını paylaşacağım.

Zira çoğu zaman yaşadığımız sağlık sorunları travmatik şoklar ile başlıyorsa, demek ki yapmamız gereken yaşadığımız o olayları beynimizden silmek olmalıdır. Burada "NeuroFormat® hikâye tekniği" işimize yarayacak.

Bunun yanında, hayatımızdaki travmalar çoğu zaman çevremizdeki insanlarla ilgili. Onlara karşı öfke, suçluluk, utanç hissetmek, onları özlemek... Sadece onlara değil, kendimize de öfkelenmek. Hatta kendimize duyduğumuz öfkenin hayatımızı mahveden en öncelikli duygu olduğunu söyleyebilirim. İşte bu noktada da, "NeuroFormat® yüzleşme tekniği"ni kullanacağız.

NeuroFormat® hikâye tekniği

Yapacağımız şey oldukça basit. Yaşadığınız travmaya geri döneceksiniz.

1- İlk sahneyi anlatma

Sizi rahatsız eden bir olayı tekrar yaşayacaksınız. Gözlerinizi kapatın, üzücü olay başlamadan 30 saniye öncesine gidin. O anı, aynı şekilde yaşamanızı istiyorum. Kendi bedeninize girin, kendi gözlerinizde o ana geri dönün ve anlatmaya başlayın. (Kendi bedeninize girmeyi bir örnekle açıklamak gerekirse, bir uçak olduğunuzu varsayarsak, gözlerinizi kapattığınızda uçağı görmeyin. Dışarıyı kokpitten görmelisiniz.) O an neyi yaşıyorsanız yaşayın, gerçekten orada olmanızı istiyorum. Oturuyorsanız, oturduğunuz koltuğu, kolunuzu koyduğunuz kolçakları hissetmelisiniz. Tabii ayaktaysanız, hareket ediyorsanız, gerçekten bunu vücudunuzda hissedin.

Çevrenizdeki gözünüze takılan objeleri, bu olayı yaşadığınız insanları birer birer elinizle göstermenizi istiyorum. Sizin bulunduğunuz açıdan, onlar neredeler. Elinizle gösterin. Sadece insanları değil. Önemli objeleri de gösterin.

Sesli olarak, sanki karşınızda birisi varmış gibi en başından başlayın. Hikâyenin özellikle başını detaylı tutmaya çalışın. Mekânı, zamanı, insanları detaylandırın. Kuracağınız her yeni cümle, vereceğiniz her yeni detay, beyninizde problemle ilgili farklı bir yeri, bölgeyi harekete geçiriyor olacak.

Anlatım dilinizde "şimdiki zamanı" kullanmanızı istiyorum. Sanki yakanızda bir mikrofon var ve o mikrofondan geçmişi değil canlı olarak o anı anlatıyorsunuz.

2- Sizi üzen anı yakalama

Henüz travma başlamadan anlatmaya başladığınız için muhtemelen başlarda duygulanmayacaksınız. Zira olaydan 30 saniye önce güvendesiniz. Her şey sütliman... Anlatmaya devam edin ve duygusal olarak yoğunlaştığınızı hissettiğiniz ilk noktaya geldiğiniz zaman, bu olayda sizi üzenin ne olduğunu bulun. Bu bir konuşma olabilir, bir haber olabilir. Bir görüntü olabilir. Tabii her travmanın kendine has farklı noktaları olacaktır. Gerçekten sizi o an ne üzüyor?

O an kendinizi kötü hissediyorsunuz. Bunun nedeni çaresiz olmanız. Hangi konuda çaresiz olduğunuzun farkına varın. Hangi nedenle, ne yapmak istiyorsunuz ve yapamıyorsunuz?

Şimdi bunu kendi kelimelerinizle dillendirmenizi istiyorum.

"Şu nedenle, şu ve şu nedenle, bunu yapmak istiyorum ama elimden hiçbir şey gelmiyor, tamamen çaresizim. Keşke şundan, şundan ve şundan dolayı bir yolu olsa, bir şeyler yapabilsem, ama yapamıyorum."

**Hangi konuda çaresizsiniz?
Hangi nedenle, ne yapmak istiyorsunuz
ve yapamıyorsunuz?**

Unutmayın:

- Şu nedenlerden dolayı
- Şunu yapmaya çalışıyorum
- Ama ne yaparsam yapayım çaresizim ve elimden bir şey gelmiyor.

Kuracağınız cümlelerin bu öğeleri taşıması gerekiyor. Sırası önemli değil. Ben sadece sizin duygularınıza erişmek istiyorum.

Bizi en çok etkileyen travmaların ana teması ÇARESİZLİKTİR. Zaten konuyu o an kontrol edemediğimiz, çözemediğimiz, çaresiz kaldığımız için travmaya neden olmuşlardır.

Bunun yanında biz sadece çaresizlik teması üzerine çalışmayız. O anın bizde yaratmış olabileceği birçok duygu olabilir. Çok korkmuş, üzülmüş, utanmış, suçluluk duymuş, kendimize ya da karşıdaki kişiye kızmış olabiliriz.

Travmanın özelliğine göre, yeri geldiğinde o an hangi duygu üzerinde çalışmaya karar verdiysek, o duyguyu yaratacak şekilde cümleler kurmamız gerekecektir.

3- Gözle tarama

Şimdi bu cümleleri dillendirirken, gözlerinizle bir uygulama yapacaksınız. Söylediklerinize çok yoğun şekilde konsantre bir durumda, gözleriniz kapalı haldeyken, bir kitap okur gibi, yavaşça sol üst köşeden başlayarak, sağa doğru sıra sıra tarayacaksınız. O an önünüzdeki tüm alanda, en üstten başlayarak, sanki "kitap okur gibi" çok yavaş bir şekilde gözlerinizi gezdireceksiniz. Bunu yaparken, hayalinizdeki resme bakacak, ama daha önemlisi söylediklerinize konsantre olacaksınız.

Tararken, baktığınız bir noktada bu durum sizi daha fazla üzecek. O noktayı bulun...

Gözünüzle tararken, kendinizi daha kötü hissettiğiniz göz pozisyonunu bulabilmek için birkaç önerim olacak.

- Söylediğiniz sözlere tam konsantre olmadan, kendinizi kötü hissetmeden taramaya başlamayın.
- Söyledikleriniz size kendinizi kötü hissettirecektir. O duyguları vücudunuzun neresinde hissediyorsunuz? Kalbinizde? Karnınızda? Boğazınızda? Beyninizde?
- Hissettiğiniz nasıl bir duygu? Sıcak mı, soğuk mu?
- Tarama sırasında o duyguya konsantre olmak, göz pozisyonunu belirlemenize yardımcı olacaktır. O duygunun en çok yoğunlaştığı göz pozisyonlarını yakalayın.
- Uygulama sırasında, konsantrasyon sorunlarından dolayı bazı danışanlarımın bu konuda sıkıntı çektiğine şahit oldum. Eğer böyle bir durumdaysanız da rahat olun ve göz pozisyonu bulmadan, kötü düşüncelere ve kötü hislere odaklanarak uygulamaları yapın.

4- Aynı göz noktasında duyguları daha da artırma

Şimdi gözlerinizle biraz önce bulduğunuz aynı noktaya bakarken konuyu daha da fazla "ajite" etmenizi, abartmanızı istiyorum. O an hangi duygu üzerinde çalışırsanız çalışın, artık bu duyguları daha da fazla hissetme zamanı. Duyguları daha da artırabilmek için "neden-sonuç" ilişkilerinden bahsetmeniz yararlı olacaktır.

Neden çaresizsiniz? Hangi nedenden dolayı ne yapmak istiyorsunuz ama yapamıyorsunuz?

Öfkeli olmanızın tüm nedenleri nedir?

Neden korkuyorsunuz ve daha ne olmasından korkuyorsunuz?

Bu noktada mümkün olduğu kadar detaylara girmenizi öneririm. Ayrıca, kullanacağınız kelimeleri seçmemenizi, gerekirse lanet okumanızı, hatta küfür etmenizi istiyorum. Beyninizde geçenleri hiçbir şekilde sansürlemeden, hatta biraz da abartarak duyguları açığa çıkarmamız gerekiyor.

Tercihen ağlamanızı isterim... En başarılı çalışmalar, ağlandığında, duygular çözülüp rahat bir şekilde dışarı çıkabildiğinde yaşanır.

5- NeuroFormat® vuruşları

Aynı göz noktasına bakarken, duygularınızı daha da yükselttikten sonra NeuroFormat® vuruşları ismini verdiğim uygulamayı yapacaksınız. Ancak vuruşlara geçmeden önce, gerçekten vücudunuzda hissettiğiniz kötü hislerin farkına varmalısınız.

O duyguları vücudunuzun neresinde hissediyorsunuz? Kalbinizde? Karnınızda? Boğazınızda? Beyninizde?

Hissettiğiniz nasıl bir duygu? Sıcak mı, soğuk mu?

Bariz hissedebildiyseniz artık NeuroFormat® vuruşlarına geçebilirsiniz.

Bu vuruşların çalışma mantığı, vücudumuzdaki önemli nörolojik noktalara parmak uçlarıyla vurularak, o an hissedilen duygunun deşarj edilmesi prensibine dayanıyor. Hâlâ kötü şeyleri söylerken, vücudunuzda bulunan 4 noktaya yaklaşık 10'ar vuruş yapmanızı istiyorum. Vuruşları parmak uçlarınızla orta şiddetle yapmalısınız. 2-3 parmağınızı aynı anda kullanabilirsiniz.

1. Kafanın tam yukarısı: Kafanızın tam üstünde "bıngıldak" dediğimiz nokta.

2. Kaşın iç başlama noktası: İki kaşınızdan dilediğinizin, içte başladığı ve diğer kaşa en yakın olduğu nokta (ancak iki kaşın arası değil).

3. Şakak noktası: Yine dilediğiniz taraftaki şakak kemiğinizin üstü.

4. Köprücükkemiği başlangıç noktası: Şekilde görüldüğü gibi köprücükkemiğinin üstü (ya sağdaki ya da soldaki köprücükkemiğini seçmelisiniz, iki köprücükkemiğinin arasını değil.)

Vuruşların sayısını asla saymayın, amacımız kötü duygulara konsantre olmaya devam etmeniz. Hâlâ kendinizi en kötü şekilde kelimelerle tahrik ederken, sürekli vuruşlara da devam edeceksiniz. Tabii ki tek bir tur ile sınırlı kalmayacaksınız. Köprücükkemiğinizin vuruşları bittikten sonra, tekrar kafaya geçip vuruşlara devam edeceksiniz.

Olumluya geçme: Belli bir süre, negatifleri yeterince tekrar ettikten sonra, tam tersi şekilde olumlu şeyler söylemenizi istiyorum.

Mesela, çaresiz olduğunuz ya da üzüldüğünüz bir konuda artık bu olayın geride kaldığını, herkesin başına gelebileceğini, artık sizin ve sevdiklerinizin güvende olduğunuzu söyleyin. Bu sözleri söylerken her zamanki gibi vuruşları yapmayı da sürdürüyoruz.

Suçluluk, utanç ve kendinize öfke duyduğunuz bir konuda, suçlu olsanız, aptalca davranmış olsanız da, kimsenin mükemmel olmadığını, herkesin hata yapabileceğini söyleyin.

Başkasına öfke duyduğunuz bir durumda, o kişinin özünde kötü olmadığı, hayatının zor geçtiği ve yine kimsenin mükemmel olmadığı benzeri onu affetmeyi gerekçelendirecek cümleler söyleyin.

Duyguyu serbest bırakma: Size biraz önce kötü duyguyu nerede hissediyorsunuz, bu nasıl bir duygu diye sormuştum. Şimdi hissettiğiniz duyguyu serbest bırakma zamanı. Zaten biraz önce olumlulardan bahsederek, bu duyguyu neden serbest bırakacağınızla ilgili beyninizde zemin hazırladık.

Serbest bırakacağınız duyguları kendi kelimelerinizle tarif etmeniz, beyninizin siz vuruşları yaparken onlardan kurtulmasını kolaylaştıracak. Mesela, kalbimdeki sıcak sıkışmayı, karnımdaki midemi bulandıran bu soğuk hissi... Nasıl bir tarif yapacağınız tamamıyla size ve hissettiklerinize kalmış.

Ve bu duyguları tarif ederek, hissettiğiniz tüm yerlerden onları tamamen "serbest" bırakacaksınız. Duyguyu serbest bırakmak için bazen avazınız çıktığı kadar bağırmanız gerekebilir. Özellikle de, "serbest" kelimesini tırnak içine almamın sebebi, o kelimeyi vurgulamanız. Hem tonunuzla hem de sesinizin şiddetiyle.

Olumluya dönüşten itibaren, artık sesinizin şiddetini ve bırakma motivasyonunu artırın ve o duyguları neden bırakacağınızı söyledikten, vücudunuzda duyguyu tarif ettikten sonra, "Bu duyguları serbest bırakıyorum" cümlesini motive olmuş bir şekilde bağırarak söyleyin. Vuruşlara devam ederken...

Ne zamana kadar? Biraz önce tarif ettiğiniz duygulardan kurtulana ve rahat nefes alana kadar.

Özel nokta: Bu dört vuruş noktasının birinde daha fazla rahatlamış, kendinizi daha iyi hissetmiş olmalısınız. Çalışmalarınızda belli bir süre sonra özel bir nokta belirleyin ve vuruşlarınızı sadece o noktaya vurarak yapın. Eğer özel noktanızdan, diğerlerinden çok daha "özel" olduğundan eminseniz artık tüm çalışmalarınızda sadece o noktayı kullanın. Ben ve ekibimin bire bir çalışmalarımızda en çok kullandığımız özel nokta, "kafa" noktasıdır. Bu arada, eğer emin olamazsanız tek bir özel nokta yerine dilerseniz sizi en rahatlatan birkaç vuruş noktası da kullanabilirsiniz.

6- Travmanın aynı anında yeniden olumsuzla test

Biraz önce sizi travmada çok üzen bir durum vardı. Şimdi test zamanı, tekrar olumsuzu tetiklemeye çalışacaksınız.

Az önce kendinizi tetiklemekte kullandığınız cümleleri yeniden aynı şekliyle kurun. Eğer kendinizi hâlâ kötü hissediyorsanız yine gözlerinizle tarayın ve size kendinizi yine daha kötü hissettiren yeni göz pozisyonunu bulun. Bu arada, eğer kendinizi kötü hissetmeye devam ediyor olsanız da, duygu biraz öncesine göre hissedilir oranda azalmış olmalı.

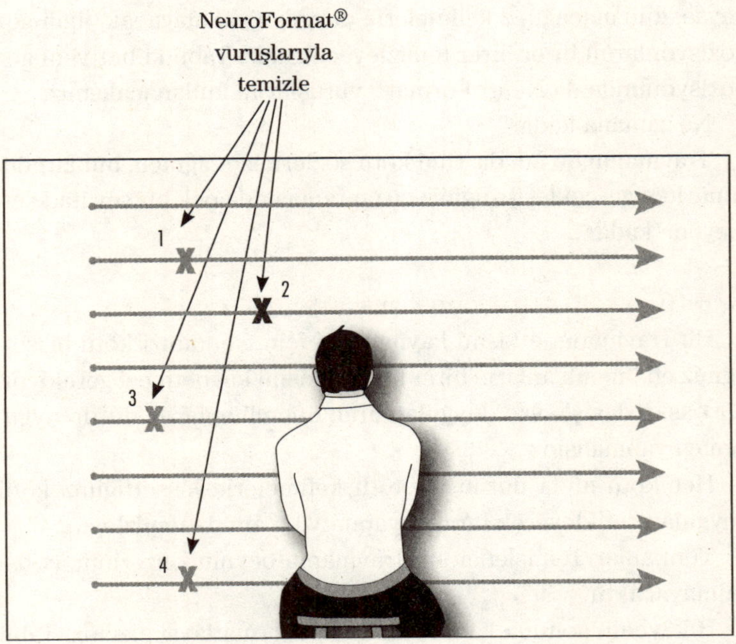

Belirli bir göz pozisyonunu yeniden yakalayınca, yine duyguyu derinleştirecek, abartacak ve NeuroFormat® vuruşlarını kullanarak o duyguyu da temizleyeceksiniz.

Ne zamana kadar?

Artık travmanın bu bölümü, size hiçbir şey hissettirmeyene kadar. Ne söylerseniz söyleyin, söylediğiniz olumsuz cümlelerin

sizin için pek bir manaya gelmediğini hissedene kadar.

Artık travmanın bu anını geçebilirsiniz.

7- Hikâyeye devam et, duygulanınca dur ve temizle

Bu bölümünü çözdüğünüzü düşünüyorsanız, hikâyeyi bir sonraki duygu yoğunluğu hissettiğiniz bölüme kadar anlatmaya devam edin. Duygu hissettiğiniz an durmalı, sizi neyin üzdüğünün, kızdırdığının, utandırdığının farkına varmalı ve yine uygulama yapmalısınız.

Yine o an hissettiğiniz çaresizlik, öfke, suçluluk, utanç her neyse, kullanacağınız kelimelerle duyguyu yakalayacak, ilgili göz pozisyonlarını birer birer temizleyeceksiniz. Tabii ki her yeni göz pozisyonunda da NeuroFormat® vuruşlarını kullanacaksınız.

Ne zamana kadar?

Travmanın bu anı da, tüm kötü sözlerinize rağmen, bunları düşünürken gerçekleştirdiğiniz göz taramasında pek bir şey ifade etmeyene kadar...

8- Tüm kötü anları formatlayacaksınız

Bir travmanın etkisini kaybetmesi için, kendinizi kötü hissettiğiniz en önemli anların birer birer etkisini kaybetmesi gerekiyor. Bir başka deyişle sizi duygulandıran önemli anlarda durup uygulamayı yapmalısınız.

Her kötü anda durun ve kötü kelimelerle hissettiğiniz kötü duyguları tetikleyerek tarama yapın. Ve o anı da temizleyin.

Tüm anları temizlenen bir travmanın beyniniz üzerinde etkisi kalmayacaktır.

Hikâyenin sonuna kadar tüm anları formatlayacaksınız. Tabii ki travmaların özelliğine göre, bu uygulamanın süresi değişebilecektir.

Özellikle başı sonu belli olan, anlık travmalarda bu süre oldukça kısadır. Mesela, yıllar önce tahtaya kalkıp tüm sınıfa rezil olmak gibi bir travma üzerinde çalışıyorsanız, bunu temizlemek kısa sürecektir. Zira, zaten oldukça kısa süren bir travmadır.

Ancak örnek olarak, bir sağlık probleminin yarattığı travmayı temizlemek gerekiyorsa, yıllardan beri gidilen doktorlar, söylenen sözler, geçirilen ameliyatlar, yıllar boyunca yaşanan hayal kırıklıklarını temizlemek doğal olarak daha uzun sürecektir. Eğer yıllar süren travmatik süreçler temizlenecekse, önceliğin duyguların en yoğun şekilde yaşandığı anların temizlenmesinde olduğunu unutmayın. En çaresiz, en yalnız hissettiğimiz ve en büyük şoku yaşadığımız o anlar...

Ne kadar detaylı?

Bir travmanın ne kadar detayına gireceğiniz tamamen, o travmayı temizlemenin hayatınıza yapacağı katkıyla ilgilidir.
Biz çoğu zaman travmaların ne kadar önemli olduğuna, üzerinde uğraşırken açığa çıkan negatif duygu yoğunluğuna göre ve de temizlikten sonra hayatta yaşanan değişiklere göre karar veririz. Mesela, üzerinde çalıştığımız travma temizlenince büyük bir rahatlama yaşanırsa, o travmayı daha da detaylı çalışmaya karar verebiliriz.
Eğer çalışma sırasında pek bir duygu çıkmıyorsa, bu genellikle o travmanın pek önemli olmadığı anlamına gelir. Ancak, burada kişinin konsantrasyonu, olayı hatırlaması gibi faktörlerin önemli olduğu çok açık. Bu hatırlanamadığı ya da konsantrasyon sorunu yaşandığı için duygu çıkmayan travmaların önemsiz olduğu anlamına gelmiyor.
Eğer sağlık ya da farklı bir sorununuzla ilgili çok kilit bir travmaysa, en detayına kadar inmenizi, mümkün olduğu kadar farklı denemeler yaparak, sizi rahatsız eden tüm olasılıkları tetikleyerek temizlemenizi tavsiye ederim.
Uğraştığınız travmanın çok önemli olmadığı kanaatindeyseniz, daha hızlı geçebilirsiniz.

Önemli notlar

NeuroFormat® tekniğini bu aşamada biraz karışık bulmuş olabilirsiniz. Hiç bilmediğiniz, denemediğiniz bir konuda biraz kafanız karıştıysa merak etmeyin. Aslında belli bir süre sonra işiniz çok kolaylaşacaktır. Düşündüğünüz, moralinizin bozulduğu herhangi bir anda tek yapacağınız, gözlerinizle tarayıp duyguyu hissederek, özel noktanıza vurmak. 3-5 dakika içerisinde ciddi bir kaygınızdan kurtulabileceksiniz. Lütfen sabredin ve sürecin otomatikleşmesi, beyninizin bu sürece alışması için tekniğin bol bol uygulamasını yapın. Gerçekten çok kolaylaştığını, artık negatif duygulardan çok kısa sürelerde kurtulabildiğinizi görecek, idrak edeceksiniz. Hayatınızdaki kötülükleri temizleyebilmenin gücünü hissettikten sonrası zaten hep yokuş aşağı olacaktır.

Vitesli bir arabayı hayatındaki ilk seferden itibaren hiç duraklatmadan, sarsmadan kullanabilen biri var mıdır?

Sanmıyorum. Aynen, araba kullanmak gibi. Bu sürecin oturması için alışkanlık kazanmalısınız.

Tekniğin mekaniği belirli bir süre sonra size oldukça basit gelmeye başlayacaktır. Evet, belli bir zaman alacağı kesin olsa da, sonraki aşamalarda asıl başarının, üzerinde çalışılacak konuların doğru belirlenmesi ve tümüyle temizlenmesinde olduğunu anlayacaksınız. Bir başka deyişle, asıl mucize, yaşadığımız sorunların nedenini doğru tespit ederek, olumsuz duygulara mümkün olduğu kadar kapsamlı ve yoğun olarak odaklanmak ve ortaya çıkarılan her şeyi bir bir temizlemekte yatıyor.

Biz bu tekniklerle sadece odaklandıklarımızı, yüzeye çıkarabildiklerimizi temizleyebiliyoruz. Yüzeye çıkarmak için de tetiklememiz gerekiyor. Tetiklemek için resim, ses ve en önemlisi kendimizi temizlemeye çalıştığımız konuyla ilgili "kötü duyguları ortaya çıkaran" ifadeler kullanıyoruz. Tekniğin mekaniğini doğru uygulamaktan ziyade, daha önemlisi işte bu olumsuz ifadeleri doğru oluşturmak. Zaten, o an hissettiğiniz olumsuz duygunun temizlenmesi, eğer yanlış bir uygulama yapmıyorsanız, aslında "cepte". İşte bu yüzden hüner, mekaniği uygulamaktan ziyade doğru resim, ses ve olumsuz ifadelerle olumsuz duyguyu mümkün olduğu kadar tetikleyebilmekte.

Tüm süreç boyunca şunu asla aklınızdan çıkarmayın: Biz sadece yüzeye çıkardıklarımızı temizliyoruz. Onları yüzeye çıkarabildiğiniz sürece doğru yoldasınız. Onlar çıktığı sürece çalışmalarınıza devam edin. Tetiklemeye çalışmaktan çekinmeyin. "Ben negatiflere odaklanmak istemiyorum" diye asla düşünmeyin. Yaptığınız şey, aslında onlara son bir kez odaklanmak. Çalışma sırasında o an odaklandığınız konu sizi üzerken, korkuturken, öfkelendirirken, çalışma sonrasında siz ne kadar uğraşırsanız uğraşın bir şey hissettirmeyecektir. Zaten, çalışma sonrasında üzerinde uğraştığınız sorunu hâlâ farklı ifadelerle tetikleyebiliyorsanız, henüz çalışmanız bitmemiş anlamına gelmektedir.

Kullandığınız ifadeler sizin kendi cümleleriniz olmalı. Bu ifadeleri kullanırken rahat ve doğal olun. Süreç sırasında, problemi anlatmak için kendi dilinizi kullanın. Sanki, en yakın arkadaşınıza anlatıyor gibi günlük dili tercih edin. Sorunu kesinlikle kelimelerinizle hafifletmeye ya da "toplum tarafından kabul edilebilir" olmaya çalışmayın. Mümkünse, abartılı kelimeler kullanmanız yararlı olacaktır. Eğer, küfretmeniz gerekirse öyle yapın, çünkü problemi en iyi şekilde ortaya çıkarabilecek kelimeler, sadece sizin günlük hayatta kullandıklarınızdır. Aslında, söylediklerinizin, kimse için bir anlamının olmasına dahi gerek yok. Asıl amaç, düşüncelerinizle ilgili negatif duygunun yüzeye çıkmasıdır.

Yanlış yapma gibi ihtimaliniz yok, duygu ortaya çıkarıyor ve zaten temizliyorsanız doğru yoldasınız demektir. Süreç boyunca lütfen yanlış yapma korkusunu aklınızdan çıkarın. Böyle bir ihtimalin olmadığına tüm kalbinizle inanın.

NeuroFormat® vuruşlarını yaparken, birden fazla parmak kullanarak geniş bölgeyi kapsayın. Böylece, doğru noktaya vurduğunuzdan emin olmuş olursunuz. Vücudun sağına mı soluna mı vurulduğunun önemi yok. Bu konuda serbestsiniz, size kolay gelen tarafı kullanabilirsiniz.

Olayları silmek değil, olumsuz duyguları boşaltmak

Kitabın başından beri, beynin çok ciddiye aldığı travmalarda, bizi korumak amacıyla, yaşanan olayı tüm detaylarıyla, tüm yaşanan duygularla kodladığından ve tüm bu bilgileri beynimizde gerçekten de "fiziksel olarak" bulundurduğundan bahsettik. Olay bitip üzerinden onlarca sene geçse dahi, beynimizin belirli bir noktasında tutulan bu bilgiler aynı şekilde saklanmaya devam ediyordu.

Ne zamana kadar? O bilgilere ulaşıp bütün duyguları boşaltana kadar...

Tüm uygulamalarımızda aslında biz yaşanan olayları silmiyoruz. Yaptığımız şey, fiziksel olarak beynin bu bilgileri sakladığı noktalara ulaşıp kötü duyguları çok hızlı ve etkili bir şekilde temizlemek. Böylece, duygu yoğunluğuna göre birtakım kararlar almış olan beynin o kararları geri almasına olanak tanıyoruz.

Yaşayabileceğimiz iyileşmelerin sınırsız olmasının nedeni tam da burada yatıyor. Çünkü biz beyine yeni bir şey öğretmiyoruz. Sadece yoğun duygular yaşadığı için her ne yapıyorsa, onu yapmamasını (duyguları temizleyerek) sağlıyoruz. Beyin ne karar aldıysa geri alıyor.

Neden olumsuz ifadeler?

Aslında, biz pozitifleri enjekte etmekten ziyade, beyinde temizlik ya da bir başka deyişle "formatlama" yapıyoruz. Olumsuz ifadeler üzerinden olumsuz duygulara erişip, beyinden bunları temizliyoruz.

Göz noktalarını bulmak, duyguyu daha da tetiklememizi sağlıyor

Olumsuz bir soruna odaklanarak duygunun en yoğun hissedildiği göz pozisyonlarını bulma çabamız aslında tamamıyla sorunla yüzleşmekle ilgili. Kendimizi sistematik bir şekilde zorlayarak, o an beynin sorunla doğrudan yüzleşmesini sağlıyoruz. Sorunu bulup, onunla tamamıyla yüzleştikten sonra, onu beynimizden temizlemiş oluyoruz.

Noktalara vurunca aslında ne oluyor?

Vurduğumuz noktalar, aslında vücudumuzdaki çok önemli akupunktur noktaları. Bu önemli nörolojik merkezlerin elektrik direnci vücudumuzdaki diğer noktalara göre 40 kat daha düşük. Bu noktalara parmak uçlarıyla baskı uygulandığı zaman yaratılan ortalama 70 mikro voltluk enerji, düşük direncin yardımıyla beyine her şeyin yolunda olduğu mesajını elektriksel olarak veriyor.

Parmaklarımızla yapılan şey, o an mevcut tehlike algılamasına rağmen, beyine her şey yolunda sinyali göndermek. Böylece, otomatik tepki "kısırdöngüsü" bir kez bozulduğu an, tamamıyla silinmiş oluyor.

NeuroFormat® hikâye tekniği uygulama örneği

Kimsenin başına gelmesin, ama geliyor ne yazık ki...
Şimdi daha önce danışanlarımdan birinin başına gelen bir kaza travmasını nasıl temizlediğimizi detaylarıyla paylaşmak istiyorum. 40 yaşlarında bir erkek danışanımın, sıfır ihmalle yaşamak zorunda kaldığı bir durum. Çok küçük yaşlardaki bir çocuğun, babasının elinden kopup yola atlaması ve tahmin ettiğiniz gibi danışanımın duramayıp arabayla çocuğa çarpması.

Sizi temin ederim ki hiçbir konuda ihmali yoktu. Sürati hız sınırının da altında, dikkati de yerindeydi. Sadece oğlunu okuldan almış, yanlış zamanda yanlış yerden geçiyordu.

Söz konusu danışanım bana geldiği zaman, bu kazayı yaşayalı 1 haftadan daha az bir zaman olmuştu. Olayda hiçbir suçu olmasa da, hayatının en kötü günlerini yaşıyordu. Aslında, kendisi bana bir yakınının sorunu için gelmişti. Ama bu olayı öğrendikten sonra, yakınının sorununu ertelemeyi ve acil olarak bunun üzerinde çalışmamız gerektiğini belirttim. Kabul etti ve gerçekten de hayatının en doğru kararlarından birini verdiğini söylemeliyim.

Kendisiyle 2 hafta arayla toplam 2 çalışma yaptık. Aslında tek bir çalışma da yeterli olabilirdi, ama çok kritik bir olay olduğu için şansa bırakmadık. İkinci kez geldiğinde, beklediğim gibi çok farklı, rahatlamış birini buldum karşımda. Bana ilk çalışmamızı yapmadan önce, beyninde fiziksel olarak sürekli çalışan ve rahatsız eden, hiç durmayan bir "elektrik topu" varmış gibi hissettiğini, ilk çalışmamızın ertesi günü bu hissinin tamamen geçtiğini söyledi.

Şimdi nasıl yaptık detaylara geçelim...

1- İlk sahneyi anlatma

Gözlerini kapattırdım ve kaza yaşanmadan 30 saniye öncesine dönmesini söyledim. Kendi arabasının içinde olduğunun, direksiyondaki ellerinin, karşısındaki arabanın camının, o an gittiği yolun, sağında oğlunun oturduğunun farkında olmasını söyledim. Eliyle çevresindeki objeleri ve oğlunu göstermesini söyledim. Kolay bir şekilde bunu gerçekleştirdi.

Sesli olarak anlatmaya başladı. Sanki şu an bu olayı yaşıyor gibi, şimdiki zaman diliyle.

2- Sizi üzen anı yakalama

Kısa bir süre sonra zaten olayın anı geldi. Aslında çocuğu bile görmemiş, sadece bir ses duymuştu. Birisine vurduğunu anlamamıştı. Bunun nedeni çocuğun birkaç metre öteden arabanın önüne atlamasıydı. Sadece sesi duyduğu an frene basacak kadar bir mesafe vardı. İtiraf ediyorum gerçekten dinlemesi de, üzerinde çalışması da çok üzücü bir olaydı.

Sesi duyunca haliyle yanlış bir şey olduğunu hissetmiş ve "Aman Allahım, ben birine mi vurdum" düşüncesiyle başından aşağı kaynar sular dökülmüştü.

Beni sözleriyle takip etmesini söyledim.

"Şu an arabamdayım, biraz önce bir ses duydum. Belki birisine vurmuş olabilirim. Vurmadığımı bilmek, bir şey olmadığını öğrenmek istiyorum. Her şeyin yolunda olduğunu bilmek istiyorum. Ama bilmiyorum, elimden bir şey gelmiyor. Vurmuş olabilirim. Şu an çok çaresizim..."

3- Gözle tarama

Ona uygulamaya başlamadan önce gözlerle tarama prosedürünü anlatmıştım. Bir yandan sözlerimi söylerken taramaya başlamasını söyledim.

Zaten çok kısa süre sonra ağlamaya başladı. Tarama sırasında o ana kadar en kötü hissettiği göz pozisyonunda durmasını istemiştim. O da öyle yaptı.

4- Aynı göz noktasında duyguları daha da artırma

Kendisini kötü hissettiği göz noktasına bakarak, söylediklerimi takip etmeye devam etti...

"Galiba birine, bir çocuğa vurdum, yoksa ses gelmezdi. Aman Allahım, ne yapacağımı bilmiyorum. Kendimi asla affetmeyeceğim. Keşke bir yolu olsa da, bunu yaşamamış olsam. Elimden bir şey gelmiyor. Şimdi n'apıcam?.."

Bu şekilde tekrarlarken, zaten NeuroFormat® vuruşlarını yapmaya başlamıştım.

5- NeuroFormat® vuruşları

Ona en kötü duyguları nerede hissettiğini sordum. Kalbinde ve boğazında sıcak bir duygu olduğunu söyledi.

Kafasının üstünden başlayarak vuruşlara başladım. Kısa süre sonra zaten belli bir oranda rahatladığını hissettim. Rahatlamayı en çok hangi vuruş noktasında yaşadığını sorunca, bana kafasından rahatladığını söyledi. Ve artık sadece kafasına vurmaya devam ettim.

Bir yandan, çaresizliğini, suçluluğunu, başına neler gelebileceğini hatırlatmaya ve onu üzmeye devam ettim... Yeterince üzüldüğüne kanaat getirince, olumluya geçtik.

Olumluya geçmek:

"Ben yoluma tüm dikkatimle bakıyordum. Elimden zaten bir şey gelemezdi. Artık bu olay geride kaldı. Kimse mükemmel değil. Yapabileceğim hiçbir şey yoktu. Herkes hata yapabilir. Ben sadece yanlış zamanda yanlış yerden geçtiğim için, bu benim suçum olmadığı için...

Duyguyu serbest bırakmak:

"Göğsümdeki ve boğazımdaki bu sıcak duyguyu, bunlardan kurtulmayı hak etmesem de serbest bırakıyorum. Vücudumdaki tüm duyguları, hissettiğim tüm gerginlikleri tüm bedenimden serbest bırakıyorum. Biraz önce bir çocuğa vurmuş olsam bile kendimi bu halimle kabul ediyorum. Yanlış bir şey yapmış olsam da kendimi hâlâ çok seviyorum. Ve şu an ne olursa olsun, bu duruma tüm bedenimle teslim oluyorum. Bedenimdeki tüm gerginlikleri, kafamdan, sırtımdan, belimden, bacaklarımdan, ayaklarımdan, karnımdan, göğsümden, boğazımdan, yüzümden, yanaklarımdan, ellerimden kollarımdan serbest bırakıyorum. Buradaki tüm kasları birer birer rahatlatıyorum. Ve bu duruma tamamen teslim oluyorum."

Farkındaysanız, serbest bırakma bölümünde bedeni savaş/kaç halinden, yanlışına rağmen kendini her haliyle kabul etme, bu haliyle hâlâ kendini sevme, ne yaşanmış olursa olsun tamamen teslimiyet, rahatlama durumuna sokuyoruz. Burada, kendi bahsettiği noktalardaki duyguları serbest bırakırken, ayrıca vücudundaki farklı bölgeleri tanımlayarak oralardaki kasılmaları ve gerginlikleri de gevşetiyoruz.

Kişi tüm bunların sonunda savaş/kaç gerginliğinden, üzüntülerden bir anda, çok rahatlamış ve yorulmuş bir duruma geçiyor.

6- Travmanın aynı anında yeniden olumsuzla test

Onu tekrar çarpma anına götürüyorum. Yine onu üzen, çaresizlik, suçluluk ifadelerini söylettiriyorum. Yeniden tarama yaptırıyorum. Yine kendisini kötü hissettiği bir göz noktası daha yakalıyor. Ancak bu noktada biraz öncekinden daha az şiddetli duygular çıkıyor.

Aynı noktaya baktırarak, yine NeuroFormat® vuruşları, olumluya dönüş ve serbest bırakma...

Yeniden tarama... Bu sefer onu üzecek ifadelerle tarama yaparak hiçbir göz noktasında takılmıyor. Kendisini kötü hissetmiyor.

Artık travmanın bu bölümünü geçebileceğimize karar veriyor, anlatmaya devam etmesini istiyorum.

7- Hikâyeye devam et, duygulanınca dur ve temizle

Çocuğu ve babayı alıyor, hastaneye doğru gidiyorlar. İşte size yeni bir çaresizlik...

Bir an önce hastaneye gitme çabası, ama başaramamak... Arabanın arkasında, biraz önce vurduğu küçük bir çocuğun olmasının yarattığı suçluluk ve panik...

"Şu an arabanın arkasında biraz önce benim arabayla vurduğum bir çocuk var. Ben onu yetiştirmek için, onu kurtarabilmek için bir an önce hastaneye gitmeliyim. Ama başaramıyorum. Aman Allahım, n'apacağımı bilmiyorum. Elimden hiçbir şey gelmiyor..."

Ne yapılacağını anladığınıza eminim. Bu sözleri söyletmeye

devam ederek, tekrar göz taraması yapmak; göz pozisyonu yakaladığı zaman, duyguları önce kötüleştirip, sonra biraz önce tarif ettiğimiz şekilde temizlemek...

Ta ki travmanın bu anında, bu sözler artık ona etki yapmayana kadar...

8- Tüm kötü anları formatlayacaksınız

Bir travmanın etkisini kaybetmesi için, insanın kendisini kötü hissettiği en önemli anların birer birer etkisini kaybetmesi gerekiyor. Onunla başka hangi anlarda uygulama yaptık derseniz...

- Hastaneye gittiğinde doktorun sözlerini duyunca
- Çocuğun yoğun bakımda olduğu haberi doktor tarafından verilince
- Ailesiyle yüzleşmek zorunda kalınca
- Polisle karakola gitmek zorunda kalınca

Anlattığım ve okuduğunuz haliyle uzun sürecek gibi görünüyor olabilir. Ancak, bu uygulama ben ya da ekibim için normal şartlarda 1-2 saat civarında sürebilir. Farkındaysanız, travmanın içinde birçok farklı travmalar var. Zira tek bir travmayla değil, aynı kötü olayın sonucundaki birçok farklı travmatik anla çalışıyoruz.

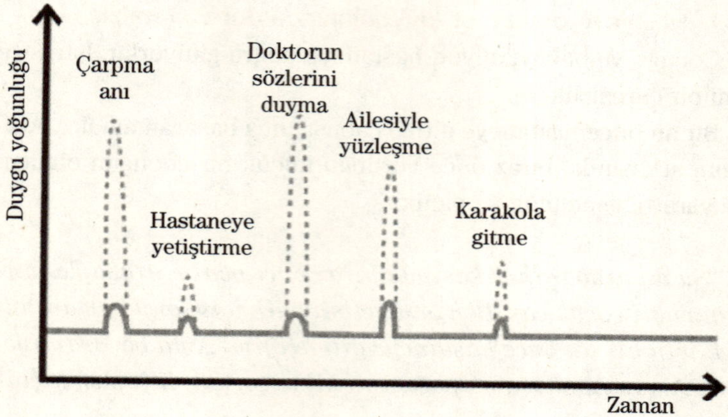

Bu kişinin yaşadığı çaresizliğin başkalarını etkileyen bir boyutu olduğunu fark etmişsinizdir. Çocuğun annesini, babasını, tüm ailesini, hatta çocuğun kendisini... Ailesiyle çeşitli anlarda yüzleşmek zorunda kalmıştı. Yüzleşmiş olmasa da, aslında sürekli onlara karşı, "Keşke bir şeyler yapabilseydim de bu olay yaşanmasaydı" düşüncesiyle suçluluk hissetmekteydi.

Bu durumu aşabilmek için onlarla yüzleşmesi, konuşması ve bu şekilde hissettiği duyguların temizlenmesi gerekirdi. Biz NeuroFormat® hikâye tekniğinin içerisinde bunu gerçekleştirdik. Onu uygulama boyunca sürekli hayalinde çocuk ve çocuğun ailesiyle konuşturup, içindeki duyguları ortaya çıkarıp temizledik.

Biz bu durumu gerektiği zamanlarda sık sık yapıyoruz. İnsanları konuşmaları gerekenlerle yüzleştirip, gözle tarama ve vuruşları bu şekilde uyguluyoruz.

Üzücü bir hikâye anlattığımın farkındayım. Ama hayatta üzücü şeyler de oluyor tabii ki. Amacım, böylesi zor, elde olmayan, kimsenin suçunun bulunmadığı bir durum yaşandığında bile temizlik yapmanın, beyni formatlamanın mümkün olduğunu göstermek.

NeuroFormat® yüzleşme tekniği

Tüm sorunların çözümü travmatik anların temizlenmesine dayanmayabilir. Bunun nedeni soruna sebep olan travmaların yıllar boyunca sürmüş olması olabilir. Mesela, değersizlik hisseden bir kadının kocasıyla onlarca yıl süren travmaları olabilir. Ya da bir kişinin en büyük sorunu babasıyla yaşadığı yıllar boyunca süren anlaşmazlıklar olabilir. Böyle durumlarda, sorunları tek bir travmayı çözerek temizleyemezsiniz. Beynin bırakması gereken belki yüzlerce olay olacaktır.

Tabii ki en önemli travmatik anlar hatırlanıyorsa bunlar da öncelikle temizlenmelidir. Yine de yapılması gereken en önemli uygulama, bu kişilerle "helalleşmek" olacaktır.

Ben ve ekibim, bize gelen danışanlarımızın, çevresindekiler ya da kendileriyle ilgili çözmeleri gereken durumlar olduğu zaman NeuroFormat® tekniğinin farklı bir uygulanışını kullanıyoruz. Yaptığımız, bir travmaya konsantre olmak yerine, kişiyi sorun yaşadığı kişiyle yüzleştirip konuşturmak.

NeuroFormat® yüzleşme tekniği birçok farklı konuda kullanılabilir.

- Kişiye ya da gruba öfke
- Belli bir olayla ilgili suçluluk, utanç, kendine kızgınlık
- Hayatta olduğu yeri beğenmeme, başarısızlık hissiyle ilgili başkalarına karşı utanç, suçluluk, kendine öfke
- Aşk acısı, özlem, ayrılıktan dolayı kendini suçlama ve kızgınlık
- Kaybedilen kişiye olan özlem, onu kurtaramadığı için kendine öfke ve suçluluk

NeuroFormat® yüzleşme tekniğini, travmaları hikâye tekniğiyle temizlerken de sürekli olarak kullanabiliyoruz. Travmanın belli bir anında, aslında böyle bir "yüzleşme" gerçekte yaşanmasa bile sorun yaşadığımız kişileri karşımıza alıp onlarla helalleşiyoruz. Sanki bizzat o yüzleşmeyi travma sırasında, o gün yaşanmış gibi gerçekleştiriyoruz.

1- Sahneyi canlandırma

Problem yaşadığınız kişi ya da grubu karşınıza alacaksınız. Bunu yaparken, onlarla belki en son birlikte olduğunuz ya da normalde beraber çok bulunduğunuz bir yeri canlandırmanız önemli.

Çoğu zaman kişilerle birer birer yüzleşmek en etkilisidir. Bunu en önemli insanlarla birer birer uygulamak hayatınızı değiştirecektir. Mesela babanızla hayatınız boyunca sorun yaşayıp, hem ona çok kızıp, hem ona layık bir evlat olamadığınızı düşünüyorsanız, bu uygulamayı babanızla özel olarak uygulamanız gerekiyor.

Ancak, hayatınızda sorun yaşadığınız tüm insanlarla bunu gerçekleştiremeyebilirsiniz. Mesela, akrabalarınız, okul arkadaşlarınız, iş arkadaşlarınız sizin için bir grupsa, aralarından herhangi biriyle tatsız bir durum yaşamışsanız, o grubu "topyekûn" karşınıza alarak uygulamayı yapın. Bunun yanında, grubun içinden bariz bir kişiyle çok özel bir olayla ilgili sorun yaşadıysanız, uygulamanın belli bölümünde ona da odaklanabilirsiniz. Bir başka deyişle, aynı uygulama sırasında grubun tamamı ve özel kişiler arasında dönüşümlü gidip gelebilirsiniz.

Yine kendi vücudunuzda olacaksınız. Bir başka deyişle, kendi gözlerinizden karşınızdaki kişileri göreceksiniz.

Uygulamaya başlarken öncelikle karşınızdaki insanları tüm detaylarıyla görün. Yüzlerini, kıyafetlerini, hatırladığınız mimiklerini, onlarla ilgili en özel yanları... Bunu yaparken, elinizle de onların yerini gösterin.

2- Sizi üzen sözleri yakalama

Uygulamanın ilk başında karşınızda ister tek bir insan ister bir grup olsun, o insanların isimlerini (hatırlayabildiklerinizin) söyleyerek hitap etmenizi ve onların gözlerinin içine bakmanızı istiyorum.

"Annecim, babacım, Ahmet Abi, Ayşe Abla... Karşımda hepiniz bana bakıyorsunuz ve sizinle haklı olarak ne paylaşacağımı merak ediyorsunuz. Şu an çok utanıyorum. Keşke bir yolu olsaydı ve bu söylediklerimi söylemek zorunda kalmasaydım. Ben çok kötü bir şey yaparak size ihanet ettiğim için, size layık olamadığım için, keşke bir yolu olsaydı da yaptıklarımı değiştirebilseydim. Ama elimden gelmiyor, yaptıklarımı değiştiremiyorum..."

Çok açık bir şekilde, içinizde kalanları tüm çıplaklığıyla, bir sansür uygulamadan söylemelisiniz. Yine duyguları yükseltmekten, açık olmaktan ve biraz abartmaktan bahsediyorum. Bu arada aslında ne yapmak istediğinizi, ama başaramadığınızı söylemenizi, hissettiğiniz "çaresizlikten" sıkça bahsetmenizi tavsiye ediyorum.

Burada üzerinde uğraştığınız duyguya göre tabii söyleyecekleriniz değişecektir, ama konu ne olursa olsun kullanacağınız dil, onlara hitap dili olmalıdır.
Yaptıklarınızı ya da onların ne yaptığını, neden böyle hissettiğinizi birer birer açıklamalısınız. Neden utanç, öfke ya da suçluluk hissettiğinizi tüm detaylarıyla anlatmalısınız.
Bu arada, eğer birisini kaybetmekle ilgili acı ya da özlem temizlemek istiyorsanız, ona sarıldığınızı hayal etmeniz duyguları daha da artırıp, daha fazlasının yüzeye çıkarak temizlenmesini sağlayacaktır. Mesela onları neden özlediğinizi, neleri paylaşamadığınızı, artık yapamadıklarınızı vs. anlatabilirsiniz.
Ayrıca özlem temizlerken, onları kaybetmeyi engelleyememenin, belki de buna neden olmanın suçluluğunu "formatlamak" da çok önemlidir.

3- Gözle tarama

Hisleriniz belli bir noktaya geldikten sonra artık gözlerinizle tarayabilirsiniz. Bunu yaparken, konuşmaya ve hissettiklerinizi azami şekilde hissetmeye devam edeceksiniz.

Yine tarama yaparken, baktığınız bir noktada söyledikleriniz sizi daha fazla üzecek. O noktayı bulun...

4- Aynı göz noktasında duyguları daha da artırma

Yine gözlerinizle aynı noktaya bakarken konuyu daha da fazla "ajite" etmenizi, abartmanızı istiyorum.

Bunu yapmanızın yolu, bu şekilde hissetmenizin nedenlerini sıralamak.

Öfke, suçluluk ya da utanç üzerinde çalışıyorsanız, neden böyle hissettiğinizi birer birer anlatın. Tüm detaylarıyla, nedenleri birer birer sıralayarak. Onlara karşı tek öfkelenme nedeniniz, tek bir suçunuz ya da utanç kaynağınız olmayabilir. Aynı noktaya bakarken, aklınıza gelen her şeyi söylemenizi istiyorum.

Her yüzleşmede, aslında iki tarafın da suçu vardır. Hatta tek bir taraf yüzde yüz suçlu olsa bile, haklı olan taraf ben buna neden izin verdim diye kendine kızar. İşte bu nedenle, karşı tarafa olan öfkeyi temizlerken bile, "Ben bu konuda kendimle ilgili ne düşünüyorum, kendimi suçluyor muyum?" diye düşünün, mutlaka çıkacaktır. Bulduğunuz bu duygular üzerinde de çalışın.

5- NeuroFormat® vuruşları

Belli bir göz noktasında sabitlendikten sonra hemen NeuroFormat® vuruşlarına başlayabilirsiniz.

Belli bir süre sonra olumluya geçeceksiniz.

Eğer karşı tarafa olan öfkeyi temizliyorsanız, o "hak etmese bile" affettiğinizi belirtin. Bu öfkenin size sadece zarar verdiğini, siz dahil kimseye bir yarar sağlamadığını, ondan intikam alamasanız, özür dilemese bile, kendiniz için affettiğinizi söyleyin.

Kendinize yönelik kızgınlık, utanç, suçluluk benzeri bir duyguyu temizliyorsanız, yine "affedilmeyi hak etmeseniz de affettiğinizi" vurgulayın. Kimsenin mükemmel olmadığını, herkesin hata yapabileceğini, dünyanın en büyük liderlerinin, en iyi insanlarının da hatasız olmadığını söyleyin. Artık yepyeni bir başlangıcı hak ettiğiniz için, yeni bir sayfa açmak için bunu yaptığınızı söyleyin.

Özlediğiniz, ayrıldığınız, kaybettiğiniz birisiyle ilgili çalışma yapıyorsanız, onunla bir şekilde, farklı bir yerde, ahirette sonsuza kadar beraber olacağınızı, belki böyle olması gerektiğini söyleyin. Bu üzüntüden, özlemden kurtulmanın ona saygısızlık ve sevgisizlik olma ihtimaline rağmen, hayatınıza devam etmeniz gerektiğini, belki bakmanız, ilgilenmeniz gereken insanlar olduğunu söyleyin, sizi affetmesini isteyin. Ve tüm bunlara rağmen üzüntüleri, özlemi, suçluluğu (onu kurtaramadığınız, geri getiremediğiniz için) bırakmak zorunda olduğunuzu aktarın...

Ve sonunda tüm bu durumu, onu ve kendinizi olduğu gibi kabul ettiğinizi, yaşanan duruma teslim olduğunuzu ve bu duyguları tüm hissettiğiniz noktalardan serbest bıraktığınızı haykırın. Bedeninizde hissettiğiniz duyguları tarif ederek serbest bırakın, daha önce yaptığımız gibi vücut parçalarını sayarak onları birer birer rahatlatın.

Tüm bunları yaptıktan sonra ciddi olarak rahatlayacaksınız.

6- Yeniden olumsuzla test

Şimdi tekrar onları karşınıza alın ve duyguları ortaya çıkaran cümleleri yeniden söyleyin.

Kendinizi yeterince kötü hissettiğiniz an yeniden tarama yapmaya başlayabilirsiniz. Burada, hissettiklerinizi hissetmenizi sağlayan ekstra nedenler de bulabilirsiniz. Onları da araya "sıkıştırın", hiçbir mahsuru yok.

Biraz önce yaptıklarınızı yeniden yapacaksınız... Yeni nedenler, yeni göz pozisyonları bulup onları birer birer vuruşlar ve olumlu telkinlerle temizleyeceksiniz.

Ne zamana kadar?

Bunun bir sonu yok, onları ya da kendinizi affedene, ama en önemlisi kendinizi yeterince iyi hissedene kadar!

NeuroFormat® yüzleşme tekniği doğru ve yoğun bir şekilde uygulandığı zaman çok hızlı sonuç verecektir. Birkaç saat içerisinde dahi, büyük öfkeler, utançlar, suçluluklar, özlemler, üzüntüler bu şekilde "formatlanabilir".

Domino etkisini kırmak

Kitap boyunca rahatsızlıkların daha da derinleşmesinin, yayılmasının nasıl mümkün olduğundan bahsettik. Buna "domino etkisi" adını vermiştim. Domino etkisini ortaya çıkarabilecek birçok tema bulunuyor. Bunlardan bazıları:

- Rahatsızlığın ortaya çıkması ve teşhis edilmesiyle yaşanan travmalar
- Kişinin beynindeki hastalık imajı ve olabilecek en kötü senaryoların korkusu
- Başkasının değil de onun bu duruma maruz kalmasıyla ilgili hissettiği öfke
- Belirtilerin ortaya çıkardığı işe yaramazlık, yetersizlik hissi
- Hastalıktan dolayı yalnız kalma korkusu

Çoğu zaman hastalıktan ziyade, yukarıda saydığım temalar domino etkisini yaratarak, süreci çok daha zorlu hale getiriyorlar. İşte bu yüzden, hastalık başladıktan itibaren ortaya çıkan bu duyguların birer birer temizlenmesi domino etkisini bitirerek, muhteşem sonuçlar verecektir.

Sadece ana travmaları değil, teşhis travmalarını da temizlemek gerekiyor.

Ben ve ekibimin en çok karşılaştığı vakaların başında, ciddi hastalığı olan kişilerin korku ve endişelerini temizlemek gelmektedir. Bununla ilgili yüzlerce farklı kişiyle çalıştığımızı söylemeliyim.

Böyle bir durumda, çalışmamıza genelde, rahatsızlığa sebep olan travmanın etkisini beyinlerinden temizleyerek başlarız. Ama bizi en çok yoran ve daha önemli olanlarsa hastalık teşhisinin paylaşıldığı anda kişinin yaşadığı ekstra travmalardır. Bunlar çoğu zaman, yaşanan ilk travmadan çok ama çok daha büyüktür. Ve tekrar tekrar yaşandığı için bizi en çok uğraştıran konu da budur.

Bu travmaların duygusal etkisi beyinden temizlendiği zaman kişinin inancı, gücü, sağlığı muazzam şekilde gelişme göstermektedir. Çalışma yaptığımız, özellikle de daha önce korkularından dolayı çökmüş olduğunu bizzat gördüğümüz kişilerin hayatlarında yaşadıkları değişiklikleri görmek bizim için her zaman en büyük mutluluk ve gurur kaynağı oluyor.

Hastalığın beynindeki imajını ve kötü senaryoyu temizlemek

Kişinin gerçekten aslında nasıl bir süreçten korktuğunu ortaya çıkararak bu konuda çalışma yapmak gerekmektedir. Bu bir felç korkusu mu? Ameliyat mı? Ölüm mü?

Bu korkuların temizlenmesi, belirtileri şiddetlendiren ödem sendromunun etkisini azaltacağı için yapılması çok önemlidir.

Hastalığa öfkenin temizlenmesi

Ne olursa olsun, rahatsız edici bir hastalığı yaşayan herkes belirli derecede öfke dolar. Neden ben? Ve neden şimdi?

Öfkeli olmak, hem belirtilere aşırı duyarlı ve rahatsız olmaya yol açacak, hem de özellikle sindirim sisteminde sorunlara sebep olabilecektir.

Belirtilerin ortaya çıkardığı değersizlik, yetersizlik hissinin temizlenmesi

Özellikle kemik ve kas biyolojik programlarının ortak teması değersizlik, yetersizlik ve işe yaramama benzeri duygulardı. İşin şöyle bir yönü var ki, zaten bu temalardan dolayı yaşanan bir sorunun belirtileri değersizlik ya da yetersizlik temalarını şiddetli bir şekilde besleyebiliyor. Bu da sorunu kronikleştirip, belirtileri daha da kötüleştiriyor. Ve hatta, sorunun yeni travmalarla yayılmasına sebep olabiliyor.

Mesela, bileği ağrıdığı için artık eskisi gibi gitar çalamayan, kolu güçsüz olduğu için tenis oynayamayan, bacakları güçsüz olduğu için eskisi gibi koşamayan biri kendini yetersiz hissediyor. Ve tahmin edersiniz ki, hissettiği belirtiler kemik ve kaslarındaki belirtileri daha kötü hale getiriyor.

Özellikle yaşanan rahatsızlığın belirtilerinin, bizzat buna sebep olan biyolojik programın kendisini tetiklemesi kısır döngüsünden çıkabilmek için ilgili duyguları temizlemek gerekiyor.

Hastalıktan dolayı yalnız kalma korkusunun temizlenmesi

Özellikle ciddi bir sorun yaşayan kişi, hastalığından dolayı hayatına eskisi gibi devam edemeyeceğini hissederse ya da belirli bir oranda bakıma muhtaç olduğunu düşünürse bir "yalnızlık travmasıyla" karşı karşıya kalabilir.

Zira herkes yoluna devam ederken, artık o dışarıda kalmıştır. Sevdiklerinin bile ona bakamayacağını, yalnız bırakılabileceğini hissedebilir.

Böyle bir travmanın sürekli bahsettiğimiz belirtileri ve hastalığın seyrini şiddetlendiren "ödem sendromunu" tetikleyebileceğini tahmin edebiliyorsunuzdur. Bu açıdan, bu hisleri temizlemek, sevdiklerimize her zaman yanlarında olacağımızı hissettirmek, onların sağlığı için çok ama çok önemli.

Uygulama sonrası

Şimdi kısaca uygulama sırasında ve sonrasında yaşayacaklarınızı ele alalım.

Ağlama

En etkili çalışmalar, gerçekten kendinizi açtığınız ve ağladığınız zaman gerçekleşecektir. Özellikle, travmaların en kötü anlarında, doğru göz noktalarını bulduğunuz an ağlıyor olmanız oldukça olası.

Ekip olarak çalışmalarımızda bazı danışanlarımızın travmalarını anlatırken, pek fazla duygu yaşamadıklarına şahit oluyorum. İtiraf etmek gerekir ki, en zorlayıcı danışan tipi, bu şekilde kendini kasarak duygu yaşamayı kontrol edenlerdir. Onlarla çalışmalarımız hep diğerlerine göre daha etkisiz geçer.

Terleme

Çalışma sırasında, travma yavaş yavaş çözülürken hem sıcaklayacak, hem de terleyeceksiniz.

Yorgunluk

Yine iyi bir çalışmanın en büyük belirtisi, çalışma sonunda yaşanan ciddi bir yorgunluktur. Aslında bu, bildiklerinizle doğru orantılı. Çalışmanın yoğunluğuna göre, beyniniz bir biyolojik programı belli oranda "iyileşme dönemine" sokacaktır. Çalışmanın hemen ardından bu yorgunluğu çok net bir şekilde hissetmelisiniz. İyi ve etkili bir çalışma sonrası, çok güzel uzun bir uyku sizi bekliyor olabilir.

Rahatlama, sarhoşluk hissi

Çalışma sonrasında rahatladığınızı, sersemlediğinizi, hatta birkaç gün boyunca garip bir âlemde yaşıyormuş duygusunu hissedebilirsiniz.

İyileşme krizi

Konunun doğasına göre, beyninizde travma çözüldükten sonra 1 saat ila 2 haftaya kadar değişen bir süre içerisinde düşük şiddetli bir "iyileşme krizi" yaşayabilirsiniz. Merak etmeyin, sadece beyniniz iyileşme testini yapıyor.

İyileşme dönemine doğru

Size kitabımın ilk bölümünde "doğanın sırrı" olarak bahsettiğim biyolojik programların mantığını aktarmaya çalıştım. Daha sonraki bölümde spesifik hastalıkların aslında bu biyolojik programların farklı dönemlerinde yaşandığı üzerinde durduk. Sonrasındaysa biyolojik programları tetikleyen travmaların etkisini beynimizden temizleyebilmek için çok etkili bir sistemi sizinle paylaştım.

Rahatsızlığınız her ne olursa olsun, doğru travmatik şoku bularak beyninizde bu şokun rahatsızlığa neden olduğu konusunda farkındalık geliştirdiyseniz, belli bir oranda çözüm sağladınız demektir. Sorununuz eğer çok şiddetli bir rahatsızlık değilse sadece bu farkındalıkla da geçebilir.

Ancak çoğu zaman, ilkel programların kronikleşmesinden kurtulabilmek için daha fazlasını yapmak gerekir. İşte biraz önce sizinle paylaştığım sistem burada devreye giriyor. Eğer doğru travmayı sizinle biraz önce paylaştığım NeuroFormat® sistemiyle yoğun bir şekilde çalışarak temizlediyseniz, çeşitli ilkel programlara göre bunun farklı etkileri ve yararları olacaktır.

Neden travmaları temizlemeliyiz?

Yeni yaşadığınız bir travmayı kısa süre sonra temizlemek, eğer ilkel program başladıysa ciddileşmeden iyileşme dönemine geçilmesini, kalıcı olarak sonlanmasını sağlayacaktır. Böylelikle kendinizi ileride yaşanabilecek büyük bir sağlık riskinden korumuş olursunuz.

Kronik bir sorununuza yönelik bir travmayı temizlemek, kronik sorunu çözme ya da derecesini düşürme şansını sağlayacaktır.

Kalp krizine sebebiyet verebilecek travmaları temizlemek, iyileşme dönemine daha erken girilmesini sağlayacaktır. Stres dönemi kısalacağı için büyük kalp krizlerinin olma olasılığı düşecektir. Bununla beraber, sorunun doğal yollarla bir anda çözülmesinden ziyade, kademeli olarak azaltılması kalp krizlerinin şiddetini düşürecek ve ölümcül krizleri önleyebilecektir.

Sorununuz ne ya da hangi aşamada olursa olsun, bu durumu başlatan travmayı temizlemek beyni arkanıza almanızı sağlayacaktır. Aşırı iddialı olmak istemem ama, mevcut tedavilerinize devam ederken, sorunun beyninizdeki nedenini bitirdiğiniz zaman tedavi sürecinizde mucizeler yaşayabilirsiniz.

Travmayı çözmek iyileşmeyi beyine ve vücuda bırakmaktır

Beynimiz, belirli tehditlere karşılık olarak, bir tehlike algısı içinde normal işleyişi bozup, vücudu farklı çalıştırmaya karar vermişti. Buna neden olan travmayı temizlemek aslında vücudun gereksiz yere girdiği süreçten kendiliğinden çıkarak, kendi dengesini bulmasını sağlayacaktır.

İyileşme ve sağlığa kavuşma dışarıdan değil bizzat beynin kendisinden gelecektir. O zaten sağlıklı işleyişi biliyordu, bunu unuttuğundan dolayı sağlığı bozmadı. Sadece tehlikeleri biraz fazla abartıp, süreci "yüzüne gözüne bulaştırdı". Hepsi bu... Ona anlayacağı dilde vermeniz gereken tek mesaj şu: "Yıllar önce başıma gelen ve beni hâlâ koruduğun olay var ya, işte o konuda her şey yolunda!"

Zaten bunu da onun anlayacağı şekilde, duyguları boşaltarak yapıyoruz. Beynimiz çok yoğun duygular yaşandığı için, travmatik olayı ciddiye almıştı. Duygular temizlendiği zaman, "Aa evet, tehlike geçmiş" kararını verip gerekeni kendiliğinden yapacaktır.

Bizim yaptığımız sadece ama sadece bu...

Son söz

Bu kitabı yazmaya karar verirken, ne kadar zor bir işe soyunduğumu biliyordum. Bu kadar hassas ve "dolu dolu" bir konuyu işinize yarayacak kadar detaylı, kafanızı karıştırmayacak kadar basit ve de sizi sıkmayacak kadar eğlenceli yazmam gerekiyordu.

Gerçekten içi belki de "gereğinden" bile fazla bilgi yüklü bir kitapla karşı karşıyasınız. Tüm kitaplarımın belli oranda zor ve anlaşılması, idrak edilmesi için en az iki üç kez okunması gerektiği konusunda birçok geri dönüş almıştım. Ama bu kitabımı bitirdikten sonra şunu düşünüyorum: İtiraf etmek gerekirse, diğerlerinden katbekat daha kapsamlı bilgi içeren bir kitapla karşı karşıyasınız. Özellikle hayatınıza dokunabilmek için, beynin sağlık üzerindeki etkisini detaylarıyla anlatmaya çalıştım. Sorun bazında detayları paylaşmak istedim. Ancak, yazmadığım, yazamadığım, benim de henüz bilmediğim ve hatta henüz insanoğlu olarak bilemediğimiz o kadar çok bilgi var ki... Beynin sağlık üzerindeki etkisini bu kadar sayfaya sığdırmanın mümkünatı ne yazık ki yok.

Bir yandan size şu ana kadar gördüklerimle doğruluğuna yüzde yüz emin olduğum bir konuyu aktarmaya çalıştım, ancak bunu yaparken sağlık sisteminin çeşitli dogmalarıyla çeliştiğimin gayet farkındayım. Bunun yanında tüm söylediklerime harfiyen inanmanız değil istediğim. Sizin ve çevrenizdekilerin mevcut sağlık durumları üzerinde, hayata devam ettikçe kendi yaşamınız üzerinde bu bakış açısını kullanmanızı ve test etmenizi tavsiye ediyorum. Zira, sizin doğrunuz tez ve antitezden çıkan bir "sentez"dir. Bu açıdan, size çok farklı bir bakış açısı sunuyorum. İşte o zaman size ait olan sentez gelişecektir. Ancak şuna eminim ki, yıllar geçtikçe, "A evet, bu o kitapta yazıyordu, şimdi anladım" aydınlanmasını yaşayacaksınız ve senteziniz yıllar geçtikçe kitapta paylaştığım bilgilere doğru kayacaktır.

Çok yeni, dünya üzerinde çok az kişinin bildiği bir sistemi, bir bakış açısını sizlerle paylaştım. Bu konuda binlerce farklı kitap yazılması gerekiyor. Avrupa ve Amerika'da bu yöne yönelen doktorların sistem tarafından dışlanması nedeniyle, henüz ilerlemeler yavaş gelişiyor. Ama ilerleyen yıllarda bu durumun değişeceğini, hızlanacağını umuyorum.

Tüm bunların yanında, yine belirtmek isterim ki tıp dünyasında gelecek yıllarda çok ciddi paradigma değişikliklerinin olacağını düşünüyorum. Beyin, psikoloji ve vücuda "bütünsel" bakış açısı, ilerleyen zamanlarda klasik Batı tıbbı üzerinde etki yapacaktır.

Zira bu yapılmazsa, gün geçtikçe, tıpkı psikoloji biliminde olduğu gibi, tıp dünyasında da birbirinden çok farklı şeyler söyleyen tıp ekolleri gelişebilir. Zaten, "alternatif" ya da "tamamlayıcı" olarak adlandırılan birçok farklı yöntem, tıp dünyasının anlam veremediği biçimde başarılı bir şekilde kullanılıyor. Bu yöntemler

yıllar önce, alternatif olarak adlandırılıyordu. Şimdiyse, belli oranda kabul gördükleri için "tamamlayıcı" olarak nitelendiriliyorlar. Bu yöntemlerin bakış açısı, ilerleyen yıllarda "alternatif olmaktan" ya da "tamamlamaktan" daha fazlasını yaparak, tıp sisteminin gidişatını da etkileyecektir.

Sizi temin ederim ki, sağlık profesyonellerinin önemli bölümü de, şu ana kadar öğrendikleri bilgilerin içerisinde tam anlamadıkları, kontrol edemedikleri bir fenomenin olduğunun farkındalar.

Yani beynimizin...

Size psikolojimizin, beynimiz üzerinde, beynimizinse vücudumuz ve sağlığımız üzerindeki etkilerini anlatmaya çalıştım. Bununla beraber mevcut tıbbi tedavilerinize "tamamlayıcı" olması açısından sorunun kaynağının beyninizden temizlenmesi gerektiğini vurgulamak istedim. Bu nedenle, özellikle travmaların beyinden silinmesinde bildiğim onlarca yöntemden çok daha hızlı ve etkili sonuç veren NeuroFormat® sistemini, daha farklı yönleriyle anlatmaya çalıştım.

Umarım aldıklarınız, şu an kafanızı karıştıranların kat ve kat fazlasıdır. Bunun yanında ilerleyen dönemlerde bu konuyu daha derinliğiyle paylaşacağımız çeşitli eğitim ve seminerler düzenleyeceğiz. Bunlara katılarak bilgi seviyenizi daha fazla ilerletmek isterseniz bizi internet üzerinden izlemenizi tavsiye ederim.

facebook.com/neuroformat
twitter.com/barismuslu

Bunun yanında çeşitli sorunlarınızla ilgili tedavilerinizde beyninizi arkanıza almak isterseniz, yine sağlık profesyonellerinden kurduğumuz, özellikle sorunun merkezindeki travmaların bulunması ve "formatlanması" üzerine çalışan ekibimizle bire bir çalışmalar yapabilirsiniz.

Sizden son ricam, sizinle paylaştığım bilgileri değerlendirmek adına normalde yapacağınızdan biraz daha fazla, ekstra bir şans verin... Hayatınızda birçok potansiyel sorundan arınma şansını yakalayacaksınız...

Eğer ben ve ekibimin, yardımcı olabileceği sorularınız, sorunlarınız varsa bize www.neuroformat.com adresinden ulaşabilirsiniz. Kitabımın sizin ve sevdiklerinizin hayatına pozitif olarak dokunması dileğiyle...

MERAKLISINA

Meraklısına

Bu konuya "tam motivasyonla" ilgi duyanlar için, işinize yarayacağını düşündüğüm detayları ve bazı ek bilgileri bu bölümde paylaşmak istedim. Bunu yapma nedenim, normal okuyucuyu bu detaylardan korumak istemem. Zira "kazara" bu kitabı almış ve başladığı işi yarım bırakmış okuyucularımı çok yorduğumun farkındayım. Zaten, siz eğer bu satırları okuyorsanız, bu kitabı kazara okumadığınız anlamına geliyor.

Gelin o zaman yine "yeni" bir başlangıç yapalım.

Bilgisayarlı beyin tomografisi (BT) çekimleri

Öncelikle BT'nin tam olarak ne olduğunu tekrar hatırlatayım. Bilgisayarlı tomografi, X ışını kullanılarak vücudun incelenen bölgesinin kesitsel görüntüsünü oluşturmaya yönelik radyolojik teşhis yöntemidir. Bu kadar bilginin ortaya çıkmasının hikâyesinde, bilgisayarlı beyin tomografisi (BT) çekimlerinin etkisi çok ama çok büyük. Zira belli sayıda doktor ekibi ellerinde olan on binlerce hastanın BT çekimlerini, onların sağlık hikâyeleriyle karşılaştırarak tüm bu bilgilere vâkıf oluyorlar. Zira aynı hastalığa sahip kişilerin beyinlerinin aynı noktasında (kontrol merkezinde) bu röleleri görebiliyorlar.

Röleleri görebilmek için radyologlara öğretilenden farklı bir bakış tekniği geliştiriyorlar. Bu tekniği öğrenen dünyadaki çok az sayıdaki sağlık personeli, sadece BT görüntülerine bakarak kişinin mevcut hastalıklarını ve hatta hiçbir belirti göstermeyen kuluçka dönemindeki rahatsızlıkları da söyleyebiliyor.

BT çekimlerinde, rölelerin net çıkması için uyguladıkları iki kural bulunuyor:

- Herhangi bir kontrast madde kullanmamak
- BT'lerin düz değil, şekilde paylaştığım açıyla çekilmesi

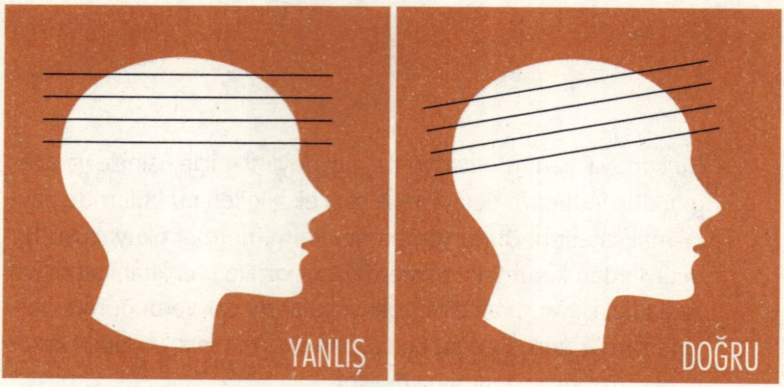

Beynin kontrol merkezleri haritaları

Kitabın başında Alp Dağları'nın eteklerinde yapılan bir seminere şahsen elimde BT çekimlerimle giderek, bu konuda çok ender bulunan bir uzmanın incelemesini sağladığımı söylemiştim.

Zira bana mevcut sorunumu söylemekle kalmayarak, henüz belirtileri organ seviyesinde başlamamış, kuluçka döneminde olan rahatsızlıklarımı da anlatarak, hayatımın tüm "mistisizmini" açık ettiğini söyleyebilirim. Burada yapılan, bir falcılıktan öte, beyinde dikkat çekebilecek kadar şiddetli tüm ilkel programları görerek, değerlendirmek. Hem de hangi programın, hangi dönemde olduğunu ayırt ederek. Zira röleler farklı dönemlerde farklı görüntü sergiliyor. Tabii çok detaylı bakabilmeyi bilen bu konuda eğitimli gözler için...

Stres döneminde röleler çok net bir şekilde parlak sınırlarla tespit edilirken, iyileşme döneminde sınırları keskinliğini kaybederek kararıyor. İyileşme dönemindeki ödem, rölelerin kararmasına sebep oluyor. İyileşme krizinden sonra röleler silikleşse de, karartılar azalıyor.

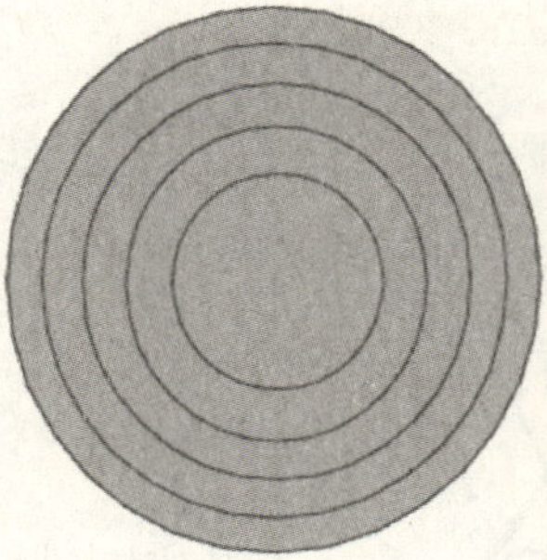

Stres dönemi röle görüntüsü

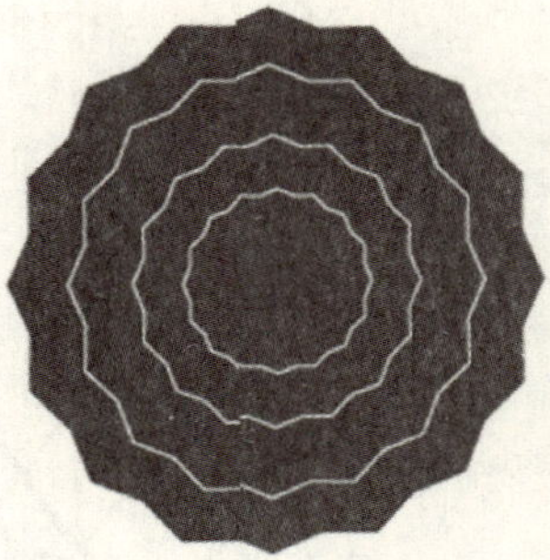

İyileşme dönemi röle görüntüsü

Kafa karışıklığını önlemek için tekrar etmek isterim ki, şu ana kadar incelenen binlerce kişinin BT görüntülerinden organ dokularını ve fonksiyonlarını kontrol eden beynin merkezlerinin haritası çıkarılmış. Oluşturulan bu harita baz alınarak incelen BT'lerde ortaya çıkan rölenin tam lokasyonuna göre, kişilerin hangi organlarının dokularının ve fonksiyonlarının etkilendiği belirleniyor. Böylece hastalıkların teşhisleri sadece BT görüntülerinden yapılabiliyor.

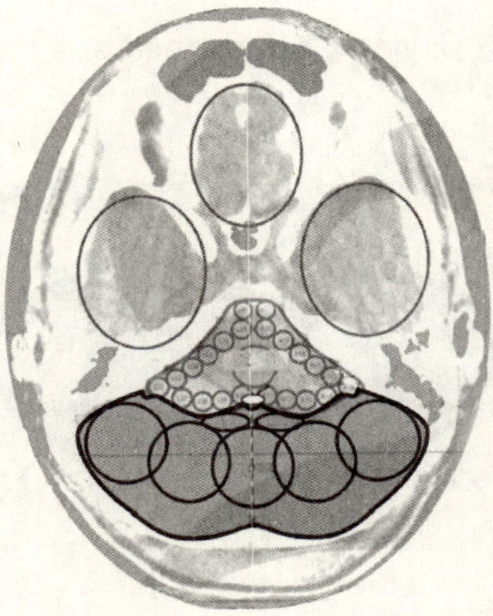

Şekilde beyin sapı üstte, beyincikse alt bölümde görünüyor.

Beyin sapı kontrol merkezleri

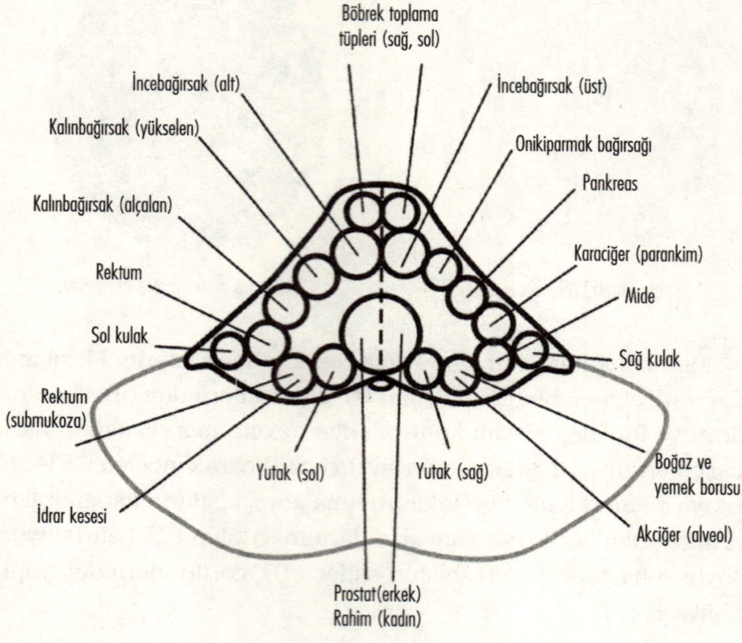

Beyincik kontrol merkezleri

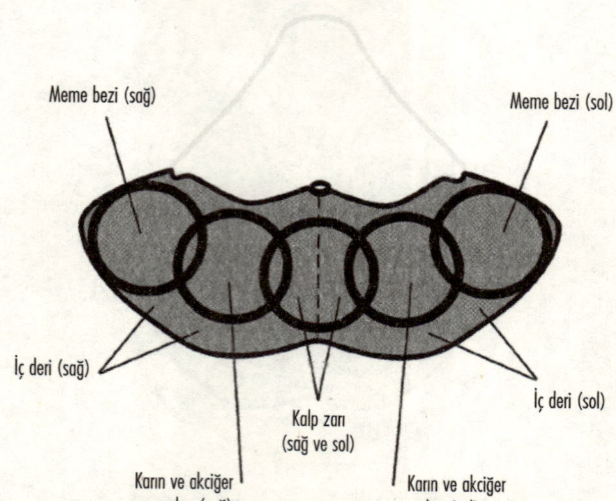

Singular kıvrımı kontrol merkezleri

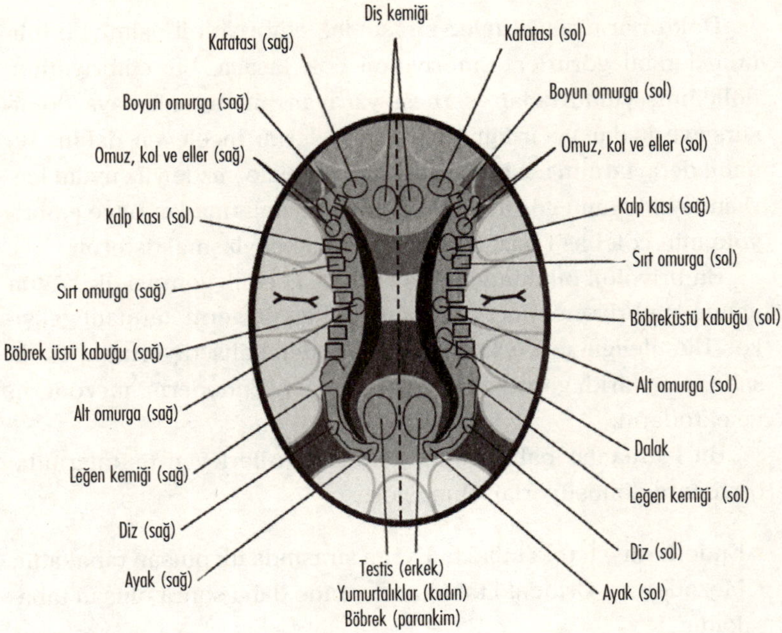

Korteks kontrol merkezleri

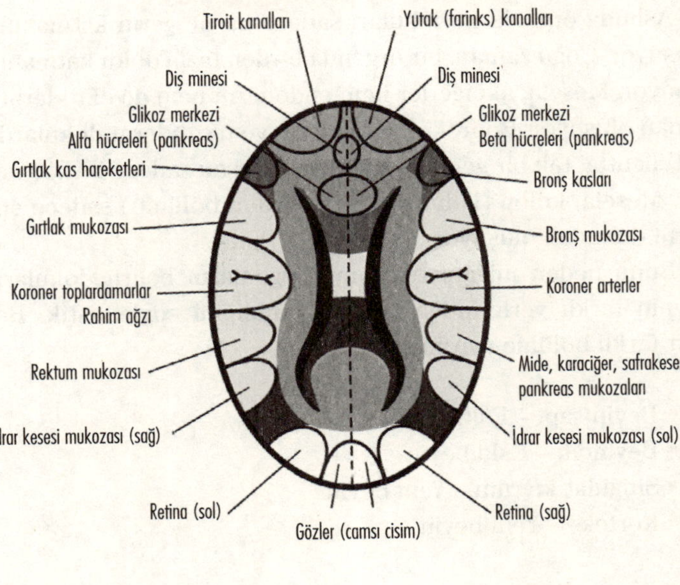

Embriyoloji

Doktorlarımız eğitimleri sırasında, "embriyoloji" isimli bir bilimin dersini görürler. Embriyoloji çok kısaca, bir embriyonun, döllenmiş yumurtadan, serbest yaşayan bir organizmaya dönüşünceye kadar geçirdiği gelişme evrelerini inceleyen daldır. Bu dalın detaylarının aslında bizim sistemimizle yüzde yüz uyum içerisinde olduğunu görürsünüz. Bu uyumu anlatmadan önce embriyolojinin çok basit bazı bilgilerini sizinle paylaşmak isterim.

Embriyoloji biliminden biliyoruz ki, gebelik sonrası ilk 17 gün içinde, embriyonun hiçbir organı yokken üç germ katmanı gelişiyor. Hamileliğin çok erken dönemlerinden bahsediyorum. Ortada sadece üç farklı germ katmanı bulunuyor. Endoderm, mezoderm ve ektoderm.

Bu katmanlar daha sonra, hamileliğin ilerleyen haftalarında, organlara dönüşüyorlar. Buna göre:

- Endoderm – İçteki tabaka. Evrim sırasında ilk oluşan tabakadır.
- Mezoderm – Ortadaki tabaka. Evrimde daha sonra oluşan tabakadır.
- Ektoderm – Dıştaki tabaka. Evrimde en son oluşan tabakadır.

Aslında organların dokuları sadece bu üç germ katmanından oluşuyor. Çoğu zaman, bir organda birden fazla doku katmanı bulunuyor. Mesela, akciğerler hem endoderm hem de ektoderm dokudan oluşuyor. Böbrekler endoderm ve mezoderm dokulardan.

Vücutta, tek bir germ tabakasında oluşan sadece birkaç organ var. Mesela, kolon (kalınbağırsağın kolon bölümü) sadece endoderm dokudan oluşuyor.

Bunu neden mi anlatıyorum? Organların belirli dokularının beynin farklı yerlerinden kontrol edildiğini söylemiştik. Beyni dört farklı bölüme ayırmıştık...

- Beyin sapı – Eski beyin
- Beyincik – Eski beyin
- Singulat kıvrımı – Yeni beyin
- Korteks – Yeni beyin

Kuralımızı pekiştiriyoruz.

Endoderm (iç katman)

Vücudumuzdaki bütün endoderm dokular beyin sapı tarafından kontrol ediliyor. Buna göre tüm endoderm dokular, stres döneminde hücre üretiyorlar.

Ektoderm (dış katman)

Vücudumuzdaki bütün ektoderm dokularsa korteks tarafından kontrol ediliyor. Buna göre tüm ektoderm dokular, stres döneminde hücre azaltıyorlar.

Mezoderm (orta katman)

Mezoderm dokuların belli bir bölümü beyincik (eski beyin) tarafından, diğer bölümüyse singulat kıvrımı (yeni beyin) tarafından kontrol ediliyor. Mezoderm dokuların stres döneminde hücre üretip azaltmaları kontrol merkezlerinin beyincik ya da singulat kıvrımında olmasına göre değişiyor.

	Germ tabakası	Eski/Yeni	Stres dönemi	İyileşme dönemi
Beyin Sapı	Endoderm	Eski beyin	hücre (+)	hücre (-)
Beyincik	Mezoderm	Eski beyin	+	-
Singulat kıvrımı	Mezoderm	Yeni beyin	-	+
Korteks	Ektoderm	Yeni beyin	-	+

Ağız

Kontrol merkezi: Beyin sapı.

Tehdit teması: Elde edememe ya da elden çıkaramama (söyleyememe, konuşamama).

Biyolojik anlam: Yiyeceğin daha hızlı içeri alınması ya da daha hızlı atılmasını sağlamak için hücre üretimini artırmak.

Duygular: Yiyeceği düzgün sindiremiyorum. Sıkışıp kaldı. Bu olayı kabullenemiyorum. Elde etmek istediklerim var ama elde edemiyorum. Elde edemediğim çok şey var. Tutamıyorum. Özümseyemiyorum.

Stres dönemi	İyileşme dönemi
Hücre (+) Tükürük fonksiyonunu ve besin sindirimini maksimize edebilmek için hücre artışı	Hücre (-) Tüberküloz, mikobakteri veya oral kandidiyaz yardımıyla hücrelerin temizlenmesi

Akciğerler – alveol hücreleri

Kontrol merkezi: Beyin sapı.

Tehdit teması: Ölüm korkusu.

Biyolojik anlam: Tehdit ve korku anında kaçabilmek ya da savaşabilmek amacıyla dokulara daha fazla oksijen yollamak için hücre üretimini artırmak.

Duygular: Boğuluyorum. Artık nefes alamıyorum. Bu olay nefesimi daraltıyor. Nefesim daralıyor. İçim daralıyor. Benim için artık her şey bitti. Yolun sonuna geldim. Bu olaydan sağ çıkamam. Korkular içinde nefes nefese kaldım. Hayatım tehdit altında.

Stres dönemi	İyileşme dönemi
Hücre (+) Şiddetli programlarda akciğer tümörü	Hücre (-) Tüberküloz bakterilerinin yardımı ile tümörün küçülmesi Yeterince bakteri yoksa tümörün kapsül içerisine alınması

Akciğerler – bronşlar

Kontrol merkezi: Korteks.

Tehdit teması: Bölgesel tehdit korkusu.

Biyolojik anlam: Daha iyi rekabet edebilmek, daha iyi savaşabilmek ve daha güçlü olmak için bronş alveollerinin genişlemesi.

Duygular: Birisi bizi topraklarımızı işgal etmekle tehdit ediyor. Bana ait alanım tehdit altında. İşteki pozisyonumu başkası kapacak. Tedirginim, bir yerde kapalı kaldım. Üzerime kapı kilitlediler. Bir yerde mahsur kaldım. Endişeliyim, korkuyorum. Nefes almakta zorlanıyorum. Nefes alamıyorum.

Stres dönemi	İyileşme dönemi
Hücre (+) Bronşlar açılması	Hücre (-) Bronşit, zatürree (ödem sendromu olduğu zaman) Şiddetli programlarda bronş kanseri

Apandis

Kontrol merkezi: Beyin sapı.

Tehdit teması: Sindirilemeyen öfke.

Biyolojik anlam: Hayati önem taşıyan besinleri ya da sindirim sisteminde sıkışmış besinleri sindirmek amacıyla stres döneminde hücre üretimini artırmak.

Duygular: Ailemde (ya da ailemin bir ferdiyle) yaşadığım bu olay iğrençti. Bunu bir türlü hazmedemiyorum. Korkunç bir anıydı. Unutması zor. Olayla barışıp hiç olmamış gibi davranmamı bekliyorlar ama davranamıyorum.

Stres dönemi	İyileşme dönemi
Hücre (+) Şiddetli programlarda apandis tümörü	Hücre (-) Oluşan hücrelerin temizlenmesi Apandis iltihabı İyileşme krizinde apandis patlaması tehlikesi

Bademcikler

Kontrol merkezi: Beyin sapı.

Tehdit teması: Yutamamak ya da kurtulamamak.

Biyolojik anlam: Daha hızlı ve iyi şekilde yutabilmek ve besini sindirim sistemine aktarabilmek için hücre üretimini artırmak.

Duygular: Yaşadığım önemli bir olayı hazmedemiyorum. Bana bu yapılan yenir yutulur gibi değil. Bana garanti edilen (ya da vaat edilen) iş bir anda başkasına devredildi. Var olan işimi umulmadık bir anda aniden başkası devraldı.

Stres dönemi	İyileşme dönemi
Hücre (+) Bademcik şişmesi	Hücre (-) Bademcik iltihaplanması, anjin

Böbrekler – parankim

Kontrol merkezi: Singulat kıvrımı.

Tehdit teması: Su veya sıvıyla ilgili tehdit.

Biyolojik anlam: İyileşme döneminde hücre üretimiyle daha fazla idrar üreterek vücuttaki fazla sıvıdan kurtulmak.

Duygular: Kendimi boğuluyormuş gibi hissediyorum. Birinin boğulmasına ya da bir su baskınına şahit oldum. Evimi su bastı. Bataklığa battım. Tüm paramı batırdım. Paralarım sular seller gibi bitiyor. Bütün işi batırdım. Her şeyi batırdım, mahvettim.

Stres dönemi	İyileşme dönemi
Hücre (-) Böbrek parankim hücrelerinin azaltılması Kreatin ve üre artışı Yüksek tansiyon, böbrek sklerozu	Hücre (+) Kist oluşup böbreğin işlevsel bir parçası haline gelir ve idrar üretilir Yüksek tansiyonun normale dönmesi

Böbrekler – toplama tüpleri

Kontrol merkezi: Beyin sapı.

Tehdit teması: Terk edilme, sürünün dışında kalma, varlığının tehlikeye girmesi.

Biyolojik anlam: Hayatta kalabilmek için hücre üretimiyle vücutta daha fazla su tutma.

Duygular: Yalnız kalmaktan korkuyorum. Her şeyimi kaybettim. Beni yeterince desteklemiyorlar. Kendimi arada kalmış hissediyorum, aralarında karar veremiyorum. Hayatım paramparça. Evimi, yurdumu özlüyorum. Unutuldum. Beni terk ettiler. Dışlandım. Kimse yardım elini uzatmıyor. Kimse beni umursamıyor. Geçim sıkıntısı yaşıyorum.

Stres dönemi	İyileşme dönemi
Hücre (+) Su tutma, ödem, aşırı kilo Şiddetli programlarda tümör	Hücre (-) Eğer varsa tümörün tüberküloz bakterisi ile küçültülmesi, "et kokusunda" idrar Tümörün kapsül içine alınması, böbrek iflası, üremi

Böbreküstü kabuğu

Kontrol merkezi: Singulat kıvrımı.

Tehdit teması: Yanlış yöne doğru hareket, kaybolma.

Biyolojik anlam: Kortizol üretimini artırmak amacıyla iyileşme döneminde hücre üretimi.

Duygular: Yolumu kaybettim. Yolumdan alıkondum. Yanlış yöne doğru ilerliyorum. Yolumu bulamıyorum. Kafam karışık. Nereye gitmeliyim, ne yapmalıyım bilmiyorum.

Stres dönemi	İyileşme dönemi
Hücre (-) Kortizol üretiminin azalması Yorgunluk, yüksek tansiyon Waterhouse Friderichsen sendromu ya da Addison hastalığı	Hücre (+) Aşırı kortizolün enerji seviyesini aşırı yükseltmesi Adrenal kistler Crushing sendromu Artan vücut kılları (kadınlar dahil) – hirsutizm

Burun

Kontrol merkezi: Korteks.

Tehdit teması: Kokuyla ilgili tehdit.

Biyolojik anlam: Burun mukozasının açılarak tehdide karşı daha iyi koku alınmasının sağlanması.

Duygular: Bu iğrenç kokuyor. Bir tehlike var, çok dikkatli olmalıyım. Ne olduğunu bilmiyorum ama sürekli tetikte olmam gerekiyor.

Stres dönemi	İyileşme dönemi
Hücre (-) Burun mukozasında ülserler, mukozanın kabuklaşması	Hücre (+) Şişme, burun akıntısı, burun kanaması Şiddetli şişme, virüsle ya da virüs olmadan burun akıntısı, sinüzit

Dalak

Kontrol merkezi: Singulat kıvrımı.

Tehdit teması: Kan kaybı, kaza travması, kan ile ilgili tüm travmalar.

Biyolojik anlam: Stres döneminde trombosit düşüşü ve iyileşme döneminin sonunda dalak büyümesi.

Duygular: Kanayarak ölecek. Birinin oluk oluk kanamasına şahit oldum. O kadar çok kan kaybettim ki ölümle karşı karşıya geldim. Bana ya da çok sevdiğime lösemi, AIDS teşhisi koydular!

Stres dönemi	İyileşme dönemi
Hücre (-) Dalaktaki trombositin azaltılması Trombositlerin, kan damarlarında kan pıhtılarını önlemek amacıyla periferal kan akışından kaybolması	Hücre (+) Genişleme, trombosit değerlerinin tekrar yükselmesi Dalak büyümesi (özellikle ödem sendromu mevcutsa) Şiddetli programlarda tümör

Deri – epidermis – dışderi

Kontrol merkezi: Korteks.

Tehdit teması: Ayrılık travması.

Biyolojik anlam: Hassasiyet kaybı ve hücre azalması. Ayrılığı unutabilmek için ciltteki hassasiyeti azaltmak.

Duygular: Sevdiğim kişi artık bana dokunmuyor. Bana dokunmasını sevdiğim kişi gitti (öldü, terk etti, uzaklaştı). Ayrıldık, boşandık. Aramızdaki tüm dokunsal bağ koptu. Bebeklerde: Annem artık bana süt vermiyor. Sütten kesildim. Annem beni terk mi ediyor?

Ya da tam tersi bir durum: Gitsin istiyorum, bana dokunmasın artık. Bana dokunulmasından hoşlanmıyorum. Öpme beni. Sarılma bana.

Stres dönemi	İyileşme dönemi
Hücre (-) Dışderi tabakasında hücre azaltılması Cildin soluk görünmesi, kanla beslenememesi, uyuşması ve çoğunlukla soğuk olması	Hücre (+) Derinin kendini onarması Kızarma, kaşınma, şişme, egzama benzeri belirtiler

Deri – dermis – içderi

Kontrol merkezi: Beyincik.

Tehdit teması: Kişiliğe, kimliğe tehdit ya da fiziksel saldırı.

Biyolojik anlam: Fiziksel atağın iç bölümlere nüfuz etmemesi için kalkanı güçlendirmek.

Duygular: Kendimi kirlenmiş, yaralanmış hissediyorum. Korkuyorum. Bu korkunç bir histi. Derimin altında bile hissettim. Kendimi koruyamadım. Korkuyu iliklerimde hissettim.

Stres dönemi	İyileşme dönemi
Hücre (+) Dermis hücrelerini güçlendirmek için hücre artışı. Programın şiddetine göre siyah noktalardan melanoma kadar farklı deri hastalıklarının oluşması	Hücre (-) Dermisin ve sebum hücrelerinin eski hale döndürülmesi Program eğer yağ bezini etkilemişse sivilce Şiddetli programlarda deri tüberkülozu

Diş minesi

Kontrol merkezi: Singulat kıvrımı.

Tehdit teması: Isırma ya da ısıramama travması.

Biyolojik anlam: Isırma yeteneğini geliştirebilmek için, hücre üretimi ve dişlerin güçlendirilmesi.

Duygular: Isırmak istiyorum. Dişimle tırnağımla kurdum bu zor işi. Ben tuttuğunu koparan biri değilim, bu işi de beceremem. Bir şeye sahip olmayı o kadar çok istiyorum ki.

Stres dönemi	İyileşme dönemi
Hücre (-) Diş çürükleri	Hücre (+) Yavaş şekilde onarım dönemi

Gırtlak – kas

Kontrol merkezi: Korteks.

Tehdit teması: Şok eden korku.

Biyolojik anlam: Nefesi geliştirmek için, hücre azaltılması vasıtasıyla gırtlağın açılmasını sağlamak.

Duygular: Şok oldum. Çok korktum. Aniden çok korktum. Ya felç olursam. Korkudan inme inecek sandım. O kadar şaşırdım ki ne diyeceğimi bilemiyorum. Öylece kalakaldım.

Stres dönemi	İyileşme dönemi
Hücre (-) Nefesin gelişmesi için gırtlağın rahatlamasının sağlanması	Hücre (+) Yenilenme, astım, nefes zorluğu, öksürük

Gırtlak – mukoza

Kontrol merkezi: Korteks.

Tehdit teması: Konuşma kaybı korkusu, şok eden korku.

Biyolojik anlam: Nefesi geliştirmek için, hücre azaltılması vasıtasıyla gırtlağın açılmasını sağlamak.

Duygular: Şok oldum. Çok korktum. Aniden çok korktum. Ya felç olursam. Korkudan inme inecek sandım. O kadar şaşırdım ki ne diyeceğimi bilemiyorum. Öylece kalakaldım.

Stres dönemi	İyileşme dönemi
Hücre (-) Nefesin artması, gırtlağın ve ses kutusunun genişletilmesi Hafif ağrı	Hücre (+) Gırtlak mukozasının şişmesi Ses, basınç değişiklikleri Boğazda duyarlılık ve kaşınma, kronik ses kısıklığı Gırtlak kanseri, nefes zorluğu, öksürük

Gözler – konjonktiva

Kontrol merkezi: Korteks.

Tehdit teması: Görsel ayrılık.

Biyolojik anlam: Görsel ayrılıkla baş edebilmek için hücre azaltılması.

Duygular: Onu bir daha göremeyeceğim. Ona bir daha dokunamayacağım. Keşke bir kez daha görsem. Gözlerim hep onu arıyor, artık onu görmeden nasıl yapacağım bilmiyorum. Ya onu bir daha hiç göremezsem.

Stres dönemi	İyileşme dönemi
Hücre (-) Konjonktiva zarında ve gözkapağında hücre azalması	Hücre (+) Konjonktivit, gözkapağında kızarıklık, ağrı, kaşıntı, yanma Kirpik kaybı

Gözler – kornea

Kontrol merkezi: Korteks.

Tehdit teması: Güçlü görsel ayrılık.

Biyolojik anlam: Görsel bir kayıpla geçici olarak baş edebilmek için hücre azaltılması.

Duygular: Onu bir daha göremeyeceğim. Ona bir daha dokunamayacağım. Keşke bir kez daha görsem. Gözlerim hep onu arıyor, artık onu görmeden nasıl yapacağım bilmiyorum. Ya onu bir daha hiç göremezsem.

Stres dönemi	İyileşme dönemi
Hücre (-) Korneanın incelmesi, keratokonus	Hücre (+) Keratitis-kornea da ödem, ağrı, iltihap

Gözler – lensler

Kontrol merkezi: Korteks.

Tehdit teması: Görsel ayrılık.

Biyolojik anlam: Görsel bir kayıpla geçici olarak baş edebilmek için hücre azaltılması.

Duygular: Onu bir daha göremeyeceğim. Ona bir daha dokunamayacağım. Keşke bir kez daha görsem. Gözlerim hep onu arıyor, artık onu görmeden nasıl yapacağım bilmiyorum. Ya onu bir daha hiç göremezsem.

Stres dönemi	İyileşme dönemi
Hücre (-) Lenste hücre kaybı, incelme	Hücre (+) Katarakt, donukluk Lensin genişlemesi, su içermesi veya bükülmesi

Gözler – retina

Kontrol merkezi: Korteks.

Tehdit teması: Arkadan saldırı korkusu.

Biyolojik anlam: Arkadaki tehlikeye öncelik verilmesi için geçici olarak görme fonksiyonunun azaltılması.

Duygular: Bilmediğim, anlamadığım bir tehlike var. Ne olduğunu bilmiyorum ama çok korkuyorum ve kontrol edemiyorum. Dikkatli olmalıyım, yoksa her an beni bulabilirler ve yakalanabilirim. Bana ihanet ettiler, arkamdan bıçakladılar. Biri ya da bir şey, bizi beklenmedik ve korkutucu bir şekilde tehdit ediyor. Ürkütücü, ürpertici korkuyu ensemde hissediyorum. Ani ve beklenmedik bir korku bu. Bir sorunu bir türlü çözemiyorum. Tehlikeler peşimi bırakmıyor.

Stres dönemi	İyileşme dönemi
Hücre (-) Hipermetropi (içedönük kişiler tehlikeden gizlenmek ister) Miyopi (dışadönük kişiler uzaktaki tehlikeyi görmek ister)	Hücre (+) Görme fonksiyonunun normale dönmesi

Gözler – iris

Kontrol merkezi: Beyin sapı.

Tehdit teması: Işık parçalarını hızlı görememe ya da kaçamama tehdidi.

Biyolojik anlam: Işık parçasını gözle görebilmek ya da bir parçacığın göze girmesini önleyebilmek amacıyla görüşü artırmaya çalışmak için hücre üretimi.

Duygular: Ona göz kulak olamadım. Görüşüm yetersiz kaldı. Takip etmem gereken şey görüş alanımdan çıktı. Gözümün önünden gitmiyor. Keşke bunu hiç görmeseydim.

Stres dönemi	İyileşme dönemi
Hücre (+) Düz kasta şişme ve kasılma Gözbebeğinin sabitlenmesi	Hücre (-) İris kolobomu, gözbebeğinde anahtar deliği görünümü. Merkezi görmede hasar

İncebağırsak

Kontrol merkezi: Beyin sapı.

Tehdit teması: Sindirilemeyen besin, nesne, söz.

Biyolojik anlam: Daha fazla sindirim enzimi salgılanması için hücre üretimi.

Duygular: Bir şeyi sindiremiyorum. İçime oturdu. Bütün sinirim içimde kaldı. Sinirim içimde patladı. Aç kaldım. Sevgiye aç bırakıldım ve çok öfkeliyim. Öfkemi karnımda hissediyorum.

Stres dönemi	İyileşme dönemi
Hücre (+) Daha iyi sindirim için enzim üreten hücrelerin artırılması Şiddetli programlarda tümör	Hücre (-) Eğer varsa, tümörün tüberküloz bakterisi yardımıyla küçültülmesi Kanamanın dışkı ile atılması İltihap Kronik programlarda Crohn hastalığı

Kalp – damarlar (genel)

Kontrol merkezi: Singulat kıvrımı.

Tehdit teması: Özdeğer kaybı.

Biyolojik anlam: İyileşme döneminde damarların güçlendirilmesi.

Duygular: Kendimi değerli ve yeterince güçlü hissetmiyorum. Ben değersizim. Üzerimdeki bu baskı çok fazla. Ben güçlü ve yeterince iyi değilim. Başkaları benden daha iyi. Kendi beklentilerimi bile gerçekleştiremiyorum. Ben hiçbir şeyi beceremem.

Stres dönemi	İyileşme dönemi
Hücre (-) Damarlarda fark edilmeyen hücre azalması	Hücre (+) Damar duvarlarının onarımı, şişme, damar iltihabı, damar sertliği LDL kolesterolünde artış Varisler-şişmiş kalınlaşmış damarlar

Kalp damarları – koroner arterler

Kontrol merkezi: Korteks.

Tehdit teması: Bölgesel tehdit, cinsel travmalar.

Biyolojik anlam: Kalbi besleyen koroner arterlerden daha fazla kan geçebilmesi için, stres döneminde damarları açmak adına hücre azaltılması.

Duygular: Bana ait alanım işgal edildi. Kalbimi kaybettim gibi hissediyorum. İncindim. Benim bütünlüğüm ihlal edildi. Rakiplerim benimle savaşıyor. Bana meydan okunuyor. Tehdit hissediyorum. Yeniliyorum.

Stres dönemi	İyileşme dönemi
Hücre (-) Kan hacmini artırmak için hücre azaltılması Kalp ağrısı, anjina pektoris	Hücre (+) Duvarların tamiri, şişme, tıkanma, kalp krizi, kan pıhtılaşması

Kalp kası – miyokart

Kontrol merkezi: Singulat kıvrımı.

Tehdit teması: Aşırı genel stres yüklenmesi.

Biyolojik anlam: Stres döneminde değil ama iyileşme dönemi sonunda kalp kasının güçlendirilmesi.

Duygular: Bu durum beni bunaltıyor. Kendimi korkular içinde boğulmuş gibi hissediyorum. Hayat çok ağır. Her şey çok zor. Bunlar neden benim başıma geldi? Neden her şeyi ben yapmak zorundayım? Herkesin yükü benim omuzlarımda. Artık daha fazla yükü kaldıramayacağım.

Stres dönemi	İyileşme dönemi
Hücre (-) Güçsüzlük, kalp ağrıları ve çabuk yorulma, nefessiz kalma belirtileri	Hücre (+) Koroner damarların tıkanmasından kaynaklanmayan, kalp kasının krizi. İyileşme krizi sırasında kalp krizi Kriz sırasında titreme, seğirme, kasılma, kalp ritminin hızlanması (taşikardi), bulantı, soğuk terlemeler

Karaciğer

Kontrol merkezi: Beyin sapı.

Tehdit teması: Açlık korkusu, varoluş tehdidi.

Biyolojik anlam: Açlık tehlikesine karşı, vücuda giren besinin daha iyi sindirilebilmesini sağlayan safra salgılayan hücrelerin artırımı.

Duygular: Ya sefalet içinde açlıktan ölürsek. Beş parasız kalırsam ne yaparım? Sevdiklerimi ailemi nasıl doyururum? Başımıza gelene bak, şimdi ne yapacağız nasıl yaşayacağız? İşimden oldum, aileme nasıl bakacağım? Her şeyden mahrum kalıyoruz. Hayatın güzelliklerinden faydalanamıyoruz, çünkü paramız yok. Para kaynaklarım tükendi. İflas ettim.

Stres dönemi	İyileşme dönemi
Hücre (+) Besinlerden maksimum istifade edebilmek için hücre artırımı Şiddetli programlarda tümör	Hücre (-) Tüberküloz bakterisi ve mikobakteri ile tümörün temizlenmesi ya da kapsül içerisine alınması Karaciğerde şişlik Ateş, gece terlemesi, yorgunluk

Kaslar – doku

Kontrol merkezi: Singulat kıvrımı.

Tehdit teması: Özdeğer kaybı.

Biyolojik anlam: İyileşme döneminde hücre üretimi ve kasların güçlendirilmesi.

Duygular: Layık olmadığımı düşünüyorum. Bacaklarımı kullanarak bir şeyden kaçamıyorum ya da kollarımı kullanarak bir şeyi tutamıyorum ya da kendimden uzaklaştırmak için itemiyorum.

Stres dönemi	İyileşme dönemi
Hücre (-) Zayıf kaslar (kas atrofisi)	Hücre (+) Kasların onarımı Kas hipertrofisi Miyosarkoma-kas tümörü

Kaslar – hareket

Kontrol merkezi: Korteks.

Tehdit teması: Kaçılamayan, savaşılamayan, karar verilemeyen büyük bir travma.

Biyolojik anlam: Savaşılamadığı ya da kaçılamadığı için ölüm taklidi, düşman gidene kadar donma refleksi.

Duygular: Kaçamıyorum. Bu durumda kalacağıma kaçıp gidebilsem keşke. Kapıyı vurup gidesim var. Uzaklaşsam gitsem buralardan. Tutamıyorum. Bir şeyi tutamıyorum. Karar veremiyorum. Hangisini seçeceğimi bilemiyorum. Kurtulamıyorum. Düş yakamdan. Bırak peşimi.

Stres dönemi	İyileşme dönemi
İşlev (-) Kas hareketlerinde felç ya da kısmi felç Korteksten kaslara normalden daha az ya da daha fazla sinyalin gitmesi	İşlev (+) İlk olarak daha fazla felç belirtilerinin yaşanması, kasılmaların ortaya çıkması İyileşme krizleri, yani epilepsi krizleri Sonunda belirtilerin normale dönmesi

Kemikler

Kontrol merkezi: Singulat kıvrımı.

Tehdit teması: Özdeğer kaybı.

Biyolojik anlam: İyileşme döneminde hücre üretimi ve kemiklerin güçlendirilmesi.

Duygular: Kendimi değerli ve yeterince güçlü hissetmiyorum. Ben değersizim. Üzerimdeki bu baskı çok fazla. Ben güçlü ve yeterince iyi değilim. Başkaları benden daha iyi. Kendi beklentilerimi bile gerçekleştiremiyorum. Ben hiçbir şeyi beceremem.

Stres dönemi	İyileşme dönemi
Hücre (-) Kemik erimesi, osteoporoz Kansızlık Şiddetli programlarda kemik kanseri	Hücre (+) Kemiklerin onarımı Eklem romatizması, romatoid artrit, ankilozan spondilit, gut (ödem sendromu olduğu zaman) Şiddetli programlarda lösemi

Kemik zarı (periost)

Kontrol merkezi: Korteks.

Tehdit teması: Çok şiddetli ayrılık travması.

Biyolojik anlam: Stres döneminde ayrılığın kemiklerde daha az hissedilmesi için his kaybının ortaya çıkarılması.

Duygular: Ayrılık acısı çekiyorum. Onu çok özlüyorum. Ayrılık acısını geçiremiyorum. Ona bir kere daha dokunabilsem.

Stres dönemi	İyileşme dönemi
İşlev (-) Kemik zarında hissizlik ve uyuşma	İşlev (+) Karıncalanma, sinirlerde aşırı his (romatizmal ağrılar)

Kıkırdak

Kontrol merkezi: Singulat kıvrımı.

Tehdit teması: Özdeğer kaybı.

Biyolojik anlam: İyileşme döneminde kıkırdağın güçlendirilmesi.

Duygular: Kendimi değerli hissetmiyorum. Hiçbir şeye layık değilim. Güçlü ve yeterince iyi değilim. Başkaları benden daha iyi. Kendi beklentilerimi bile gerçekleştiremiyorum.

Stres dönemi	İyileşme dönemi
Hücre (-) Kıkırdakta hücre azalması	Hücre (+) Kıkırdağın güçlendirilmesi

Kolon

Kontrol merkezi: Beyin sapı.

Tehdit teması: Bir olayı, konuyu, parçayı, sözü hazmedememe. Özellikle çok aşağılık görülen konuları içerir.

Biyolojik anlam: Sindirim sıvıları üreten ya da kolon duvarını güçlendiren hücrelerin artırılması.

Duygular: Bunu sindiremiyorum. Bu olayı kabullenemiyorum, olayla barışamıyorum. İçime oturdu. İçim dışıma çıktı. Bir olayı hâlâ sindirmeye çalışıyorum.

Stres dönemi	İyileşme dönemi
Hücre (+) Şiddetli programlarda tümör	Hücre (-) Basit programlarda kanamalar, hemoroit Tüberküloz bakterisiyle tümörün temizlenmesi, gece terlemeleri, kanama

Kulak – içkulak

Kontrol merkezi: Korteks.

Tehdit teması: İşitmeyle ilgili tehdit, duymak istememe.

Biyolojik anlam: Duyulmak istenmeyen bir sesin, bilginin, haberin ya da frekansın tinnitus (kulak çınlaması) ile bloke edilmesi.

Duygular: Duymak istemiyorum. Sessiz olun. Neden bunu söylüyorsun? Bunları bana nasıl söylersin? Bunu duyduğuma inanamıyorum. Duymaz olaydım.

Stres dönemi	İyileşme dönemi
İşlev (-) Duymak istenmeyen ses frekansında azalma hissedilmesi Kulak çınlaması (tinnitus)	İşlev (+) Bir süre için muhtemel işitme kaybı, sonra işitme fonksiyonunun düzelmesi

Kulak – vestibüler sistem

Kontrol merkezi: Korteks.

Tehdit teması: Kendini ya da başkasını düşerken görme, hayal etme.

Biyolojik anlam: Dengeyi sağlamak.

Duygular: Düşüyor, onu tutmalıyım. Düşmesine izin vermemeliyim, onu yakalamalıyım. Dikkatli olmalıyım, yoksa düşebilirim.

Stres dönemi	İyileşme dönemi
Hücre (-)	Hücre (+) İyileşme krizinde "vertigo" atakları

Kulak – ortakulak

Kontrol merkezi: Beyin sapı.

Tehdit teması: Önemli bir bilgiyi duyamama ya da duyulan bir sesten kurtulamama.

Biyolojik anlam: Sesi duyabilmek ya da kurtulabilmek için hücre üretimi.

Duygular: Duyduğuma inanamıyorum. Bu beni tehdit ediyor. Hayatım için korkuyorum. Duyduğuma inanamıyorum, kulaklarımdan bir türlü gitmiyor. Bu kabul edilemez.

Stres dönemi	İyileşme dönemi
Hücre (+) Bilgiyi asimile etmek veya ortadan kaldırmak amacıyla düz büyüyen hücrelerin artışı Şiddetli programlarda tümör	Hücre (-) Ortakulak iltihabı

Lenf damarları

Kontrol merkezi: Singulat kıvrımı.

Tehdit teması: Özdeğer kaybı.

Biyolojik anlam: İyileşme döneminde lenfatik sıvı aktivitesinin artırılması.

Duygular: Ben hiçbir işe yaramam. Benden bir şey olmaz. Bedenimin ... bölümü işe yaramaz. Gereksiz, âciz, işe yaramaz biriyim.

Stres dönemi	İyileşme dönemi
Hücre (-) Lenf damar duvarlarında lenf akışını artırmak için hücre azaltılması	Hücre (+) Şişlik, şiddetli programlarda tümör, yetersiz lenf akışı

Lenf nodu

Kontrol merkezi: Singulat kıvrımı.

Tehdit teması: Özdeğer kaybı.

Biyolojik anlam: İyileşme döneminde, hücre çoğalması ve lenf nodlarının güçlendirilmesi.

Duygular: Ben hiçbir işe yaramam. Benden bir şey olmaz. Bedenimin ... bölümü işe yaramıyor. Gereksiz, âciz, işe yaramaz biriyim.

Stres dönemi	İyileşme dönemi
Hücre (-) Lenf nodlarında hücre kaybı Hissedilir herhangi bir belirti yok	Hücre (+) Onarım, lenf nodlarının güçlendirilmesi, şişme Şiddetli programlarda Hodgkin Lenfoma

Meme – bezler

Kontrol merkezi: Beyincik.

Tehdit teması: Eş, çocuk, yuvayla ilgili tehdit (endişe, tartışma).

Biyolojik anlam: Beslenmesi gereken kişi tehlikede olduğu için daha fazla süt üretmek.

Duygular: Sürekli endişe duyuyorum. Hayat arkadaşım, çocuğum ya da annemle kavga ediyorum. Benim evim (ya da ev olarak gördüğüm yer) sürekli bir savaş halinde. Devamlı kavga ediyoruz. Evimi, annemi, eşimi ya da çocuklarımı korumam ve savunmam gerek.

Stres dönemi	İyileşme dönemi
Hücre (+) Meme bezleri hücrelerinde artış (süt üretimini artırabilir) Şiddetli programlarda meme kanseri	Hücre (-) Tüberküloz bakterisi ve mikobakterinin tümörü ortadan kaldırmak için yardım etmesi Ödem, ağrı Eğer memede açılma meydana gelirse, tümörün kokması

Meme – duktal kanal

Kontrol merkezi: Korteks.

Tehdit teması: Ayrılık korkusu, bir yakını kaybetme tehdidi.

Biyolojik anlam: Ayrılınan kişiyi artık besleyemeyeceğinden, memelerindeki sütün tıkanıklık yaşamadan daha kolay şekilde dışarı akması için duktal kanalların genişletilmesi.

Duygular: Eşimden (çocuğumdan, annemden, ailemden veya yuvamdan) ayrılmaktan korkuyorum. Kocam beni terk etti. Beni aldatmasından korkuyorum. Ya beni aldatıyorsa? Evim gitti. Çocuğum tehlike altında. Ya çocuklarım beni terk ederse? Çocuklarım beni terk edip gitti. Annem vefat etti. Yuvam yıkıldı.

Stres dönemi	İyileşme dönemi
Hücre (-) Süt kanallarında uyuşma hissi, hafif bir ağrı	Hücre (+) Süt kanallarını onarımı Şiddetli programlarda meme kanseri Meme ucunun arkasında ve memenin kendisinde şişlik

Mesane – idrar torbası mukozası

Kontrol merkezi: Korteks.

Tehdit teması: Bölge-alan işaretleme zorunluluğu, tehdidi.

Biyolojik anlam: Mesane duvarının incelmesi ve hacmin genişlemesiyle daha fazla sıvı tutularak, bölgenin daha iyi işaretlenmesinin sağlanması.

Duygular: Bana ait alanım tehdit altında. Ben burayı koruyamam. İnsanlara karşı sınır koyamıyorum. Kimse sınırlarını bilmiyor. Alan çatışması yaşıyorum.

Stres dönemi	İyileşme dönemi
Hücre (-) Mesane mukozasında hücre artışı Bu durumun, kanama ve mesane kramplarına neden olması	Hücre (+) Yoğun şişlik, acil durum, ağrılı ve kırmızımsı idrar

Mide – büyük eğrilik

Kontrol merkezi: Beyin sapı.

Tehdit teması: Bir olayı, konuyu, parçayı, sözü hazmedememe.

Biyolojik anlam: Daha iyi bir sindirim için, mide asidini üreten hücrelerin artırılması.

Duygular: Bana bunu nasıl söylersin! Bana bu söylenenlerin yenilir yutulur tarafı yok. Söylediklerine nasıl cevap veremedim! Bu lafları hak edecek ne yaptım ben? Söyledikleri, yaptıkları aklıma geldikçe mideme kramplar giriyor.

Stres dönemi	İyileşme dönemi
Hücre (+) Sindirime yardımcı olması için enzim üreten hücrelerin artırılması Şiddetli programlarda tümör	Hücre (-) Şiddetsiz programlarda gastrit Eğer varsa tümörün mantar ve mikobakteri yardımıyla azaltılması Mide asidinin normale dönmesi

Mide – mukoza

Kontrol merkezi: Korteks.

Tehdit teması: Bölgesel çatışma korkusu veya öfkesi.

Biyolojik anlam: Mideden çıkış kanalının genişletilmesi için hücre azaltılması.

Duygular: Kendi alanıyla, kişisel alan sınırlarıyla ilgili öfke ve korku. Liderlik çatışması. Eşim beni aldattı. Bu kadar sahiplendiğim biri bana bunu nasıl yaptı! Komşularım (patronum, ortaklarım veya iş arkadaşlarım) ile ilgili, korku ya da öfke duyulan bir anlaşmazlık yaşıyorum.

Stres dönemi	İyileşme dönemi
Hücre (-) Mukozada madde kaybı, ağrı spazmlar Mide ülseri, mide koliği	Hücre (+) Ülserlerin kanaması, kusma, siyah dışkı

Mide – onikiparmakbağırsağı

Kontrol merkezi: Beyin sapı.

Tehdit teması: Yutulamayan öfke.

Biyolojik anlam: Daha iyi bir besin sindirimi için bağırsak hücrelerinin artırılması.

Duygular: İşle ilgili (ya da akraba, eş, çalışanlar, arkadaşlar vb. kişilerle) yaşanan bir durumu bir türlü hazmedemiyorum. Aklıma geldikçe sinirlerim oynuyor, karnıma ağrılar giriyor, sinirden midem kasılıyor.

Stres dönemi	İyileşme dönemi
Hücre (+) Besin emilimini artırmak amacıyla büyüyen tümör	Hücre (-) Mantar ve mikobakteri yardımı ile tümörün temizlenmesi, küçültülmesi

Mide – yemek borusu

Kontrol merkezi: Beyin sapı.

Tehdit teması: Bir şeyi tam içimize almış, hazmetmeye çalışırken elimizden alınması.

Biyolojik anlam: Hem sindirim sıvısı üretimi, hem de kas hareketlerinin kuvvetlenmesinin sağlanması için hücre artırılması.

Duygular: Tam elde etmiştim, elimden aldılar. Bu bana ait, asla vermek istemiyorum.

Stres dönemi	İyileşme dönemi
Hücre (+) Sindirime yardımcı olması için enzim üreten hücrelerinin artırılması Şiddetli programlarda tümör	Hücre (-) Eğer varsa tümörün mantar ve mikobakteri yardımıyla azaltılması

Mide – yemek borusu mukozası

Kontrol merkezi: Korteks.

Tehdit teması: Bir olayı, konuyu, parçayı, sözü hazmedememe.

Biyolojik anlam: Sindirilemeyen besin için yemek borusunun genişletilmesi adına hücre azaltılması.

Duygular: Yutamıyorum. Bana bu söylenen yenilir yutulur gibi değil. Hazmedemiyorum. İçim almıyor. Boğazımda düğümlendi. Boğazımda takılı kaldı.

Stres dönemi	İyileşme dönemi
Hücre (-) Yemek borusunun yukarı 2/3 bölümünde ülser	Hücre (+) Ülserlerin onarımı, şişme, yutma güçlükleri

Pankreas

Kontrol merkezi: Beyin sapı.

Tehdit teması: Kavga edilmesi gereken büyük bir tehdit.

Biyolojik anlam: Sindirime yardımcı olması için, pankreas salgılarını üreten hücrelerin artırılması.

Duygular: Ailemle sürekli tartışma içerisindeyim. Ailem beni desteklemiyor. Ailem maddi konularda beni desteklemiyor. Bana vaat edilen ve hakkım olan bir şeyi alamıyorum. Hayatım tehlike altında. Maddi sorunlar hayatımı tehlikeye sokuyor. Beş parasız nasıl yaşarım.

Stres dönemi	İyileşme dönemi
Hücre (+) Daha iyi sindirim için pankreas suyu üreten hücrelerin artırılması Şiddetli programlarda tümör Kilo kaybı, bulantı, iştah kaybı, ağrı	Hücre (-) Tümörün, kapsül içindeyse, ekstra pankreas suyu üretmeye devam etmesi. Ya da tüberküloz yardımıyla temizlenmesi Fazla hücre temizlenirse pankreas üzerinde oluşabilecek çukurlar

Pankreas – alfa hücreleri

Kontrol merkezi: Korteks.

Tehdit teması: Korku, tiksinti yaratan tehdit.

Biyolojik anlam: Vücudun kaçmaya hazırlanması.

Duygular: Ondan tiksiniyorum. Ondan iğreniyorum. İğrenç ve korkunç bir şey bu.

Stres dönemi	İyileşme dönemi
İşlev (-) Alfa hücrelerinde fonksiyon azalması. Glukagon yetmezliği. Ani kan şekeri düşmeleri Şekere karşı istek	İşlev (+) Alfa hücrelerinde fonksiyon azalması. Glukagon yetmezliği. Ani kan şekeri düşmeleri

Pankreas – beta hücreleri

Kontrol merkezi: Korteks.

Tehdit teması: Direnç gösterilmesi gereken tehdit.

Biyolojik anlam: Direnç göstermek kaslarda çok fazla glikoz tüketilmesine neden olacağından, daha dirençli olabilmek için kan şekerinin yüksek tutulması isteği.

Duygular: Ona karşı mücadele etmem lazım. Teslim olmayacağım. Var gücümle savaşacağım. Tüm gücümü toplayıp savaşacağım.

Stres dönemi	İyileşme dönemi
İşlev (-) Beta hücrelerinde fonksiyonel kayıp Insülin üretiminde azalma, yüksek kan şekeri	İşlev (+) Kan şeker seviyesinin önce kendiliğinden düşmesi. İyileşme krizleri sırasında kan şekeri düzeyinin şiddetli şekilde yükselmesi, sonrasında normale dönmesi

Pankreas – mukoza

Kontrol merkezi: Korteks.

Tehdit teması: Bölgesel tehdide yönelik öfke.

Biyolojik anlam: Pankreas kanalların açılması için hücre azaltılması.

Duygular: Benim alanım tehdit altında. Bana ait olan alanımda başkasının gözü var. Alanım başkasına devredildi. Biri benim alanıma el koymak üzere. Sahip olduğum mevki tehlikede. Bana karşı bir adaletsizlik yapılıyor. Bana ait olan bir şeyi benden alıp götürdüler. Benim iznim olmadan bunu nasıl yaptılar!

Stres dönemi	İyileşme dönemi
İşlev (-) Pankreas kanallarındaki hücre azalmasının pankreas suyu akışını artırması	İşlev (+) Şişme ve kanallarda tıkanma Kan serumundaki amilaz enziminde (şekeri nişastaya çeviren enzim) artma Pankreas iltihabı

Paratiroit bezleri

Kontrol merkezi: Beyin sapı.

Tehdit teması: Elde edememe ya da elden çıkaramama.

Biyolojik anlam: Hücre çoğaltılarak kalsiyum seviyesinin artırılması ve kas kasılma hareketlerinin güçlendirilebilmesi.

Duygular: Buna ihtiyacım var. Keşke gitseler. Onsuz yapamam. Bu olmadan yapamam.

Stres dönemi	İyileşme dönemi
Hücre (+) Kas kasılmasını artırabilmek için, kalsiyum seviyesini düzenleyen paratiroit hormonunda artış Şiddetli programlarda tümör	Hücre (-) Eğer varsa tümörün mikobakteri ile temizlenmesi Hormon seviyesinin normale dönmesi Daha sonra ekstra paratiroit hormonu üretilmeye devam edilmesi

Penis

Kontrol merkezi: Beyin sapı.

Tehdit teması: Penetrasyon, üreme tehdidi.

Biyolojik anlam: Kayganlığın artırılması için, smegma hücrelerinin üretimi.

Duygular: Cinsel ilişkiye girmeyi başaramıyorum. Ya cinsel ilişkiye giremezsem. Ya bu yüzden çocuklarım olmazsa.

Stres dönemi	İyileşme dönemi
Hücre (+) Smegma hücrelerinin üretiminde artış	Hücre (-) Tüberküloz bakterisi yardımıyla hücrelerin temizlenmesi

Perikart (kalp zarı)

Kontrol merkezi: Beyincik.

Tehdit teması: Kalbe fiziksel saldırı tehdidi.

Biyolojik anlam: Kalbin dışsal saldırılardan korunmasını sağlayacak zarın kalınlaştırılması için hücre üretimi.

Duygular: Beni kalbimden vurdular. Kalbime bir ok saplandı sanki. Sanki beni kalbimden bıçakladılar.

Stres dönemi	İyileşme dönemi
Hücre (+) Perikart üzerinde düz büyüyen hücrelerin üretilmesi	Hücre (-) Hücrelerin tüberküloz bakterisi yardımı ile temizlenmesi İyileşme tamamlandıktan sonra kalsiyum kalıntılarının kalması

Periton (karın zarı)

Kontrol merkezi: Beyincik.

Tehdit teması: Göğse ya da karına fiziksel saldırı tehdidi.

Biyolojik anlam: Karnın dışsal saldırılardan korunmasını sağlayan zarın kalınlaştırılması için hücre üretimi.

Duygular: Göğsüm sıkışıyor. Bu konu göğsümü sıkıştırıyor. İçimi daraltıyor. Gerçekten göğsüme bir saldırı var.

Stres dönemi	İyileşme dönemi
Hücre (+) Periton üzerinde düz büyüyen hücrelerin üretilmesi	Hücre (-) Hücrelerin tüberküloz bakterisi yardımı ile temizlenmesi İyileşme tamamlandıktan sonra kalsiyum kalıntılarının kalması

Plevra (akciğer zarı)

Kontrol merkezi: Beyincik.

Tehdit teması: Göğse fiziksel saldırı tehdidi.

Biyolojik anlam: Akciğerin dışsal saldırılardan korunmasını sağlayan zarın kalınlaştırılması için hücre üretimi.

Duygular: Göğsüm sıkışıyor. Bu konu göğsümü sıkıştırıyor. İçimi daraltıyor. Gerçekten göğsüme bir saldırı var.

Stres dönemi	İyileşme dönemi
Hücre (+) Plevra üzerinde düz büyüyen hücrelerin üretilmesi Amacı saldırıya karşı göğsü, kalbi korumaktır.	Hücre (-) Hücrelerin tüberküloz bakterisi yardımı ile temizlenmesi İyileşme tamamlandıktan sonra kalsiyum kalıntılarının kalması

Prostat

Kontrol merkezi: Beyin sapı.

Tehdit teması: Özdeğer kaybı, seksüel başarısızlık travması.

Biyolojik anlam: Sperm sıvısındaki çeşitli hormonların üretiminin hücre çoğaltılarak artırılması.

Duygular: Ben artık kendimi erkek gibi hissetmiyorum. Emekli oldum, artık erkek olarak aileme karşı görevlerimi yapamıyorum. Kendimi yaşlı ve işe yaramaz hissediyorum. Evimin geçimini artık sağlayamayacağım. Ailem beni artık evin direği olarak görmüyor. Yolun sonuna geldim artık.

Stres dönemi	İyileşme dönemi
Hücre (+) Prostat büyümesi, yüksek PSA, üretra üzerinde baskı, sık idrara çıkma ihtiyacı Şiddetli programlarda tümör	Hücre (-) PSA değerlerinin normale dönmesi Eğer varsa tümörün tüberküloz bakterisiyle temizlenmesi ya da kapsül içine alınması

Rahim

Kontrol merkezi: Beyin sapı.

Tehdit teması: Cinsel travma, özdeğer kaybı, çirkinlik travması, üreyememek.

Biyolojik anlam: Döllenmiş yumurtanın rahme daha iyi şekilde yapışabilmesi için rahim mukozasını kalınlaştırmak amacıyla hücre üretimi.

Duygular: Dişiliğimi kaybettim, kadın olarak hiçbir işe yaramıyorum. Gençliğim, güzelliğim ve üretkenliğimden eser kalmadı. Beni kimse beğenmiyor. Zaten artık istesem de hamile kalamam.

Stres dönemi	İyileşme dönemi
Hücre (+) Şiddetli programlarda tümor	Hücre (-) Ekstra hücrelerin ağır âdet kanaması yoluyla temizlenmesi. Postmenopozal dönemde ise, daha az kanamayla sürecin daha da uzun sürmesi

Rahim kasları

Kontrol merkezi: Beyin sapı, ama orta beyinde bulunuyor.

Tehdit teması: Özdeğer kaybı, hamile kalamama.

Biyolojik anlam: Hücre üretimiyle kasların güçlendirilmesini sağlamak.

Duygular: Ben anne olamam. Anne olmaya layık değilim. Anneliği beceremem. Benden iyi bir anne olmaz. Çocuğuma bakmayı bile beceremem.

Stres dönemi	İyileşme dönemi
Hücre (-) Rahim kaslarında nekroz	Hücre (+) Kasların onarımı Rahim miyomu (tümör)

Rahim ağzı

Kontrol merkezi: Korteks.

Tehdit teması: Bölge kaybetme, cinsel travma, cinsel çirkinlik travması, cinsel terk edilme.

Biyolojik anlam: Spermin daha rahat geçebilmesi ve gebelik şansının artırılması için duvarlardaki hücrelerin azaltılması vasıtasıyla kanalın genişletilmesi.

Duygular: Sevgilimden ayrıldım. Eşimden ayrıldım. İğrenç bir adam bu. Bu ilişki iğrenç gidiyor. Ruh ikizimi bulamayacak mıyım ben? Hayatıma hiç mi düzgün bir erkek girmeyecek? Bu adama güvenmiyorum. Çocuklarımın babası bu sevmediğim adam mı olacak yani? Onun doğru kişi olup olmadığından emin değilim. O kötü niyetli biriymiş meğer. Beni kullandı. Beni aldattı. Beni öylece bırakıp gitti. Beni kullandı ve çekip gitti.

Stres dönemi	İyileşme dönemi
Hücre (-) Gebe kalma eğilimini artırmak için rahim ağzı boynunda ülser Kadında adetler durabilir.	Hücre (+) Âdet kanamalarının eskiye dönmesi Şiddetli programlarda tümör teşhisi

Rahim ağzı kasları

Kontrol merkezi: Korteks.

Tehdit teması: Özellikle cinsel özdeğer kaybı.

Biyolojik anlam: Doğuma yardımcı olması açısından, çizgili kasların güçlendirilmesi için hücre artırılması.

Duygular: Ben cinsel ilişkiye giremem. Cinsel ilişkiye girmeyi beceremem. Hamile kalamam. Hamile kalsam bile çocuğu düşürürüm. Ya hamile kalamazsam? Ya çocuğum düşerse?

Stres dönemi	İyileşme dönemi
Hücre (-) Rahim boynu kaslarında hücre kaybı	Hücre (+) Virüs yardımıyla kasların onarımı İyileşme krizlerinde, sfinkterin doğumda olduğu gibi açılması, kasılmaların yaşanması

Rahim – dölyatağı borusu

Kontrol merkezi: Beyin sapı.

Tehdit teması: Cinsel travma, çirkinlik travması.

Biyolojik anlam: Teratom hücrelerinin rahim içine doğru daha iyi temizlenebilmesini sağlayan salgıları üreten hücrelerin artırılması.

Duygular: İftiraya uğradım. En yakın arkadaşımın eşiyle beraber olduğumu söylüyorlar. Hakkımda dedikodular dolaşıyor. Herkes beni hafifmeşrep biri sanıyor.

Stres dönemi	İyileşme dönemi
Hücre (+) Teratom hücrelerini rahime doğru atmaya yarayan enzim hücrelerinde artış Şiddetli programlarda tümör	Hücre (-) Mikobakteri yardımıyla hücrelerin temizlenmesi

Rektum

Kontrol merkezi: Beyin sapı.

Tehdit teması: Bir olayı, konuyu, parçayı, sözü hazmedememe. Özellikle çok aşağılık görülen konuları içerir.

Biyolojik anlam: Rektum duvarını güçlendiren hücrelerin artırılması.

Duygular: Bunu sindiremiyorum. Bu olayı kabullenemiyorum, olayla barışamıyorum. İçime oturdu. İçim dışıma çıktı. Bir olayı hâlâ sindirmeye çalışıyorum.

Stres dönemi	İyileşme dönemi
Hücre (+) Sindirimi geliştirmek için tümör	Hücre (-) Basit programlarda kanamalar, hemoroit Tüberküloz bakterisiyle tümörün temizlenmesi, gece terlemeleri, kanama

Rektum – mukoza

Kontrol merkezi: Korteks.

Tehdit teması: Kadın kimliğine tehdit veya bölgesel tehdit.

Biyolojik anlam: Kaybedilme ihtimali olan bölgenin daha iyi işaretlenebilmesi için (dışkı ile) kanalların açılarak, dışkılamanın daha kolay hale getirilmesi.

Duygular: Kendimi kimliksiz hissediyorum. Nereye gideceğimi, nereye ait olduğumu bilemiyorum. Ben kimim? Nereye gidiyorum? Kendimi tanıyamaz oldum. Ne yapacağım? Ne iş yapacağım? Bu ben miyim?

Stres dönemi	İyileşme dönemi
Hücre (-) Rektum mukozasında ağrılı ülser Hemoroit ağrıları	Hücre (+) Mukozanın şişmesi Hemoroit kanamaları veya rektum kanseri tanısı

Saç – kellik

Kontrol merkezi: Korteks.

Tehdit teması: Ayrılık, terk edilme travması.

Biyolojik anlam: Hassasiyet kaybı ve hücre azalması. Ayrılığı unutabilmek için ciltteki hassasiyeti azaltmak.

Duygular: O artık bana dokunmuyor. Bana dokunmasını özlüyorum. Bu ayrılık çok ağır. Ayrılmak istiyorum. Bana dokunulmasını istemiyorum. Bana dokunmasın. Boşandık, artık bana hiç dokunmayacak.

Stres dönemi	İyileşme dönemi
Hücre (-) Saç dökülmesi Saç derisi duyarlılığının azalması	Hücre (+) İlk olarak yoğun bir saç dökülmesi Baş üzerindeki deride kızarıklık

Safrakesesi – kanallar

Kontrol merkezi: Korteks.

Tehdit teması: Bölgesel tehdide yönelik öfke.

Biyolojik anlam: Safranın daha hızlı akabilmesi için kanalların açılması, hücre azaltılması.

Duygular: Benim alanımı nasıl işgal ederler! Burası bana aitti. İş hayatımdaki rekabetten bıktım. Pozisyonumu her an başkası kapabilir. Benim kişisel sınırlarımı ihlal etmeye çalışıyorlar. Betim benzim attı, sinirden sapsarı oldum. Sinirden patlayacağım.

Stres dönemi	İyileşme dönemi
Hücre (-) Safra kanalları duvarlarında ve safrakesesinde hücre azaltılarak, daha fazla safranın akabilmesinin sağlanması Karın ağrısı, safra kusma ve titreme	Hücre (+) Safrakesesinin ve kanalların onarımı Yüksek kolesterol ve safra asidi Şişmenin kanal tıkanıklığına yol açması Hepatit, hepatik koma, hepatik siroz

Tendonlar

Kontrol merkezi: Singulat kıvrımı.

Tehdit teması: Özdeğer kaybı.

Biyolojik anlam: İyileşme döneminde, hücre üretimiyle tendonları güçlendirmek.

Duygular: Ben buna layık değilim. Bunu beceremem. Yeteneksizim. Yeterince hızlı değilim. Onlar benden daha yetenekliler. Herkes benden daha hızlı. Buna kabiliyetim yok ki benim.

Stres dönemi	İyileşme dönemi
Hücre (-) Tendonlarda hücre azalması (nekroz) Tendon kopması	Hücre (+) Dokuların onarımı, şişlik, ağrı

Testis

Kontrol merkezi: Singulat kıvrımı.

Tehdit teması: Yakın birini kaybetmenin yarattığı şiddetli ve derin travma.

Biyolojik anlam: Birleşme sağlanması için hormon üretimini artırmak.

Duygular: Annemi (babamı, çocuğumu, bebeğimi) kaybettim. En yakın dostumu kaybettim. Kedimi (köpeğimi ya da evde beslediğim hayvanı) kaybettim.

Stres dönemi	İyileşme dönemi
Hücre (-) İnterstisyel testis dokusunda hücre kaybı (nekroz) Düşük testosteron seviyesi	Hücre (+) Dokuların onarımı nedeniyle tesiste şişme Kist oluşması

Tiroit – bezler

Kontrol merkezi: Beyin sapı.

Tehdit teması: Elde edememe ya da elden çıkaramama (söyleyememe, konuşamama).

Biyolojik anlam: Elde edilmesi ya da kurtulunması istenen besin lokmasına ulaşmak için metabolizmayı hızlandırıcı tiroksin hormonunun daha fazla üretiminin sağlanması.

Duygular: Çok istediğim bir şeyi elde edemiyorum. İsteklerimi dile getiremiyorum. Derdimi bir türlü anlatamıyorum. Kimse beni anlamıyor. Leb demeden leblebiyi anlasalar keşke de anlatmak zorunda kalmasam. Anlatsam da anlamazlar ki. Kurtulamıyorum. Fiziksel olarak kaçıp kurtulmak istediğim şeyler var. Elden çıkarmak, atmak istiyorum, atamıyorum.

Stres dönemi	İyileşme dönemi
Hücre (+) Hipertiroidi, sert guatr, hızlanmış metabolizma, kilo kaybı ve iştah artışı, sinirlilik, saç dökülmesi, yorgunluk, âdet bozukluğu Şiddetli programlarda tümör	Hücre (-) Hipotiroidi, haşimoto Eğer varsa tümörün mikobakteri yardımı ile küçültülmesi, daha sonra hormon seviyesinin normale dönmesi Eğer kist kapsül içine alınmışsa, daha sonra yüksek tiroksin hormonu seviyesinin devam etmesi

Tiroit – kanallar

Kontrol merkezi: Korteks.

Tehdit teması: Güçsüzlük, âcizlik.

Biyolojik anlam: Stres döneminde üretilen tiroksin hormonunun kanallardan daha rahat akabilmesini sağlamak için kanalların açılması.

Duygular: Âciz kaldım. Kontrolü kaybettim. Her şeyi kontrol altında tutmak istiyorum. Kontrolü kaybedemem. Kendimi kaybedemem. Güçsüz kaldım. Gücümü nasıl toparlarım bilemiyorum. Çok âcizim, çok zavallıyım ben.

Stres dönemi	İyileşme dönemi
Hücre (-) Tiroksin akışına yardımcı olması için kanalların hücre kaybıyla açılması	Hücre (+) Tiroksin kisti, iyi huylu guatr

Vajina – Bartholin bezleri

Kontrol merkezi: Beyin sapı.

Tehdit teması: Vajinal kuruluk travması.

Biyolojik anlam: Erkeklik organının daha iyi nüfuz edebilmesi için vajina sıvılarının üretiminin artırılması.

Duygular: Cinsel ilişkiye giremiyorum.

Stres dönemi	İyileşme dönemi
Hücre (+) Ekstra sıvı için hücre üretimi Şiddetli programlarda tümör	Hücre (-) Ekstra hücrelerin tüberküloz bakterisi yardımıyla temizlenmesi Ağır kokulu vajinal akıntı

Vajina mukozası

Kontrol merkezi: Korteks.

Tehdit teması: Cinsel ilişkiye girememe ya da izin verilmeme travması.

Biyolojik anlam: Çiftleşmeyi kolaylaştırmak amacıyla hücre azaltılması ve vajinanın açılması.

Duygular: Cinsel ilişkiye girmeme izin vermezler. Çok yanlış bir şey yapıyorum. Bir öğrenirlerse mahvolurum. Onun yanında yatıyorum, yine de benimle sevişmiyor. Artık benimle sevişmek istemiyor.

Stres dönemi	İyileşme dönemi
Hücre (-) Vajinal ülser Daha az hassasiyet, spazmlar Orgazm olmadaki zorlukların düşük cinsel isteğe ve böylece bir kısırdöngüye yol açması	Hücre (+) Onarım döneminde vajinal ülserlerde ciddi kanamaların görülmesi

Yağ dokusu

Kontrol merkezi: Singulat kıvrımı.

Tehdit teması: Özdeğer kaybı, özellikle "yağlı" olmakla ilgili.

Biyolojik anlam: Yağ dokusunu daha da güçlendirmek.

Duygular: Ben hiçbir işe yaramam. Benden bir şey olmaz. Zaten şişman ve çirkinim. Bacaklarım çok şişman ve selülitli.

Stres dönemi	İyileşme dönemi
Hücre (-) Hücre kaybı, çok fazla belirgin olmayan selülit görüntüsü	Hücre (+) Onarım sırasında bakterilerin devreye girmesiyle selülit görüntüsünün kötüleşmesi

Yüz – yüz felci

Kontrol merkezi: Korteks.

Tehdit teması: Yüzü kaybetme tehdidi, kandırılma korkusu.

Biyolojik anlam: Savaşılamadığı ya da kaçılamadığı için ölüm taklidi, düşman gidene kadar donma refleksi.

Duygular: Yüzümü kaybettim. Kendimi aynada tanıyamıyorum artık. Beni aptal yerine koydular. Beni rezil ettiler. Rezil oldum. Ben ne yüzle insan içine çıkacağım artık.

Stres dönemi	İyileşme dönemi
İşlev (-) Kas hareketlerinde felç ya da kısmi felç	İşlev (+) İlk olarak daha fazla felç belirtilerinin, kasılmaların ortaya çıkması Sonunda belirtilerin normale dönmesi

Kontrol merkezi: Singulat kıvrımı.

Tehdit teması: Yakın birini kaybetmenin yarattığı şiddetli ve derin travma.

Biyolojik anlam: İyileşme döneminde östrojen üretimi artırılarak, kadının daha çekici ve cinsel olarak daha üretken olmasının sağlanması.

Duygular: Annemi (babamı, çocuğumu, bebeğimi) kaybettim. En yakın dostumu kaybettim. Kedimi (köpeğimi ya da evde beslediğim hayvanı) kaybettim. Bu kayıptan derinden etkilendim. Darmadağın oldum. Hiçbir teselli fayda etmiyor.

Stres dönemi	İyileşme dönemi
Hücre (-) Yumurtalıkta hücre azalması (nekroz) Östrojen üretiminin azalması Düzensiz âdet görülmesi, âdetten kesilme	Hücre (+) Nekroz onarımı amacı ile yumurtalık kisti Kistin önce su ile dolması. Sonrasında daha fazla östrojen üretilerek, kadının daha genç görünmesinin sağlanması Kistin 9 ay sonra katılaşması